JN032738

日本商工会議所主催 簿記検定試験

検定
簿記講義

3級

2024年度版

渡部裕亘
片山　覚 [編著]
北村敬子

商業簿記

中央経済社

巻編成		編者（太字は主編者）	執　筆　者
1級	商業簿記・会計学（上巻）	渡部　裕亘（中央大学名誉教授） 片山　　覚（早稲田大学名誉教授） **北村　敬子**（中央大学名誉教授）	北村　敬子　石川　鉄郎（中央大学名誉教授） 藤木　潤司（龍谷大学教授） 菅野　浩勢（早稲田大学准教授） 中村　英敏（中央大学准教授）
	商業簿記・会計学（下巻）	渡部　裕亘（中央大学名誉教授） 片山　　覚（早稲田大学名誉教授） **北村　敬子**（中央大学名誉教授）	北村　敬子　石川　鉄郎（中央大学名誉教授） 小宮山　賢（早稲田大学教授） 持永　勇一（早稲田大学教授） 藤木　潤司（龍谷大学教授） 中村　英敏（中央大学准教授） 小阪　敬志（日本大学准教授）
	工業簿記・原価計算（上巻）	**岡本　　清**（一橋大学名誉教授／東京国際大学名誉教授） 廣本　敏郎（一橋大学名誉教授）	廣本　敏郎　鳥居　宏史（明治学院大学名誉教授） 片岡　洋人（明治大学教授） 藤野　雅史（日本大学教授）
	工業簿記・原価計算（下巻）	**岡本　　清**（一橋大学名誉教授／東京国際大学名誉教授） 廣本　敏郎（一橋大学名誉教授）	廣本　敏郎　尾畑　　裕（明治学院大学教授） 伊藤　克容（成蹊大学教授） 荒井　　耕（一橋大学大学院教授） 渡邊　章好（東京経済大学教授）
2級	商業簿記	**渡部　裕亘**（中央大学名誉教授） 片山　　覚（早稲田大学名誉教授） 北村　敬子（中央大学名誉教授）	渡部　裕亘　三浦　　敬（横浜市立大学教授） 増子　敦仁（東洋大学准教授） 石山　　宏（山梨県立大学教授） 渡辺　竜介（関東学院大学教授） 可児島達夫（滋賀大学准教授）
	工業簿記	岡本　　清（一橋大学名誉教授／東京国際大学名誉教授） **廣本　敏郎**（一橋大学名誉教授）	廣本　敏郎　中村　博之（横浜国立大学教授） 簗本　智之（小樽商科大学教授） 挽　　文子（元一橋大学大学院教授） 諸藤　裕美（立教大学教授） 近藤　大輔（法政大学教授）
3級	商業簿記	渡部　裕亘（中央大学名誉教授） **片山　　覚**（早稲田大学名誉教授） 北村　敬子（中央大学名誉教授）	片山　　覚　森田　佳宏（駒澤大学教授） 川村　義則（早稲田大学教授） 山内　　暁（早稲田大学教授） 福島　　隆（明星大学教授） 清水　秀輝（羽生実業高等学校教諭）

ま　え　が　き

　本書は，これから簿記を積極的に学んでいこうという意欲に燃えている皆さんのための参考書です。簿記の基本的なしくみを理解し，自分のものとすることは，皆さんの人生にとり，一生のかけがえのない財産を得ることとなるでしょう。

　現代社会は，情報化時代といわれています。そのなかで，会計（情報）は，数多くある経営情報の1つです。しかし，長い歴史のなかで，会計（情報）が企業の総合的な情報システムとして活用され続けている理由はどこにあるのでしょうか。

　それは，会計（情報）が，あるユニーク性をもつ経営情報システムであるからです。経営行動は，多くの場合，会計言語により測定され，伝達されます。同時に会計（情報）を通じて，経営の実態を測定し，今後の経営行動に影響を及ぼします。株主・投資家も会計（情報）を通じて，企業を評価・分析し，投資の意思決定を行います。

　会計（情報）システムのユニーク性は，複式簿記システムにあるのです。複式簿記は，数多くの複雑な企業取引を，数少ない取引要素で分類・整理し，総合的な経営情報として私たちの前に提供してくれる，極めて有用なシステムです。企業は，利潤・利益の追求を大きな目的としていますが，利益額の具体的な測定は，会計（情報）システムにより計算され，確定されるのです。

　会計言語は，事業の共通言語であり，Business Languageといわれています。会計や簿記の知識は，現代では，もはや経理・財務の担当者にのみ必要なものではなく，どの企業，どの事業に携わるすべての人たちにとり，必要不可欠なビジネス・ツールといわれる時代が到来しています。

　財務諸表を読み解き，活用する知識が重要なものとなってきていますが，そのためには，会計の基本的な考え方，複式簿記の基本的なしくみを十分に理解しておくことが必要です。簿記や会計の知識が自分のものとなると，世の中のしくみがよくわかってきます。企業や，経済，ひいては社会を見る眼が自然とついてきます。

本書は，主として日本商工会議所と各地商工会議所が主催する日商簿記検定試験向けの受験シリーズの1つとして企画され，出版されているものです。

　本シリーズは，1956年以来，すでに60年超におよぶ長い歴史を有しており，極めて多数の受験者のための参考書としてだけでなく，簿記・会計の基本的な学習参考書として愛され，信頼されてきました。

　簿記の学習には，実際に多くの取引について仕訳の問題を解き，複式簿記システムに関する練習問題を，繰り返し解くことが必要不可欠です。そのため，本書「検定簿記講義」で学ぶと同時に，「検定簿記ワークブック」で，数多くの問題を解くことが簿記・会計のさらなる理解を深めることになります。両方の参考書をセットとして学習にうまく活用し，簿記・会計への理解を，さらに高めていただきたいと思います。

　日商簿記検定は，3級と2級について，2020年12月から，年3回（6月，11月，2月）の試験に加えて，新試験（ネット試験）を導入しました。これまで実施されてきたペーパー試験（統一試験と呼んでいます）と，随時，試験の受験が可能なネット試験を並行して行うことになりました。ネット試験は受験者の自宅ではなく，商工会議所が認定したテストセンターで受験し，実施から採点，合否判定，デジタル合格証の交付（即日交付）までインターネット上で行います。

　日商簿記検定の制度は，デジタル化時代の流れとともに変化していきます。しかし，複式簿記の習得に必要な基本的知識は変わりがありません。本書「検定簿記講義」のようなテキストの内容をしっかり理解し，着実な学習を積み重ねれば，どのような出題・解答形式にも柔軟に対応することが可能となります。

　本シリーズが，皆さんの受験対策，学習のためにさらに愛されていくことを，編著者一同，心より願っています。

2024年1月

編　著　者

本書の使い方

当社ホームページの「ビジネス専門書Online」から，練習問題や総合模擬問題の解答用紙がダウンロードできます。

また，本書に関する情報も掲載しておりますので，ご参照ください。

「簿記講義」で検索！

簿記講義	検索

本書の使い方

1.「学習のポイント」でざっくり内容をつかむ

まずは各章のはじめにある「学習のポイント」を読んで全体像を把握しましょう。ここでは，各章の内容が簡単にまとめられています。

学習のポイント

1．簿記は，企業が行う経済活動を記録するしくみです。企業の財産管理に役立ち，利害関係者の意思決定に役立っています。

2．本文を読み込む

次は本文を読んでいきましょう。本書は数ある日商簿記検定試験のテキストの中でも，検定試験を熟知した著者が丁寧に解説したテキストです。本文をしっかり読み込むことで，２級や１級などの上位級にもつながります。一度読んでわからない箇所は，繰り返し読み込むことが重要です。

3．簿記特有の単語は「基本word」でチェック

簿記では日常生活ではなじみのうすい単語や，専門用語が出てきます。これらは「基本word」として解説しています。

「この単語は何だっけ？」というときには，巻末の索引を使いましょう。

基本word

★**掛取引**（かけ）：掛取引とは，商品などの売買代金をすぐに…いで，後日支払うことを約束する取引をいいます。

4．例題で理解度を確認

例題は確認問題です。学んだことが理解できているか確認しましょう。「解答へのアプローチ」には，問題の解き方やヒントが書かれています。最初は解答へのアプローチを見ながら解いてもかまいません。

解答へのアプローチ

まず，取引を借方の要素と貸方の要素に分解しましょう…と貸方に具体的な勘定科目を記入しましょう。仕訳において，…計金額は常に一致することにも留意してください。

例題を解く際のガイドとして活用してください。

5. 練習問題でステップアップ

　例題で理解を深めたら，練習問題にチャレンジ！　練習問題の解答は後ろにまとめてあります。そのため，まずは自力で解いてみて，その後に解答と照らし合わせましょう。

6. 総合模擬問題で試験対策

　検定試験合格へ向けて，本試験レベルの問題にチャレンジしてみましょう。本書には3回分の総合模擬問題が収録されていますので，実際の試験時間（60分）で解いて，自己採点することで試験対策をしましょう。

　なお，練習問題と総合模擬問題の解答用紙は，当社のホームページ（https://www.chuokeizai.co.jp）から無料でダウンロードすることができます（下記参照）。繰り返し解くことで，合格への力がつきますのでぜひ活用してください。

●超簡単！　【解答用紙】無料ダウンロード方法

① 当社ホームページから「ビジネス専門書Online」をクリックして，書籍検索欄に「簿記講義」と入力。

② 「簿記講義」シリーズの一覧が出てきますので，本書の画像をクリック

③ 「担当編集者コメント」欄の下にある解答用紙へのリンクをクリック

簿記講義シリーズへは，こちらの二次元コードからアクセスできます。

---

7. さらに実戦力をつけるには

　姉妹書の問題集『検定簿記ワークブック3級商業簿記』がオススメです。問題を数多く解くことでスピードと正確性が高まります。

8. 最新情報は「会計人コースWeb」でチェック！

　会計関連資格の合格を目指す方のためのWebサイト「会計人コースWeb」では，日商簿記検定試験の試験範囲や試験対策，開催予定などの最新情報をフォローしています。日商簿記3級合格はもちろん，その後の上級試験に進む際に役立つ情報も満載ですので，チェックしてみてください。

「会計人コースWeb」へは，こちらの二次元コードからアクセスできます。

　簿記は反復学習が重要です。最初はわからなくても，繰り返し解くことや，さまざまなパターンの問題を解くことが理解につながります。

　さあ，早速ページをめくって簿記の勉強を始めましょう！

本書で用いる勘定科目について

　日本商工会議所から公表されている「商業簿記標準・許容勘定科目表」（本書349頁参照）が改定され，2022年度の試験から適用されています。

　本書は，この商業簿記標準・許容勘定科目表（2022年4月1日施行）に準拠して執筆されています。

第 1 章

簿記の意義としくみ

学習のポイント

1. 簿記は，企業が行う経済活動を記録するしくみです。企業の財産管理に役立ち，利害関係者の意思決定に役立っています。

2. 貸借対照表は，資産・負債・資本によって一定時点における企業の財政状態を明らかにする計算書です。

3. 損益計算書は，収益・費用によって一定期間における企業の経営成績を明らかにする計算書です。

4. 〈資産－負債＝資本〉を資本等式といい，〈資産＝負債＋資本〉を貸借対照表等式といいます。また，〈費用＋当期純利益＝収益〉を損益計算書等式といいます。

5. 当期純利益は，損益計算書上は収益と費用の差額として計算され，貸借対照表上は資本の増加額として計算されます。損益計算書の当期純利益と貸借対照表の当期純利益は必ず一致します。

1 簿記の意義

❶ 人々のくらしのなかの簿記

わたしたちは，日々のくらしのなかで経済活動を行っています。家計を考えてみましょう。月々の収入とそこから支払われる，住居費，光熱費，食費，交通費などの支出とのバランスを考えて生活しているはずです。収入と支出のバランスを考えるためには，収入と支出の状況を正確に把握しておく必要があります。そのためには，日々の収入と支出の記録をとっていくことが重要です。家計は，これから学ぶ簿記の種類の1つです。

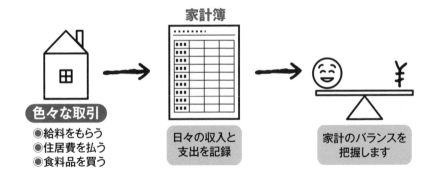

家計簿

色々な取引
◉給料をもらう
◉住居費を払う
◉食料品を買う

日々の収入と
支出を記録

家計のバランスを
把握します

　営利活動を営む**企業**も，同様に，日々の記録を行うことが重要です。経営者は，企業を効率的に経営するために，企業が行う経済活動に関する記録を必要としています。企業の場合，家計に比べると，その経済活動は量も種類もはるかに多いので，より高度に整備された記録のしくみが必要となります。

　このような経済活動に関する記録のしくみのことを**簿記**といいます。簿記は，企業のみならず，非営利法人，国・地方公共団体なども含めた，あらゆる経済主体が行う経済活動を記録するために役立てられています。

　こんにちにおいて，簿記は，後述するような複式簿記として発展してきており，世界中の国々において共通の記録のしくみとして利用されています。

　企業には，個人の企業主が経営する個人企業のほか，人々が営利を目的に集まって設立した**会社**として活動する企業もあります。さらに，会社にはいくつかの形態がありますが，最も一般的な形態の会社は，多数の株主からな

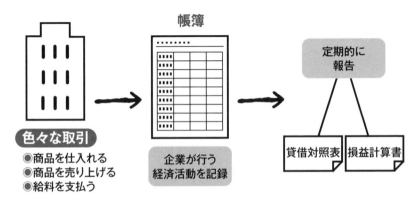

帳簿

色々な取引
◉商品を仕入れる
◉商品を売り上げる
◉給料を支払う

企業が行う
経済活動を記録

定期的に
報告

貸借対照表　損益計算書

2

る**株式会社**です。こんにちの企業の多くは，株式会社の形態をとっています。したがって，本書では企業，とくに株式会社が行う簿記について説明していきます。

❷ 簿記の目的

簿記の主な目的は，次の2つに要約することができます。

① 日常の経済活動にともなう財産の変動を組織的に記録することによって，企業の財産管理に役立てること。

② 企業の経営成績および財政状態を明らかにすることによって，企業の利害関係者の意思決定に役立てること。

企業の経営成績および財政状態については，企業の経営者だけでなく，株主などの投資家，金融機関などの債権者，従業員，さらには税金を徴収する国や地方公共団体なども大きな関心を持っています。これらの人々を企業の**利害関係者**とよんでいます。

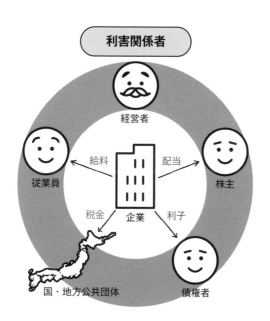

❸ 簿記の種類

　簿記は，記帳方法やそのしくみの違いによって単式簿記と**複式簿記**に分けられます。単式簿記は，ある一定の財産の変動について記録する簿記です。このため，企業が行う経済活動の全体を把握することはできません。たとえば，単式簿記で金銭の収支について記録するだけだと，<ruby>債権<rt>さいけん</rt></ruby>・<ruby>債務<rt>さいむ</rt></ruby>や備品などの財産については，実際に調査しなければなりません。

　これに対して複式簿記は，企業が行う取引によって生じるすべての財産の変動や損益について，常に二面的にとらえて記録する簿記です。詳しくは後述しますが，複式簿記によると，現金や債権・債務などの財産の残高や，仕入・売上などの営業活動から生じるすべての財産の変動の原因を継続的かつ組織的に把握することができます。たんに簿記といえば，ふつう，複式簿記のことをいいます。

　簿記はまた，それが用いられる業種の違いによって，商品販売業やサービス業で用いられる商業簿記，製造業で用いられる工業簿記などに分けられます。

　本書で学ぶのは，商業を営む企業によって複式簿記として行われる商業簿記です。

② 簿記の基礎 ···

❶ 簿記の約束事

　簿記を学ぶうえで，その基礎を構成する，いくつかの約束事があります。

　まず，簿記では，簿記を行う主体を決めなければなりません。これは，**会計単位**とよばれ，その簿記を行うのは誰かという問題です。会計単位にはさまざまな主体が当てはまりますが，簿記を行うニーズが最も高いのは企業ですので，すでに述べたように本書では，企業が会計単位として行う簿記を前提としています。ここで重要なことは，企業と，その企業を所有する企業主との区別を行うことです。

　たとえば，ある個人（企業主，店主）が企業（個人企業）を営んでいるとします。このとき，ある財産が個人に属するのか企業に属するのか，あるい

は，ある取引が個人に属するのか企業に属するのかといった区別を行う必要があります。株式会社の場合も同様に，株式会社たる企業を出資者たる**株主**から区別しなければなりません。簿記は，企業が行うものですから，企業の財産や企業の取引が簿記の対象となります。

また，簿記では，**会計期間**を設定します。企業の経済活動は，絶え間なく続いていくので，簿記では，1年や1カ月といった，一定の会計期間を人為的に設定し，定期的にその結果をまとめて報告するための基礎を提供します。会計期間の初めを**期首**といい，終わりを**期末**といいます。現在の会計期間のことを**当期**といい，当期の1つ前の会計期間のことを**前期**，1つ後の会計期間のことを**次期**といいます。

個人企業の場合は，期末日は毎年12月31日と定められていますが，株式会社の場合は，期末日をいつの期日に設定するかは，その会社の任意とされています。ただ日本企業では，毎年3月31日を期末日とするケースが多いです。

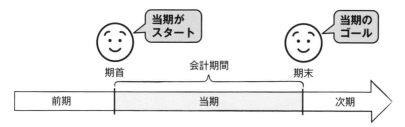

さらに，簿記では，記録を金額（貨幣単位）によって行うというきまりがあります。数量や物量で記録することは，簿記の本来の役割ではありません。

❷ 貸借対照表と損益計算書

簿記で用いる金額には，**ストック**と**フロー**という異なる2つの測定値があります。ストックとは，ある一定時点においてある財産等が存在している量を意味します。また，フローとは，ある一定期間においてある財産等が増減した量を意味します。たとえば，3月31日現在に存在している現金¥1,000は，ストックを表しています。これに対して，4月中に受け取った手数料¥3,000は，フローを表しています。

簿記において，企業のある一定時点におけるストックの状態を表示する計

算書を**貸借対照表**とよび，企業のある一定期間におけるフローの状態を表示する計算書を**損益計算書**とよんでいます。企業の一定時点におけるストックの状態はとくに**財政状態**といい，一定期間におけるフローの状況はとくに**経営成績**といいます。貸借対照表と損益計算書とを合わせて，**財務諸表**とよんでいます。

3 貸借対照表 ....

貸借対照表（Balance Sheet：B／S）とは，ある一定時点における企業の財政状態を表示する計算書です。財政状態は，具体的には，資産，負債および資本の状況を意味しています。

❶ 資 産

資産は，現金のほか，企業の経済活動を通じて将来に現金の受取りをもたらすような物品や債権などをいいます。資産の具体例としては，次のようなものがあげられます。

資産の名称	内　　容
現　　　金	硬貨や紙幣など
普 通 預 金	預金者が自由に預入れ・払出しのできる銀行の預金
売 掛 金	商品を掛取引で販売したときの未収の代金
貸 付 金	他人に金銭を貸し付け，後日返済してもらう権利
建　　　物	店舗や倉庫，および事務所などの建築物
車両運搬具	商品の配達や集金などのために使用する自動車・バイクなど
備　　　品	使用する目的で保有する机，いす，陳列棚およびパソコンなどの情報機器
土　　　地	店舗や倉庫，事務所，および駐車場などの敷地

❷ 負 債

負債は，企業の経済活動を通じて将来に現金の支払いをもたらすような債務などをいいます。負債の具体例としては，次のようなものがあげられます。

負債の名称	内　　　容
買　掛　金	商品を掛取引で仕入れたときの未払いの代金
借　入　金	他人から金銭を借り入れ，後日返済しなければならない義務

★**掛取引**：掛取引とは，商品などの売買代金をすぐに現金で支払わないで，後日支払うことを約束する取引をいいます。

❸ 資　本

資本は，資産から負債を差し引いた差額として求められます。このため，資本は，**純資産**ともよばれます。このことから，次の等式が成り立ちます。

$$資　産　-　負　債　=　資　本$$

簿記では，この等式を**資本等式**とよんでいます。なお，本書では企業として株式会社を想定しており，株式会社では，資本を，株主からの出資を表す**資本金**と企業が企業活動を通じて獲得した**繰越利益剰余金**とに区別して表します。

資本の具体例としては，次のようなものがあげられます。

資本の名称	内　　　容
資　本　金	株主からの出資額
繰越利益剰余金	企業活動から獲得された利益の留保額

★**純資産**：純資産も，資本と同様，資産から負債を差し引いた差額という意味をもっています。資本には，企業の所有者に帰属する**持分**という意味も含まれていて，後述する利益はこの資本の変動にもとづいて計算されます。厳密には，純資産と資本の金額が異なる場合もあります。

貸借対照表では，借方に「資産」を，貸方に「負債および純資産」を表示することになっています。本書では，貸借対照表の貸方に記載される見出しには，資本ではなく，純資産を用いています。

株式会社東京商店のX1年4月1日現在の資産および負債は，次のとおりであった。

現　金　¥ 10,000　　　建　物　¥70,000　　　備　品　¥30,000

土　地　¥100,000　　　借入金　¥60,000

資産と負債それぞれの合計額を求め，さらに資本の金額を求めなさい。

解答へのアプローチ

資本等式を用いて，資産・負債・資本の額を計算すると次のようになります。

資　産	−	負　債	=	資　本
現　金　¥　10,000		借入金　¥60,000		¥150,000
建　物　　　70,000				
備　品　　　30,000				
土　地　　 100,000				
計　　　 ¥210,000				

[解　答]

資産の合計額¥210,000　　　負債の合計額¥60,000　　　資本の金額¥150,000

❹ 貸借対照表の作成

資本等式の負債を右辺に移項すると，次の等式になります。

$$資　産　=　負　債　+　資　本$$

この等式を**貸借対照表等式**といい，この等式にもとづいて貸借対照表を作成します。貸借対照表は，T字型の形式をしており，その左側に資産が，右側に負債と資本が示されます。簿記では，貸借対照表の左側を**借方**，右側を**貸方**といい，借方の合計額と貸方の合計額は必ず一致します。

貸借対照表を簡易な形式で示すと，次のようになります。

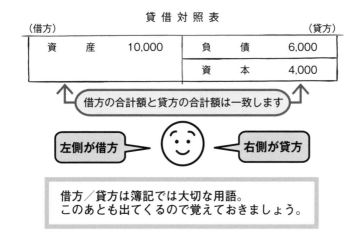

より詳しい貸借対照表では，借方と貸方に，それぞれ資産と負債および資本に含まれる項目の名称と金額を記載します。

例題1−2

例題1−1における株式会社東京商店の資料にもとづいて，貸借対照表を作成しなさい。なお，資本は，すべて資本金として表示すること。

（😊）**解答へのアプローチ**

東京商店の資産・負債・資本の状態を貸借対照表等式で示すと，次のようになります。

　　資産¥210,000＝負債¥60,000＋資本¥150,000

この貸借対照表等式にもとづいて，東京商店の貸借対照表を作成します。なお，貸借対照表の貸方に記載される見出しは，ふつう「負債および純資産」とします。

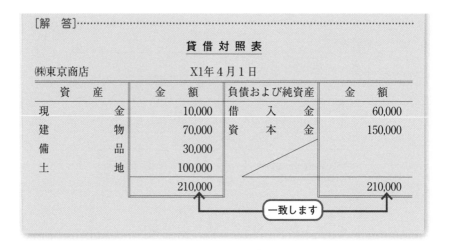

[解答]・・・

貸 借 対 照 表

㈱東京商店　　　　　　　　　　　X1年4月1日

資　産	金　額	負債および純資産	金　額
現　　　　金	10,000	借　入　金	60,000
建　　　物	70,000	資　本　金	150,000
備　　　品	30,000		
土　　　地	100,000		
	210,000		210,000

一致します

練習問題 1-1

　次の資料にもとづいて，資産総額，負債総額および資本の額を答えなさい。

現　　　金 ¥ 85,000	売　掛　金 ¥ 70,000	建　　　物 ¥100,000
備　　　品 ¥ 50,000	買　掛　金 ¥ 60,000	借　入　金 ¥ 80,000

➡ 解答は248ページ

練習問題 1-2

　次の資料にもとづいて，株式会社名古屋商店のX1年4月1日現在の貸借対照表を作成しなさい。

現　　　金 ¥ 60,000	普 通 預 金 ¥ 50,000	売　掛　金 ¥ 68,000
建　　　物 ¥150,000	土　　　地 ¥100,000	買　掛　金 ¥ 48,000
借　入　金 ¥200,000	資　本　金 ¥180,000	

➡ 解答は248ページ

---

4 損益計算書・・・・・・・・・・・・・・・・・・・・・・・・・・・・・・・・・・・・・・

　損益計算書（Profit and Loss Statement：P／LまたはIncome Statement：
I／S）とは，ある一定期間における企業の経営成績を表示する計算書です。

経営成績は，具体的には，収益および費用の状況を意味しています。損益計算書では，収益から費用を差し引くことによって**当期純利益**（マイナスのときは**当期純損失**）が表示されます。

❶ 収　益

収益とは，企業活動の結果として資本が増加する原因をいいます。収益の具体例としては，次のようなものがあげられます。

収益の名称	内　　容
売　　　上	商品を売り上げたときの売価
受取手数料	取引の仲介などを行って受け取った手数料
受 取 地 代	土地を貸したことによって受け取った地代
受 取 利 息	預金や貸付金などから受け取った利息

❷ 費　用

費用とは，企業活動の結果として資本が減少する原因をいいます。費用の具体例としては，次のようなものがあげられます。

費用の名称	内　　容
仕　　　入	商品を仕入れたときの原価
給　　　料	従業員や役員に支払った報酬
広告宣伝費	新聞・雑誌の広告や，折込みチラシなどの代金
支 払 家 賃	建物を借りているときに支払った賃借料
支 払 地 代	土地を借りているときに支払った地代
旅費交通費	電車やバス，タクシー代など
消 耗 品 費	帳簿や伝票，文房具などの代金
水道光熱費	電気，ガス，水道代
通　信　費	電話料金，切手・はがき代など
支払手数料	不動産業者へ支払った仲介手数料，金融機関へ支払った振込手数料など
雑　　　費	お茶菓子，新聞購読料など
支 払 利 息	借入金に対して支払った利息

★売価と原価：売価とは商品を売り渡すときの値段で，原価とは商品を仕入れるときの値段です。

❸ 損益計算書の作成

すでに述べたように，当期純利益は，収益から費用を差し引いた差額として計算されます。このことを算式で表すと，次のようになります。

$$収　益　-　費　用　=　当期純利益$$

例題 1 - 3

　株式会社東京商店のX1年4月1日からX2年3月31日までの期間における収益および費用は，次のとおりであった。

売　　上	¥400,000	受取手数料	¥ 1,000	仕　　入	¥240,000
給　　料	¥100,000	支 払 家 賃	¥20,000	通 信 費	¥ 15,000
支払利息	¥ 6,000				

　収益と費用のそれぞれの合計額を求め，さらに当期純利益の金額を求めなさい。

😊 解答へのアプローチ

当期純利益は，次のように収益と費用の合計額から計算されます。

収　　益		-	費　　用		=	当期純利益
売　　上	¥400,000		仕　　入	¥240,000		¥20,000
受取手数料	1,000		給　　料	100,000		
計	¥401,000		支払家賃	20,000		
			通 信 費	15,000		
			支払利息	6,000		
			計	¥381,000		

[解　答]……………………………………………………………………………

　収益の合計額¥401,000　費用の合計額¥381,000

　当期純利益の金額¥20,000＝収益¥401,000－費用¥381,000

12

上記の算式は，次のように書きかえることができます。

$$費\ 用\ +\ 当期純利益\ =\ 収\ 益$$

この等式を**損益計算書等式**といい，この等式にもとづいて損益計算書を作成します。

損益計算書は，借方に費用，貸方に収益の項目が示され，両者の差額として当期純利益または当期純損失が示されます。収益が費用よりも大きい場合には当期純利益が計算され，借方に費用の次に記載します。費用が収益よりも大きい場合には当期純損失が計算され，貸方に収益の次に記載します。損益計算書においても，借方の合計額と貸方の合計額は必ず一致します。

損益計算書を簡易な形式で示すと，次のようになります。

（借方）　　　　　　　損 益 計 算 書　　　　（貸方）

費　　用	5,000	収　　益	7,000
当期純利益	2,000		

当期純損失が計上されるときは，貸方に記入します

例題**1－4**

例題1－3における株式会社東京商店の資料にもとづいて，損益計算書を作成しなさい。

😊解答へのアプローチ

東京商店の収益・費用の状況を損益計算書等式で示すと，次のようになります。

費用¥381,000＋当期純利益¥20,000＝収益¥401,000

この損益計算書等式にもとづいて，東京商店の損益計算書を作成します。なお，損益計算書では，通常，当期純利益の文字と金額を赤字で記入します。実務では，赤字記入にあまりこだわらず，黒字で記入することもあります（簿記の検定試験でも赤字でなく黒字で記入することにしています）。

[解　答]

損 益 計 算 書

㈱東京商店　　　　X1年 4 月 1 日からX2年 3 月31日まで

費　　用	金　　額	収　　益	金　　額
仕　　　　　入	240,000	売　　　　上	400,000
給　　　　料	100,000	受 取 手 数 料	1,000
支 払 家 賃	20,000		
通　信　費	15,000		
支 払 利 息	6,000		
当 期 純 利 益	20,000		
	401,000		401,000

一致します

練習問題 1-3

　株式会社大阪商店のX1年 4 月 1 日からX2年 3 月31日までの収益と費用は次のとおりである。損益計算書を作成しなさい。

売　　　　上	¥200,000	受 取 手 数 料	¥ 4,000	受 取 利 息	¥ 2,000
仕　　　　入	¥136,000	給　　　料	¥ 30,000	広告宣伝費	¥ 10,000
旅費交通費	¥ 8,000	消 耗 品 費	¥ 9,000	雑　　　費	¥ 1,000
支 払 利 息	¥ 3,000				

⇒ 解答は248ページ

5 貸借対照表と損益計算書の関係 ……………………

　これまで述べてきた貸借対照表と損益計算書には，非常に密接な関係があります。

　ある会計期間を考えてみましょう。通常，期首と期末において企業の財政状態を把握するために貸借対照表が作成され，それぞれ期首貸借対照表と期末貸借対照表とよんでいます。ここで，期首貸借対照表と期末貸借対照表において，それぞれの資産と負債の差額として求められる期首資本の額と期末資本の額を比較します。期末資本のほうが期首資本よりも大きくなっている場合，その会計期間における企業活動の結果，資本の額が増えたと考えられるので，当期純利益（マイナスの場合は当期純損失）が生じていることがわかります。

> **期末資本　－　期首資本　＝　当期純利益**

　このように，期首と期末の資本の額を比較することによって当期純利益を求める計算方法を**財産法**といいます。

　これに対して，すでに学んだように，会計期間において生じた収益から費用を差し引くことによっても，当期純利益（マイナスの場合は当期純損失）を求めることができます。

> **収益　－　費用　＝　当期純利益**

　このように，当期中に生じた収益から費用を差し引くことによって当期純利益を求める計算方法を**損益法**といいます。

　そして，重要なことは，財産法によって計算した当期純利益も損益法によって計算した当期純利益も同じ金額になるということです。

　このような関係は，次のような水槽をイメージするとわかりやすいです。水槽に入っている水は，企業の資本を表しています。資本は，期首の残高が増えていって期末の残高に到達しています。一方，この水槽には，入口と出口があって，それぞれに水量計が設置されていると考えてみましょう。入口から入ってくる水の量が収益で，出口から出ていく水の量が費用です。

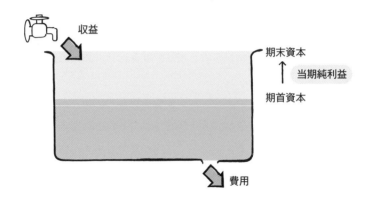

　そうすると，期首と期末の水の量を測ってその差額として求められる正味
の水の増加量と，入口で測った水の増加量と出口で測った水の減少量の差額
として求められる正味の水の増加量は，一致しているはずです。

　簿記でも，正味の増加量を表す当期純利益には，同様のことがいえます。
すなわち，期首と期末の資本を比較して計算された当期純利益と，当期中に
生じた収益から費用を差し引いた差額として計算された当期純利益は，一致
しているのです。

　当期純利益は，当期における期末資本の一部となりますが，次期において
は期首資本となります。

例題1－5

　株式会社東京商店のX2年3月31日（期末）現在の資産および負債は，次の
とおりであった。

　現　金　¥ 20,000　　建　物　¥70,000　　備　品　¥32,000

　土　地　¥100,000　　借入金　¥52,000

① 　東京商店のX1年4月1日（期首）現在の貸借対照表は，例題1－2のとお
　りであった。このとき，X2年3月期における期末資本の金額と当期純利益の
　金額を求めなさい。

② 　X2年3月31日における貸借対照表を作成しなさい。

解答へのアプローチ

　財産法を用いて，当期純利益を求めます。当期純利益は，貸借対照表において繰越利益剰余金に含められます。

[解　答]‥‥‥‥‥‥‥‥‥‥‥‥‥‥‥‥‥‥‥‥‥‥‥‥‥‥‥‥‥‥‥‥‥‥‥‥‥

① 　期末資本￥170,000＝期末資産￥222,000（＝￥20,000＋￥70,000＋￥32,000
　＋￥100,000）－期末負債￥52,000

　　　当期純利益￥20,000＝期末資本￥170,000－期首資本￥150,000

②

貸 借 対 照 表

㈱東京商店　　　　　　　　　　　X2年3月31日

資　　　産		金　　　額	負債および純資産	金　　　額
現	金	20,000	借　　入　　金	52,000
建	物	70,000	資　　本　　金	150,000
備	品	32,000	繰越利益剰余金	20,000
土	地	100,000		
		222,000		222,000

　期末貸借対照表においては，期末資本の額を株主からの出資額である資本金と企業活動によって獲得した利益の累積額である繰越利益剰余金（この例題では当期純利益のみからなる）とに分けて示します。

　例題1－1から1－5を通じて学んだ期首貸借対照表，損益計算書および期末貸借対照表の関係を図示すると，次のようになります。

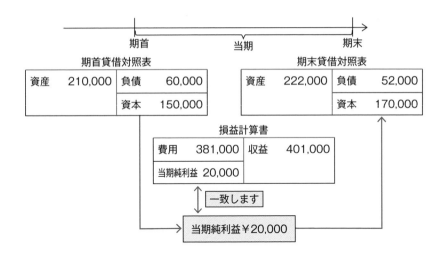

　複式簿記では，損益計算書で計算された当期純損益と，貸借対照表で計算された当期純損益（繰越利益剰余金に含まれる）とは，必ず一致します。以上から，貸借対照表と損益計算書が，当期純利益の計算を介して，非常に密接な関係にあるということがわかるでしょう。

練習問題 1－4

　　株式会社福岡商店のX2年3月31日現在の資産・負債の金額と，同年中の収益・費用の金額は次のとおりである。損益計算書と期末の貸借対照表を作成しなさい。なお，期首（X1年4月1日）の資本金は¥100,000であった。

現　　　金 ¥ 60,000	売　　　上 ¥500,000	給　　　料 ¥160,000
普 通 預 金 ¥ 30,000	受取手数料 ¥ 23,000	仕　　　入 ¥259,000
旅費交通費 ¥ 22,000	売　掛　金 ¥ 50,000	買　掛　金 ¥ 30,000
通 信 費 ¥ 6,000	備　　　品 ¥ 70,000	雑　　　費 ¥ 1,000
借 入 金 ¥ 60,000	水道光熱費 ¥ 2,000	貸　付　金 ¥ 10,000
消 耗 品 費 ¥ 3,000	支 払 家 賃 ¥ 40,000	

➡ 解答は249ページ

第 2 章
仕訳と転記

学習のポイント

1. 資産・負債・資本・収益・費用の項目ごとに分けられた記録・計算の単位を勘定といいます。勘定には，次のように記入します。

(1) 資産の勘定については，その増加を借方に，その減少を貸方に記入します。

(2) 負債の勘定については，その増加を貸方に，その減少を借方に記入します。

(3) 資本の勘定については，その増加を貸方に，その減少を借方に記入します。

(4) 収益の勘定については，その発生を貸方に記入します。

(5) 費用の勘定については，その発生を借方に記入します。

2. 簿記上の取引とは，資産・負債・資本の増減や収益・費用の発生に影響を及ぼす事象をいいます。

3. 複式簿記では，取引を借方の要素と貸方の要素に分解して，両者の結合関係により二元的に記録します。この作業を仕訳といいます。

4. 仕訳の内容を勘定に記入することを勘定への転記といいます。

1 勘 定

❶ 勘定の意義

　簿記は，資産・負債・資本・収益・費用を記録の対象としており，それぞれについて，**勘定**（account：a／c）という計算する場所を設けて記録を行います。勘定は，T字の形をしていて，その左側を借方とよび，右側を貸方と

よんでいます。すでに述べた貸借対照表は，借方と貸方を対照（バランス）させる表という意味で，**バランス・シート**ともよばれています。

　現金という資産の勘定の記入例を示してみましょう。

（借方）	現　　金		（貸方）
4/1　　10,000		4/2	8,000
3　　20,000		4	12,000
5　　6,000			

　現金について計算する勘定は，現金勘定とよばれ，「現金」は現金勘定に付けられた名前なので，**勘定科目**とよばれます。資産である現金を記録する場合には，借方が増加で，貸方が減少とするきまりがあります。

　たとえば，4月1日から5日までの5営業日からなる1週間を考えます。4月1日に現金が¥10,000増加した場合，この金額を現金勘定の借方に記入します（「**借　　記**」といいます）。逆に，4月2日に現金が¥8,000減少した場合，この金額を現金勘定の貸方に記入します（「**貸　　記**」といいます）。さらに，この現金勘定の記入は，4月3日には現金について¥20,000の増加，4月4日には¥12,000の減少，4月5日には¥6,000の増加があったことを示しています。

　さらに，4月5日において，現金勘定の残高を計算することができます。簿記では，現金の増加を示す借方の金額と現金の減少を示す貸方の金額をそれぞれ合計して，その差額（貸借差額）として現金の残高を求めます。

$$借方合計額 = ¥10,000 + ¥20,000 + ¥6,000 = ¥36,000$$

$$貸方合計額 = ¥8,000 + ¥12,000 = ¥20,000$$

$$貸　借　差　額 = ¥36,000 - ¥20,000 = ¥16,000$$

　貸借差額を記入して，この週における現金勘定の記入を終えて，勘定を締め切ると次のようになります。貸借差額は，借方に対してその額だけ不足する額を貸方に記入します。勘定を締め切る場合には，借方合計額と貸方合計額が一致します。

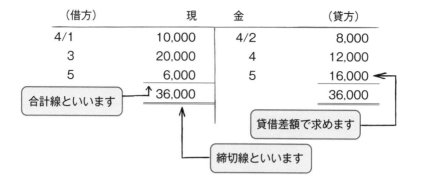

❷ 勘定科目の分類

　勘定科目は，貸借対照表の勘定と損益計算書の勘定に分類されます。主な勘定科目を示すと，次のようになります。

貸借対照表の勘定	資産の勘定	現金・普通預金・受取手形・売掛金・貸付金・建物・備品・土地など
	負債の勘定	支払手形・買掛金・借入金など
	資本の勘定	資本金・繰越利益剰余金など
損益計算書の勘定	収益の勘定	売上・受取手数料・受取利息など
	費用の勘定	仕入・給料・通信費・保険料・支払家賃・支払手数料・支払利息など

❸ 勘定記入

　勘定への記入は，次のような法則によって行われます。

　まず，貸借対照表の借方に記入される資産の勘定については，その増加を借方に記入し，その減少は貸方に記入します。これに対して，貸借対照表の貸方に記入される負債と資本の勘定については，その増加を貸方に記入し，その減少は借方に記入します。

　次に，損益計算書の貸方に記入される収益の勘定については，その発生を貸方に記入します。これに対して，損益計算書の借方に記入される費用の勘定については，その発生を借方に記入します。

　このように，各勘定の増加・減少・発生が，勘定の借方・貸方のどちらに表示されるかは，各勘定が貸借対照表と損益計算書の借方・貸方のいずれに

記入されるかにもとづいています。

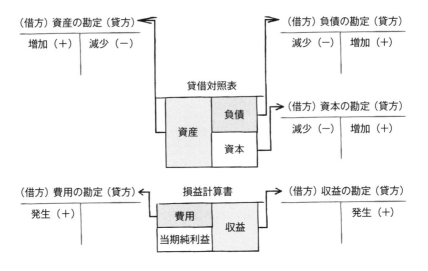

2 取引の意義と種類 ··

❶ 取引の意義

簿記では，企業の経済的事象のすべてを記録しているわけではなく，それらが取引として生じるたびに記録しています。したがって，簿記上の取引とは，資産・負債・資本・収益・費用に変動をもたらす事象をいい，貨幣額で合理的に測定できるものでなければなりません。

たとえば，商品を仕入れたり売り上げたりする活動や，従業員に給料を支払ったり，水道光熱費を支払ったりする活動も取引ですが，火災や盗難によって資産に損害が発生した事象も取引です。これに対して，土地や建物を借りる契約は，これを結んだだけでは資産・負債等に変動が生じないので，取引とはなりません。

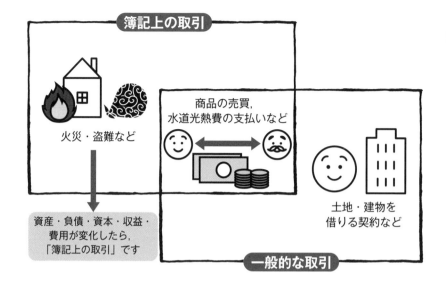

❷ 取引の種類

簿記上の取引は，資産・負債・資本・収益・費用のいずれの要素に影響する取引かによって，**交換取引・損益取引・混合取引**に分類されます。交換取引とは，資産・負債・資本のみに変動をもたらす取引です。損益取引とは，収益・費用の発生をともなう取引です。混合取引とは，交換取引と損益取引が同時に組み合わさった取引です。

また，簿記上の取引は，現金の収入と支出のいずれに関係するかによって，**入金取引・出金取引・振替取引**に分類されます。入金取引とは，現金の収入をともなう取引です。出金取引とは，現金の支出をともなう取引です。振替取引とは，現金の収入も支出もともなわない取引です。

次の事象のうち簿記上の取引となるものに○，取引とならないものに×をつけなさい。

(1) 商品¥50,000を仕入れた。

(2) 建物を月額¥100,000の家賃で借りる契約をした。

(3) 従業員を給料¥100,000で雇う契約をした。

(4) 現金¥5,000を紛失した。

(5) 火災が発生し，建物¥500,000が焼失した。

解答へのアプローチ

簿記上の取引に該当するかどうかは，その事象により資産・負債・資本・収益・費用に影響を及ぼすかがポイントとなります。

[解　答]

(1) ○　　(2) ×　　(3) ×　　(4) ○　　(5) ○

3 取引8要素と結合関係

❶ 取引の分解

複式簿記では，すべての取引が5つの取引要素，すなわち資産・負債・資本・収益・費用という要素を用いて分類整理されます。取引は，資産・負債・資本の増加・減少をもたらし，あるいは収益・費用を発生させます。複式簿記では，取引によって生じるこのような影響を，借方の要素と貸方の要素に整理していくことがポイントです。

たとえば，現金という資産が¥100,000増加した場合，現金の増加¥100,000だけを帳簿に記録するわけではありません。なぜ現金が増加したのか，その原因を考え，現金の増加という結果とその原因との結合関係（因果関係）に整理して記録していきます。

複式簿記において取引をこのように二面的にとらえる考え方は，原因と結果，犠牲と効果を常に考慮させるという点で，経営管理上も有益です。

❷ 取引8要素と結合関係

　取引によって，資産・負債・資本は，それぞれ増加する場合と減少する場合があります。また，取引によって収益・費用が発生します。このように取引を分解した場合に生じる要素を取引8要素とよび，それぞれ次のような結合関係によって組み合わせることができます。

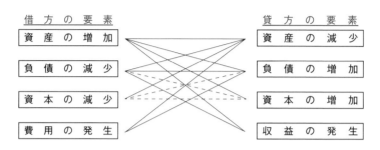

　（注）--------- で示した取引はあまり発生しません。

　取引8要素の結合関係は，必ず左側（借方）の要素と右側（貸方）の要素との間で結ばれます。借方の要素同士や貸方の要素同士との間では，結合関係は存在しません。

　複式簿記では，ある取引について借方の要素と貸方の要素とに分解し，両者の結合関係によって記録していきます。このような二元的な記録を行うことが複式簿記の大きな特徴です。

❸ 取引例

　取引8要素の結合関係を説明するため，株式会社関東商店の1月中における次のような取引例を考えてみましょう。

[設　例]

1月4日　株主から現金¥200,000の出資を受け，株式会社関東商店を設立し，営業を始めた。

　　6日　銀行から現金¥100,000を借り入れた。

　　8日　商品¥80,000を仕入れ，代金は現金で支払った。

10日　家賃¥30,000を現金で支払った。

12日　備品¥25,000を現金で購入した。

13日　商品を¥90,000で売り上げ，代金は現金で受け取った。

15日　水道光熱費¥8,000を現金で支払った。

30日　借入金¥50,000を利息¥1,000とともに現金で返済した。

それぞれの取引について，借方の要素と貸方の要素に分解してみましょう。

1月4日　| 現金（資産）¥200,000の増加 ←→ 資本金（資本）¥200,000の増加 |

　　　　この取引は，現金という資産の増加と資本金という資本の増加
の組み合わせに分解されます。

　6日　| 現金（資産）¥100,000の増加 ←→ 借入金（負債）¥100,000の増加 |

　　　　この取引は，現金という資産の増加と借入金という負債の増加
の組み合わせに分解されます。

　8日　| 仕入（費用）¥80,000の発生 ←→ 現金（資産）¥80,000の減少 |

　　　　この取引は，仕入という費用の発生と現金という資産の減少の
組み合わせに分解されます。商品は，通常，販売されて費用とな
ることが予定されているので，仕入時に費用として処理します。

10日　| 支払家賃（費用）¥30,000の発生 ←→ 現金（資産）¥30,000の減少 |

12日　| 備品（資産）¥25,000の増加 ←→ 現金（資産）¥25,000の減少 |

13日　| 現金（資産）¥90,000の増加 ←→ 売上（収益）¥90,000の発生 |

　　　　この取引は，現金という資産の増加と売上という収益の発生の
組み合わせに分解されます。

15日　| 水道光熱費（費用）¥8,000の発生 ←→ 現金（資産）¥8,000の減少 |

30日　| 借入金（負債）¥50,000の減少 ←→ 現金（資産）¥51,000の減少
　　　　支払利息（費用）¥1,000の発生 |

　　　　この取引は，借入金という負債の減少および支払利息という費
用の発生と現金という資産の減少の組み合わせに分解されます。
このように，取引によっては，借方の要素と貸方の要素が複数と
なる場合もあります。

例題2-2

　株式会社東京商店の次の4月中の取引について，資産・負債・資本の増減や収益・費用の発生がどのように結合しているか分解しなさい。

4月1日　株主から現金¥400,000の出資を受けて株式会社東京商店を設立し，営業を始めた。

　　3日　商品陳列ケースなどの備品¥40,000を現金で購入した。

　　5日　商品¥30,000を仕入れ，代金は現金で支払った。

　　8日　銀行から現金¥100,000を借り入れた。

　10日　商品を¥25,000で売り上げ，代金は現金で受け取った。

　14日　事務用の消耗品¥1,000を購入し，現金で支払った。

　25日　従業員の給料¥6,000を現金で支払った。

☺️**解答へのアプローチ**

　それぞれの取引について，どのような取引要素に分解できて，どのような結合関係で結ばれているかを分析することが必要です。

[解　答]……………………………………………………………………………

4月1日　現金（資産）¥400,000の増加⟷資本金（資本）¥400,000の増加

　　3日　備品（資産）¥40,000の増加⟷現金（資産）¥40,000の減少

　　5日　仕入（費用）¥30,000の発生⟷現金（資産）¥30,000の減少

　　8日　現金（資産）¥100,000の増加⟷借入金（負債）¥100,000の増加

　10日　現金（資産）¥25,000の増加⟷売上（収益）¥25,000の発生

　14日　消耗品費（費用）¥1,000の発生⟷現金（資産）¥1,000の減少

　25日　給料（費用）¥6,000の発生⟷現金（資産）¥6,000の減少

次の（　　）のなかに，借方または貸方のどちらが記入されるか示しなさい。

(1)　資本の増加は（　　）に記入する。

(2)　費用の発生は（　　）に記入する。

(3)　資産の減少は（　　）に記入する。

(4)　負債の減少は（　　）に記入する。

(5)　収益の発生は（　　）に記入する。

解答へのアプローチ

　資産の増加は借方に，負債および資本の増加は貸方に記入します。また，費用の発生は借方に，収益の発生は貸方に記入します。

[解　答]

(1)　貸方　　　(2)　借方　　　(3)　貸方　　　(4)　借方　　　(5)　貸方

練習問題2－1

　次の取引は，交換取引，損益取引，混合取引のどれに該当するか示しなさい。さらに，〔例示〕にならって，どの取引要素の増減があったかを明らかにしなさい。

〔例示〕　株主から現金¥100,000の出資を受けて営業を始めた。

　　　　　（答）　交換取引　現金（資産）の増加と資本金（資本）の増加

(1)　備品¥30,000を現金で購入した。

(2)　広告宣伝費¥3,000を現金で支払った。

(3)　借入金¥50,000を利息¥500とともに現金で返済した。

➡ 解答は249ページ

練習問題 2-2

　次の事象のうち存在する取引には○，存在しない取引には×をつけなさい。

(1)　資産が増加し，同時に収益が発生する取引

(2)　資産が増加し，同時に費用が発生する取引

(3)　負債が減少し，同時に資本が減少する取引

(4)　資本が減少し，同時に資産が減少する取引

(5)　資産が減少し，同時に負債が増加する取引

➡ 解答は250ページ

4 仕訳と転記 ……………………………………………

❶ 仕訳の意義

　簿記では，取引が行われたつど，資産・負債・資本・収益・費用の５つの取引要素を用いて，借方の要素と貸方の要素に分解して記録します。このように，借方の要素と貸方の要素に分解して記録することを仕訳といいます。

　たとえば，「事務用のコピー機¥200,000を現金で購入した」という取引を分解すると次のようになります。

（借方の要素）　　　　　　　　　　（貸方の要素）

備品（資産）の増加　¥200,000　⟵⟶　現金（資産）の減少　¥200,000

この分解内容を次のような形で整理します。これが仕訳です。

（借）備　　　　品　200,000 （貸）現　　　　金　200,000

　簿記では，慣習的に，左側のことを借方（または借），右側のことを貸方（または貸）とよんでいるので，取引要素にこの符号を付けて仕訳を表記しています。

　仕訳は，複式簿記において最も重要な作業です。仕訳を行うことは，その取引が企業の財産や損益にどのような影響を及ぼすかを認識することを意味しています。

ここで，**3** **3**で示した取引例の仕訳を示すと，次のようになります。

1月4日	（借）	現	金	200,000	（貸）	資 本 金	200,000
6日	（借）	現	金	100,000	（貸）	借 入 金	100,000
8日	（借）	仕	入	80,000	（貸）	現 金	80,000
10日	（借）	支 払 家 賃		30,000	（貸）	現 金	30,000
12日	（借）	備	品	25,000	（貸）	現 金	25,000
13日	（借）	現	金	90,000	（貸）	売 上	90,000
15日	（借）	水 道 光 熱 費		8,000	（貸）	現 金	8,000
30日	（借）	借 入 金		50,000	（貸）	現 金	51,000
		支 払 利 息		1,000			

　以上の仕訳のうち，商品の売買取引に関する仕訳については，仕入勘定（費用）と売上勘定（収益）を用いて行っています。これらに加えて，繰越商品勘定（資産）も用いて商品の売買取引を記帳する方法を**3分法**といいます（詳しくは，P.85以降で説明しています）。なお，3分法のほかにも，商品勘定（資産）と商品売買益勘定（収益）を用いる方法もあります。この記帳方法を**分記法**といいます。

❷ 勘定への転記

　取引を分解して仕訳を行ったら，次は仕訳の内容を各勘定に記入します。簿記では，仕訳の内容を勘定に記入することを**転記**といいます。

　勘定への転記は，ルールに従って規則的に行うことが大切です。すなわち，仕訳の借方科目の金額を同じ名称の勘定の借方に転記し，貸方科目の金額を同じ名称の勘定の貸方に転記します。

　前ページで仕訳の例としてあげた取引（日付を4月15日とします）を元帳に転記すると，次のようになります。

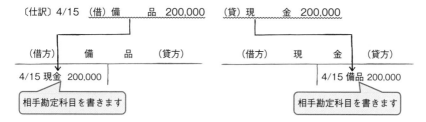

まず，仕訳の借方科目に注目します。借方科目は備品なので，転記は備品勘定の借方に行います。備品勘定には，取引の金額（¥200,000）を記入し，さらに取引の日付（4/15）と相手勘定科目（現金）を記入します。次に，仕訳の貸方科目に注目します。貸方科目は現金なので，転記は現金勘定の貸方に行います。現金勘定には，取引の金額（¥200,000）を記入し，さらに取引の日付（4/15）と相手勘定科目（備品）を記入します。

転記では，正確な勘定科目へ正確に金額を記入することが最も重要です。日付と相手勘定科目の記入は備忘的な役割をもつにすぎません。相手勘定科目が複数（2つ以上）あるときは，個別的に示さず，通常，複数の科目をまとめて諸口と記入します。

これまでの簿記の手順を示すと，次のようになります。すなわち，取引について，取引が行われた日付順に仕訳として記録し，転記によって仕訳の内容を勘定科目別に整理します。

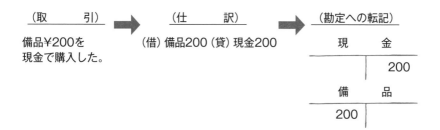

次の取引について仕訳しなさい。

(1) 株主から現金¥100,000の出資を受けて，営業を開始した。

31

(2) 銀行から¥30,000を借り入れ，現金で受け取った。

(3) 商品¥40,000を仕入れ，代金は現金で支払った。

(4) 営業用のトラック1台¥10,000を購入し，代金は現金で支払った。

(5) 事務用のボールペン・帳簿など¥500を現金で購入した。

(6) (3)で仕入れた商品を¥60,000で販売し，代金は現金で受け取った。

(7) 商品¥50,000を仕入れ，代金のうち¥20,000を現金で支払い，残額は掛けとした。

(8) (7)で仕入れた商品を¥80,000で販売し，代金のうち¥15,000を現金で受け取り，残額は掛けとした。

(9) 従業員の給料¥4,000を現金で支払った。

😊 解答へのアプローチ

　まず，取引を借方の要素と貸方の要素に分解しましょう。そのうえで，借方と貸方に具体的な勘定科目を記入しましょう。仕訳において，借方と貸方の合計金額は常に一致することにも留意してください。

[解　答]··

(1)	(借)	現　　　金	100,000	(貸)	資　本　金	100,000
(2)	(借)	現　　　金	30,000	(貸)	借　入　金	30,000
(3)	(借)	仕　　　入	40,000	(貸)	現　　　金	40,000
(4)	(借)	車両運搬具	10,000	(貸)	現　　　金	10,000
(5)	(借)	消 耗 品 費	500	(貸)	現　　　金	500
(6)	(借)	現　　　金	60,000	(貸)	売　　　上	60,000
(7)	(借)	仕　　　入	50,000	(貸)	現　　　金	20,000
					買　掛　金	30,000
(8)	(借)	現　　　金	15,000	(貸)	売　　　上	80,000
		売　掛　金	65,000			
(9)	(借)	給　　　料	4,000	(貸)	現　　　金	4,000

★売掛金と買掛金：代金の支払いを後日行う取引を掛取引といいます。掛取引が行われたときは，後で受け取る側が売掛金（資産）を計上し，後で支払う側が買掛金（負債）を計上します。

例題2－5

次の仕訳から，どのような取引が行われたかを推定しなさい。

(1)	（借）	仕	入	20,000	（貸）	現	金	10,000
						買 掛 金		10,000
(2)	（借）	現	金	15,000	（貸）	売	上	21,000
		売 掛 金		6,000				
(3)	（借）	普 通 預 金		2,000	（貸）	現	金	2,000
(4)	（借）	旅 費 交 通 費		300	（貸）	現	金	300
(5)	（借）	借 入 金		50,000	（貸）	現	金	51,000
		支 払 利 息		1,000				

😊**解答へのアプローチ**

仕訳は実際の企業で発生した取引を，取引要素の結合関係によって表現したものですから，仕訳をみれば，逆に現実の取引を推定することができます。

[解　答]‥‥‥‥‥‥‥‥‥‥‥‥‥‥‥‥‥‥‥‥‥‥‥‥‥‥‥‥‥‥‥‥‥‥‥‥‥‥

(1) 商品¥20,000を仕入れ，代金のうち¥10,000を現金で支払い，残額を掛けとした。

(2) 商品を¥21,000で販売し，代金のうち¥15,000を現金で受け取り，残額を掛けとした。

(3) 現金¥2,000を普通預金に預け入れた。

(4) 旅費交通費¥300を現金で支払った。

(5) 借入金¥50,000を利息¥1,000とともに現金で返済した。

例題2−6

次の取引を勘定（T字形）に転記しなさい。日付および相手勘定科目も記入
すること。

4月1日	（借）	現	金	100,000	（貸）	資 本 金			100,000
3日	（借）	仕	入	30,000	（貸）	現	金		10,000
						買 掛 金			20,000
7日	（借）	備	品	20,000	（貸）	現	金		20,000
10日	（借）	貸 付 金		10,000	（貸）	現	金		10,000
15日	（借）	現	金	18,000	（貸）	売	上		33,000
		売 掛 金		15,000					
20日	（借）	給	料	6,000	（貸）	現	金		6,300
		旅費交通費		300					

（☺）解答へのアプローチ

仕訳に表示されている勘定科目の借方または貸方に正確に転記します。相手
勘定科目が2つ以上のときは，「諸口」と記入します。

［解 答］‥‥‥‥‥‥‥‥‥‥‥‥‥‥‥‥‥‥‥‥‥‥‥‥‥‥‥‥‥‥‥‥‥‥‥‥‥‥

現　　金

4／1	資本金	100,000	4／3	仕 入	10,000
15	売 上	18,000	7	備品	20,000
			10	貸付金	10,000
			20	諸 口	6,300

相手勘定科目が2つ以上の
ときは「諸口」と書きます

売　掛　金

4／15	売 上	15,000

貸　付　金

4／10	現 金	10,000

備　　品

| 4/7 現　金 | 20,000 |

買　掛　金

| | 4/3 仕　入 | 20,000 |

資　本　金

| | 4/1 現　金 | 100,000 |

売　　上

| | 4/15 諸　口 | 33,000 |

仕　　入

| 4/3 諸　口 | 30,000 |

給　　料

| 4/20 現　金 | 6,000 |

旅費交通費

| 4/20 現　金 | 300 |

練習問題 2-3

次の勘定記入から仕訳を推定し，さらに取引の内容を推定しなさい。

売　掛　金

| | 4/6 現　金12,000 |

借　入　金

| 4/10 現　金20,000 | |

買　掛　金

| | 4/3 仕　入10,000 |

支払家賃

| 4/20 現　金　400 | |

➡ 解答は250ページ

株式会社大阪商会の次の 4 月中の取引を仕訳し，勘定（T字形）へ転記しなさい。

4月1日　株主から現金¥150,000，備品¥50,000の出資を受けて株式会社大阪商店を設立し，開業した。

　4日　取引銀行から現金¥100,000を借り入れた。

　6日　商品¥32,000を仕入れ，代金は現金で支払った。

　7日　営業用自動車¥40,000を現金で購入した。

　10日　事務用の文房具代¥1,500を購入し，現金で支払った。

　13日　商品¥20,000を販売し，代金は現金で受け取った。

　15日　新聞のチラシ広告を行い，代金¥400を現金で支払った。

　17日　商品¥25,000を販売し，代金のうち¥16,000を現金で受け取り，残額は掛けとした。

　20日　従業員の給料¥7,000，家賃¥500，雑費¥150を現金で支払った。

　25日　取引先に対する売掛金¥6,000を現金で回収した。

　30日　借入金のうち¥10,000を利息¥200とともに現金で返済した。

➡ 解答は250ページ

第**3**章

仕訳帳と元帳

学習のポイント

1．仕訳帳は，取引の仕訳を日付順に記入する帳簿です。
2．総勘定元帳は，仕訳帳から転記する勘定をすべてまとめた帳簿です。
　総勘定元帳に収められる勘定の形式には，標準式と残高式があります。
3．仕訳帳と総勘定元帳は，主要簿とよばれています。
4．補助簿には，補助記入帳と補助元帳があります。

1 帳簿の種類 ·····································

　簿記では，帳簿に記入することによって企業の経済活動を記録しています。帳簿は，紙面を用いて作成する場合もありますし，コンピュータを使って電子的に作成する場合もあります。

　まず，帳簿には，発生した取引について仕訳を日付順に記入する**仕訳帳**があります。また，仕訳を転記する先の勘定をすべてまとめた帳簿として，**総勘定元帳**（または略して**元帳**といいます）があります。総勘定元帳には，さまざまな勘定が番号（元帳丁数といいます）を付して整理されており，番号が付されたそれぞれの勘定について記入する場所を**勘定口座**といいます。総勘定元帳は，すべての勘定に関する増減の記録が行われているので，次章で述べる決算において作成される貸借対照表と損益計算書の基礎資料となります。

　帳簿を組み合わせることによって成り立つシステムのことを**帳簿組織**とよんでいます。以上のような仕訳帳と総勘定元帳から構成される帳簿組織は，複式簿記のしくみとして必要最低限のものです。このため，仕訳帳と総勘定

元帳は，**主要簿**とよばれています。

　仕訳帳と総勘定元帳による帳簿組織のしくみを示すと，次のようになります。

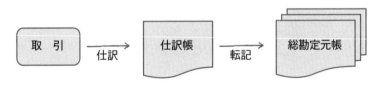

　主要簿以外に，**補助簿**とよばれる帳簿があります。補助簿は，上述したような主要簿からなる最低限の帳簿組織をさらに充実させて，経営上必要な取引記録の明細や勘定の増減記録の明細を得るために利用されています。

　補助簿には，特定の取引の明細を発生順に記録する**補助記入帳**と，特定の勘定の明細を取引先などの口座別に記録する**補助元帳**とがあります。

　補助記入帳（たとえば，現金出納帳）には，特定の取引（たとえば，現金の増減をともなう取引）が生じるごとに，仕訳帳に記入されるのと同時に記入されます。補助元帳（たとえば，売掛金元帳）には，仕訳帳から特定の勘定（たとえば，売掛金）に転記する場合に，総勘定元帳に転記するのと同時に転記されます。

　仕訳帳と総勘定元帳に加えて，補助記入帳や補助元帳を利用した帳簿組織のしくみを示すと，次のようになります。

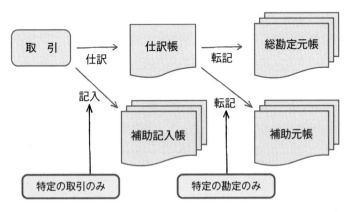

　以上の帳簿を，主要簿と補助簿に分類して，それぞれの具体例を示すと次のようになります。

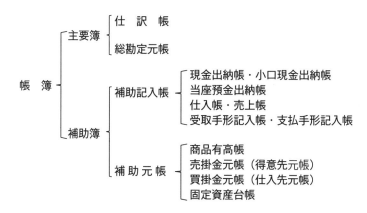

2 仕訳帳への記入 ···

　仕訳帳には，日付欄，摘要欄，元丁欄，借方金額欄および貸方金額欄が設けられています。

　仕訳帳への記入を，第2章の例題2-6の一部を用いて示すと次のようになります。

勘定科目は借方と貸方を1行ごとに書きます

総勘定元帳のページ数を書きます

ページ数
1

取引の概要を記入します

勘定科目が複数のときは「諸口」と書きます

仕　訳　帳

X1年		摘　　要	元丁	借　方	貸　方
4	1	（現　　金）	1	100,000	
		（資　本　金）	21		100,000
		株主から出資を受け，会社を設立			
	3	（仕　　入）　　諸　口	41	30,000	
		（現　　金）	1		10,000
		（買　掛　金）	11		20,000
		○○商店から仕入れ			
	7	（備　　品）	6	20,000	
		（現　　金）	1		20,000
		備品の購入			

（注）　現金勘定，資本金勘定，仕入勘定，買掛金勘定，備品勘定の総勘定元帳におけるページ数を，それぞれ1ページ，21ページ，41ページ，11ページ，6ページとしています。

仕訳帳の記入にあたって，留意すべき事項は，次のとおりです。

(1) 通常，摘要欄には，1行ごとに借方と貸方の勘定科目を記入します。勘定科目は，両端を丸カッコで囲みます。仕訳の借方科目または貸方科目が複数の場合には，最初の行に「諸口」と記入して，その下の行に勘定科目を記入します。

(2) 借方欄と貸方欄にはそれぞれの金額を記入します。

(3) 取引の簡単な説明を摘要欄に書きます。これを小書きといいます。

(4) 元丁は，総勘定元帳のページ数のことを指しています。元丁欄には，元帳への転記済を示すとともにチェック機能をもたせるため，元帳への転記後，該当する勘定の総勘定元帳におけるページ数を記入します。

3 仕訳帳から総勘定元帳への転記 ………………………

総勘定元帳に収められる勘定の形式には，**標準式**と**残高式**があります。標準式は，紙面を左右に区分して，それぞれ借方と貸方の日付欄・摘要欄・仕丁欄・金額欄を設ける形式で，すでに学んだT字型の勘定は，この標準式を簡略化したものです。これに対して，残高式は，日付欄・摘要欄・仕丁欄を設け，さらに借方金額欄・貸方金額欄・残高欄を設ける形式です。残高式では，それぞれの勘定の残高が総勘定元帳において常時把握できる点に特徴があります。なお，仕丁欄は，転記元の仕訳帳のページ数を記入する欄であり，転記が行われたことを確認するために用いられています。

まず，上記の仕訳帳の記入例にもとづいて，標準式の総勘定元帳における現金勘定と仕入勘定に転記すると，次のようになります。

総 勘 定 元 帳

現　　　金

（総勘定元帳のページ数）1

X1年		摘　　　要	仕丁	借　　方	X1年		摘　　　要	仕丁	貸　　方
4	1	資　本　金	1	100,000	4	3	仕　　入	1	10,000
						7	備　　品	〃	20,000

仕訳帳のページ数を書きます

金額以外の繰り返しには「〃」を用います

40

		仕		入					41
X1年	摘	要	仕丁	借 方	X1年	摘	要	仕丁	貸 方
4 3	諸	口	1	30,000					

次に残高式の総勘定元帳への転記を示すと，次のようになります。

総 勘 定 元 帳

> 残高が借方か貸方かを書きます

現　　　金　　　　　　　1

X1年	摘　　　要	仕丁	借　　方	貸　　方	借／貸	残　　高
4 1	資　本　金	1	100,000		借	100,000
3	仕　　　入	〃		10,000	〃	90,000
7	備　　　品	〃		20,000	〃	70,000

仕　　　入　　　　　　　41

X1年	摘　　　要	仕丁	借　　方	貸　　方	借／貸	残　　高
4 3	諸　　　口	1	30,000		借	30,000

例題3－1

　次のX1年6月中の取引を仕訳帳に記入し，総勘定元帳（標準式）の現金勘定，借入金勘定，受取手数料勘定，支払利息勘定に転記しなさい。なお，仕訳帳のページ数は5ページであり，総勘定元帳におけるページ数は，現金勘定が1ページ，借入金勘定が12ページ，受取手数料勘定が32ページ，支払利息勘定が48ページである。

6月25日　大阪商店に対して商品売買の仲介を行い，手数料￥50,000を現金で受け取った。

　　26日　取引銀行から￥300,000を借り入れ，利息￥10,000を差し引かれた手取金を現金で受け取った。

解答へのアプローチ

　手数料や利息という勘定科目では収益なのか費用なのかがわからないので，「受取」または「支払」という限定する語をつけます。

仕 訳 帳　　　　　　　5

X1年		摘　　　　　要	元丁	借　　　方	貸　　　方
6	25	（ 現　　　金 ）	1	50,000	
		（ 受取手数料 ）	32		50,000
		大阪商店から仲介手数料の受取り			
	26	諸　　口 （ 借 入 金 ）	12		300,000
		（ 現　　　金 ）	1	290,000	
		（ 支 払 利 息 ）	48	10,000	
		取引銀行から借入れ			

総 勘 定 元 帳

現　　　　　金　　　　　　　1

X1年		摘　　要	仕丁	借　方	X1年		摘　　要	仕丁	貸　方
6	25	受取手数料	5	50,000					
	26	借 入 金	〃	290,000					

借　　入　　金　　　　　　　12

X1年		摘　　要	仕丁	借　方	X1年		摘　　要	仕丁	貸　方
					6	26	諸　　　口	5	300,000

受 取 手 数 料　　　　　　　32

X1年		摘　　要	仕丁	借　方	X1年		摘　　要	仕丁	貸　方
					6	25	現　　　金	5	50,000

支 払 利 息　　　　　　　48

X1年		摘　　要	仕丁	借　方	X1年		摘　　要	仕丁	貸　方
6	26	借 入 金	5	10,000					

次の仕訳帳の記入にもとづいて，標準式の総勘定元帳への転記を行いなさい。なお，仕訳帳の小書きは省略してある。

仕　訳　帳

4

X1年		摘　　　要		元丁	借　　　方	貸　　　方
9	4	（現　　　金）		1	150,000	
			（借　入　金）	6		150,000
	8	（仕　　　入）		9	124,000	
			（現　　　金）	1		124,000
	10	諸　　口	（売　　上）	8		130,000
		（現　　　金）		1	80,000	
		（売　掛　金）		2	50,000	
	15	（支 払 地 代）		11	1,200	
			（現　　　金）	1		1,200
	18	（現　　　金）		1	30,000	
			（売　掛　金）	2		30,000
	25	（給　　　料）		10	16,000	
			（現　　　金）	1		16,000

➡ 解答は252ページ

4

決　　算

学習のポイント

1. 決算とは，期末に総勘定元帳の記録を整理し，帳簿を締め切り，損益計算書と貸借対照表を作成する一連の手続をいいます。

2. 決算手続には，決算予備手続・決算本手続・財務諸表の作成が含まれます。

3. 試算表は，期中の元帳記入が正しいかどうかを確かめるために作成します。

4. 試算表には，合計試算表・残高試算表・合計残高試算表があります。

5. 英米式決算法では，損益計算書項目は損益勘定に振り替え，貸借対照表項目は元帳上で直接締め切ります。

6. 精算表は，試算表の作成から財務諸表の作成までを一覧表にしたものです。

1 決算の意義と手続 ·····························

❶ 決算の意義

すでに学んだように，簿記では，期中の日々の取引を仕訳帳に仕訳し，総勘定元帳に転記して各勘定の増減や発生を記録していきます。しかし，この手続だけでは，会計期間ごとの経営成績や期末の財政状態を明らかにすることはできません。

このため，簿記では，会計期間ごとに総勘定元帳の記録を整理し，帳簿を締め切り，損益計算書と貸借対照表を作成して企業の経営成績や財政状態を明らかにします。こうした一連の手続を**決算**といい，決算の行われる日を**決**

算日といいます。

❷ 決算の手続

通常，決算は次のような順序で行われます。

決算予備手続 —→ 決算本手続 —→ 財務諸表の作成

各手続の内容を簡単に示すと，次のようになります。

決算予備手続	試算表の作成
決算本手続	① 元帳の締切り ② 仕訳帳の締切り
財務諸表の作成	① 損益計算書の作成 ② 貸借対照表の作成

決算予備手続では，元帳記入の正確性を検証するために**試算表**を作成します。次に，**決算本手続**では，元帳や仕訳帳の**締切り**を行います。最後に，損益計算書と貸借対照表を作成します。

上記の手続のほかに，**精算表**を作成することがあります。精算表は，正式な決算手続において作成されるものではありませんが，試算表から財務諸表の作成までを1つの表にまとめたもので，決算の全体を一覧することができます。

なお，本章では，複式簿記の基本的しくみを理解することを目的としているので，第5章以降で学ぶ決算整理手続（たとえば，商品の棚卸しや建物・備品などの減価償却）は含めていません。

ここで決算の手続を含めた複式簿記の基本的なしくみを図解しておくと，次のようになります。簿記の学習では，全体の流れをしっかりと理解することが大切です。

4

決

算

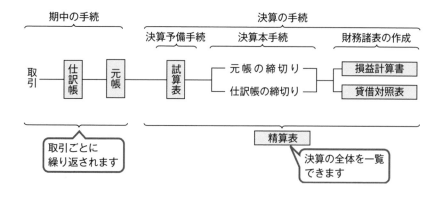

例題 4 - 1

次の（　　）内に適切な用語を記入しなさい。

(1) 期末決算の手続には，決算（イ）手続，決算本手続，および（ロ）の作成がある。

(2) 決算予備手続には，（ハ）の作成が含まれ，決算本手続には（ニ）および仕訳帳の締切りが含まれる。

(3) 損益計算書は一定期間における（ホ）を明らかにする計算書であり，（ヘ）は（ト）における財政状態を明らかにする計算書である。

☺ 解答へのアプローチ

　期末における決算手続の内容や，財務諸表の役割について確認してください。

［解　答］……………………………………………………………………………………

（イ）　予備　　（ロ）　財務諸表　　（ハ）　試算表　　（ニ）　元帳

（ホ）　経営成績　（ヘ）　貸借対照表　　（ト）　一定時点（または期末）

2 試算表の作成 ……………………………………………

● 試算表の目的

　試算表とは，総勘定元帳の各勘定口座の合計額や残高を集めて作成される集計表をいいます。試算表を作成する主な目的には，次の2つがあります。

　① 期中における仕訳帳から元帳への転記が正しく行われたか否かを確認

するため。

② 各勘定の状況を把握して，期末の決算手続を円滑にするため。

　試算表は，複式簿記の**貸借平均の原理**を利用して，総勘定元帳の記入や計算上の誤りをチェックすることができます。また，試算表は，貸借対照表や損益計算書を作成する基礎資料となるので，決算手続においてもたいへん重要な集計表です。

　試算表は，決算が行われる期末には必ず作成しますが，実務では少なくとも毎月末に作成しています。作成期間が短いほど誤りが早く発見できるからです。さらに，企業の必要に応じて，毎月末・毎週末・毎日（それぞれ，月計表・週計表・日計表といいます）作成することもあります。

★**貸借平均の原理**：複式簿記において，借方と貸方の金額が常に一致しているというきまりのことをいいます。仕訳では，借方と貸方の金額が一致していますから，仕訳を集計した試算表においても，借方と貸方の金額が一致します。

❷ 試算表の種類

　試算表には，合計試算表・残高試算表・合計残高試算表の３種類があります。

① **合計試算表**　　　各勘定口座の借方合計と貸方合計を集めて作成する試算表
② **残高試算表**　　　各勘定口座の残高を集めて作成する試算表
③ **合計残高試算表**　①と②を１つにまとめて作成する試算表

合 計 試 算 表

X1年３月31日

借　　　方	勘 定 科 目	貸　　　方

残 高 試 算 表

X1年 3 月31日

借　　　方	勘 定 科 目	貸　　　方

合計残高試算表

X1年 3 月31日

借　　　方		勘 定 科 目	貸　　　方	
残　高	合　計		合　計	残　高

例題 4 - 2

　下記に示した期末（X1年 3 月31日）の元帳の記入にもとづいて，合計残高試算表を作成しなさい。

現　　　　金	
350,000	35,000
140,000	150,000
60,000	23,000
100,000	5,000
	2,000
	20,000

売　掛　金	
120,000	100,000
80,000	

備　　　品	
35,000	

買　掛　金	
150,000	230,000
	110,000

借　入　金	
20,000	100,000

資　本　金	
	200,000

繰越利益剰余金	
	50,000

売　　　上	
	260,000
	140,000

仕　　　入	
230,000	
110,000	

給　　　料	
23,000	

支 払 地 代	
5,000	

支 払 利 息	
2,000	

（☺）解答へのアプローチ

　まず，各勘定の借方と貸方のそれぞれ合計額を計算し，該当する勘定科目の合計欄に記入します。このとき借方と貸方の総合計が一致していることを確認します。次に，各項目の貸借差額を残高欄に記入して，借方と貸方の総合計が一致していることを確認します。

[解　答]...

合計残高試算表

X1年3月31日

勘定の借方合計
額を記入します

勘定の貸方合計
額を記入します

借方残高
のとき

貸方残高
のとき

借 方		勘 定 科 目	貸 方	
残　高	合　計		合　計	残　高
415,000	650,000	現　　　　金	235,000	
100,000	200,000	売　掛　金	100,000	
35,000	35,000	備　　　品		
	150,000	買　掛　金	340,000	190,000
	20,000	借　入　金	100,000	80,000
		資　本　金	200,000	200,000
		繰越利益剰余金	50,000	50,000
		売　　　上	400,000	400,000
340,000	340,000	仕　　　入		
23,000	23,000	給　　　料		
5,000	5,000	支 払 地 代		
2,000	2,000	支 払 利 息		
920,000	1,425,000		1,425,000	920,000

一致します

一致します

　株式会社札幌商店は，期末（X1年3月31日）に残高試算表を作成したが，その貸借合計が一致しなかった。誤りを訂正し，正しい残高試算表を作成しなさい。なお，各勘定の金額は正しいものとし，勘定科目を資産・負債・資本・収益・費用の順に配列し直すこと。

残 高 試 算 表

X1年3月31日

借　　　方	勘 定 科 目	貸　　　方
160,000	仕　　　　　入	
	消 耗 品 費	5,000
200,000	資　本　金	
	支 払 利 息	3,000
	借　入　金	150,000
	普 通 預 金	74,000
62,000	備　　　　　品	
6,000	受 取 手 数 料	
	給　　　　　料	47,000
215,000	現　　　　　金	
250,000	売　　　　　上	
	買　掛　金	83,000
	売　掛　金	123,000
893,000		485,000

（☺）解答へのアプローチ

　各勘定科目の残高が，借方残高となるのか貸方残高となるのか考えてみましょう。借方残高となる要素は，資産・費用です。貸方残高となる要素は，負債・資本・収益です。

[解　答]‥‥‥‥‥‥‥‥‥‥‥‥‥‥‥‥‥‥‥‥‥‥‥‥‥‥‥‥‥‥‥‥‥‥‥‥

残 高 試 算 表

X1年 3 月31日

借　　　方	勘 定 科 目	貸　　　方
215,000	現　　　　　金	
74,000	普 通 預 金	
123,000	売 　掛 　金	
62,000	備　　　　　品	
	買 　掛 　金	83,000
	借 　入 　金	150,000
	資 　本 　金	200,000
	売　　　　　上	250,000
	受 取 手 数 料	6,000
160,000	仕　　　　　入	
47,000	給　　　　　料	
5,000	消 耗 品 費	
3,000	支 払 利 息	
689,000		689,000

練習問題 **4－1**

　株式会社函館商店の次の勘定残高にもとづいて，残高試算表を作成し
なさい（決算日はX1年 3 月31日）。

現　　　　金	¥160,000	売　　　　上	¥322,000	買 　掛 　金	¥132,000
給　　　料	¥ 75,000	売 　掛 　金	¥200,000	借 　入 　金	¥120,000
支 払 家 賃	¥ 6,000	広 告 宣 伝 費	¥ 14,000	貸 　付 　金	¥ 82,000
雑　　　　費	¥ 5,000	仕　　　　入	¥285,000	備　　　　品	¥ 45,000
受 取 手 数 料	¥ 6,000	支 払 利 息	¥ 8,000	資 　本 　金	¥200,000
繰越利益剰余金	¥100,000				

➡ 解答は253ページ

3　帳簿の締切りと財務諸表の作成‥‥‥‥‥‥‥‥‥‥

❶ 帳簿の締切り

　決算本手続では，各帳簿を締め切ること，なかでも総勘定元帳の各勘定を

締め切ることが最も重要な目的です。帳簿の締切りとは，当期の帳簿記入を完了させる手続です。元帳は，すべての勘定をとじ込んでいるので，財務諸表作成の基礎資料となります。

　ここでは，一般的に用いられている**英米式決算法**にもとづいて，帳簿の締切りの方法を説明します。

★**英米式決算法**：決算法には，英米式決算法と大陸式決算法があります。英米式決算法は，大陸式決算法と比べて簡易な決算法で，収益・費用は損益勘定に振り替えますが，資産・負債・資本は（仕訳をしないで）元帳上で繰越記入を行うという特徴があります。

　貸借対照表項目である資産・負債・資本と損益計算書項目である収益・費用とでは，その締切りの方法が異なります。締切りまでの決算の手続の基本的なしくみを示すと，次のようになります。

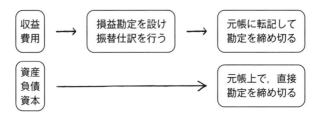

　損益勘定は，損益集合勘定ともいわれ，損益計算書項目である収益・費用の勘定残高をすべて移す（**振替え**といいます）ための勘定で，ここで当期純利益（または当期純損失）を算定します。さらに，当期純利益（または当期純損失）は，損益勘定から繰越利益剰余金勘定に振り替えられます。

　このような振替えを行うための仕訳を**決算振替仕訳**といい，この仕訳は決算のときだけに行われます。なお，決算振替仕訳に先立って，後で学ぶ決算整理仕訳が行われます。決算振替仕訳と決算整理仕訳をあわせて**決算仕訳**とよんでいます。

　振替手続の概要を勘定間のつながりの形で示すと，次のようになります（決算日3月31日）。

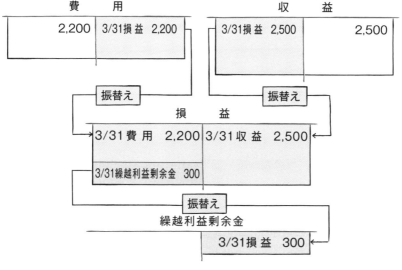

元帳の各勘定の締切りの手順と決算振替仕訳の例を示すと，次のようになります。

① 収益・費用の勘定の締切り

(イ)　収益の勘定から損益勘定への振替え

（借）	売	上	2,000	（貸）	損	益	2,500
	受 取 手 数 料		500				

(ロ)　費用の勘定から損益勘定への振替え

（借）	損	益	2,200	（貸）	仕	入	1,000
					給	料	300
					支 払 家 賃		800
					支 払 利 息		100

(ハ)　当期純利益の繰越利益剰余金勘定への振替え

（借）	損	益	300	（貸）	繰越利益剰余金	300

以上の３つの決算振替仕訳を元帳に転記し，収益・費用の各勘定と損益勘定を締め切ります。

損益勘定で算定された当期純利益は，貸借対照表の側からみると資本の増加を意味します。株式会社の場合には，当期純利益は**繰越利益剰余金勘定**（資本）に振り替えます。

なお，当期純損失が発生した場合には，損益勘定には借方残高が生じ，繰越利益剰余金の減少となります。たとえば，当期純損失¥100の繰越利益剰余金勘定への振替えは，次の仕訳になります。

（借）　繰越利益剰余金	100	（貸）　損　　　　益	100

② 資産・負債・資本の勘定の締切り

　資産・負債・資本の各勘定は，仕訳帳での決算仕訳は行わず，直接，元帳上で勘定の締切りを行います。

　まず，期末残高を「**次期繰越**」（期末の日付・金額とともに原則は赤字で記入しますが，実務上は黒字で記入することが多いです）として記入することで，借方と貸方の金額を一致させ，勘定を締め切ります。さらに，次の年度の期首の日付で，次期繰越と反対側に「**前期繰越**」として残高の繰越記入をします。これを**開始記入**といいます。

　以上で元帳のすべての勘定の締切りが完了することになります。

　続いて仕訳帳の締切りを行います。仕訳帳は，期中の取引の仕訳記入を完了した段階でいったん締め切ります。元帳の締切り後，決算仕訳の貸借を合計して再び締め切ります。

❷ 財務諸表の作成

　すべての帳簿を締め切り，損益計算書と貸借対照表が作成されます。損益計算書は，主として損益勘定にもとづいて作成され，貸借対照表は，資産・負債・資本の各勘定の残高にもとづいて作成されます。

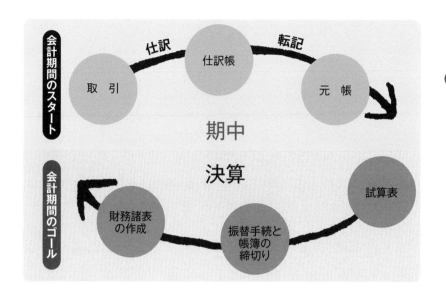

例題4−4

　X1年4月1日に設立した株式会社東京商店の勘定口座にもとづいて，各設問に答えなさい。なお，会計期間はX1年4月1日からX2年3月31日までの1年間である。

(1)　決算仕訳を示しなさい。

(2)　元帳の各勘定口座を締め切りなさい。

　　なお，開始記入もすること。

(3)　損益計算書と貸借対照表を作成しなさい。

現　　　金		普 通 預 金		売 　掛　 金	
680,000	320,000	160,000	50,000	860,000	587,000

備　　　品		買 　掛　 金		借 　入　 金	
300,000		500,000	700,000	20,000	100,000

資 　本　 金		売　　　上		受取手数料	
	700,000		1,375,000		38,000

仕　　　入		給　　　料		通 　信　 費	
1,250,000		94,000		3,000	

支 払 家 賃		支 払 利 息	
2,000		1,000	

1 収益・費用の項目を損益勘定に転記する場合，諸口として一括して転記しないで，各勘定科目ごとに転記します。損益勘定が損益計算書の基礎資料となるためです。

2 損益勘定では，当期純利益は繰越利益剰余金勘定に振り替えられるため，「繰越利益剰余金」と記入されていますが，損益計算書では「当期純利益」と記載します。

[解　答]……………………………………………………………………………………

(1) 決算仕訳

(イ) 収益の勘定から損益勘定への振替え

3/31 （借）売　　上 1,375,000 （貸）損　　益 1,413,000

受取手数料　38,000

(ロ) 費用の勘定から損益勘定への振替え

3/31 （借）損　　益 1,350,000 （貸）仕　　入 1,250,000

給　　料　94,000

通 信 費　3,000

支 払 家 賃　2,000

支 払 利 息　1,000

(ハ) 当期純利益の繰越利益剰余金勘定への振替え

3/31 （借）損　　益　63,000 （貸）繰越利益剰余金　63,000

(2) 元帳の締切り

		現	金		
		680,000			320,000
			3/31	次期繰越	360,000
		680,000			680,000
4/ 1	前期繰越	360,000			

56

普 通 預 金

		160,000				50,000
			3/31	次期繰越		110,000
		160,000				160,000
4/ 1	前期繰越	110,000				

売 掛 金

		860,000				587,000
			3/31	次期繰越		273,000
		860,000				860,000
4/ 1	前期繰越	273,000				

備 品

		300,000	3/31	次期繰越		300,000
4/ 1	前期繰越	300,000				

買 掛 金

		500,000				700,000
3/31	次期繰越	200,000				
		700,000				700,000
			4/ 1	前期繰越		200,000

借 入 金

		20,000				100,000
3/31	次期繰越	80,000				
		100,000				100,000
			4/ 1	前期繰越		80,000

資 本 金

3/31	次期繰越	700,000				700,000
			4/ 1	前期繰越		700,000

繰越利益剰余金

3/31	次期繰越	63,000	3/31	損　益		63,000
			4/ 1	前期繰越		63,000

売 上

3/31	損　益	1,375,000			1,375,000

1行だけのときは合計額を示さ
ないでそのまま締め切ります

受取手数料

3/31	損　益	38,000			38,000

仕　　入

1,250,000	3/31	損　　益	1,250,000

給　　料

94,000	3/31	損　　益	94,000

通　信　費

3,000	3/31	損　　益	3,000

支　払　家　賃

2,000	3/31	損　　益	2,000

支　払　利　息

1,000	3/31	損　　益	1,000

損　　益

3/31	仕　　入	1,250,000	3/31	売　　上	1,375,000
〃	給　　料	94,000	〃	受取手数料	38,000
〃	通　信　費	3,000			
〃	支　払　家　賃	2,000			
〃	支　払　利　息	1,000			
〃	繰越利益剰余金	63,000			
		1,413,000			1,413,000

(3) 損益計算書と貸借対照表の作成

損　益　計　算　書

㈱東京商店　　　X1年4月1日からX2年3月31日まで

費　　　　用	金　　　額	収　　　益	金　　　額
仕　　　　入	1,250,000	売　　　　上	1,375,000
給　　　　料	94,000	受取手数料	38,000
通　信　費	3,000		
支　払　家　賃	2,000		
支　払　利　息	1,000		
当期純利益	63,000		
	1,413,000		1,413,000

貸 借 対 照 表

㈱東京商店　　　　　　　X2年3月31日

資　　産	金　　額	負債および純資産	金　　額
現　　　　金	360,000	買　　掛　　金	200,000
普 通 預 金	110,000	借　　入　　金	80,000
売　　掛　　金	273,000	資　　本　　金	700,000
備　　　　品	300,000	繰越利益剰余金	63,000
	1,043,000		1,043,000

練習問題 4−2

　株式会社京都商店の収益・費用の各勘定残高は下記のとおりである。
次の仕訳を示しなさい。

(1)　収益の各勘定残高を損益勘定に振り替える仕訳

(2)　費用の各勘定残高を損益勘定に振り替える仕訳

(3)　当期純損失を繰越利益剰余金勘定に振り替える仕訳

勘定残高

売　　　　上 ¥1,000,000	受取手数料 ¥ 40,000	仕　　　　入 ¥400,000
給　　　　料 ¥ 450,000	消 耗 品 費 ¥ 50,000	支 払 地 代 ¥ 80,000
雑　　　　費 ¥　90,000		

➡ 解答は254ページ

株式会社岡山商会のX2年3月31日の残高試算表にもとづいて，決算振替仕訳を示しなさい。

残 高 試 算 表

X2年3月31日

借　　　　方	勘　定　科　目	貸　　　　方
160,000	現　　　　　　金	
120,000	売　　掛　　金	
50,000	備　　　　　品	
	買　　掛　　金	65,000
	借　　入　　金	50,000
	資　　本　　金	150,000
	繰越利益剰余金	50,000
	売　　　　　上	100,000
	受 取 手 数 料	70,000
85,000	仕　　　　　入	
45,000	給　　　　　料	
14,000	旅 費 交 通 費	
9,000	広 告 宣 伝 費	
2,000	雑　　　　　費	
485,000		485,000

⇒ 解答は254ページ

4 決算手続と精算表 ⋯⋯⋯⋯⋯⋯⋯⋯⋯⋯⋯⋯⋯⋯⋯

❶ 精算表の意義

　精算表とは，正式な帳簿決算を行う前に，帳簿の外で試算表の作成から財務諸表の作成までを一覧表にしたものをいいます。

　精算表を作成することにより，決算に先立って，当期の経営成績と期末における財政状態の概略を把握することができます。精算表は，決算手続の全体的な流れを理解するのに役立ち，決算手続を円滑に実施するのに有用な計算表となります。

❷ 6桁精算表の作成

　本章で取り上げる精算表は，（残高）試算表・損益計算書・貸借対照表の3

つの欄から構成されており，それぞれ借方・貸方の金額欄をもつので，**6桁**
精算表とよばれています。

6桁精算表は，次の手順で作成します。

① 元帳の各勘定の残高を，試算表欄に記入します。

② 試算表欄の収益・費用の各勘定の金額を損益計算書欄にそのまま移記
します。

③ 試算表欄の資産・負債・資本の各勘定の金額を貸借対照表欄にそのま
ま移記します。

④ 損益計算書欄と貸借対照表欄の貸借差額を当期純利益（または当期純
損失）として合計金額の少ないほうの欄にそれぞれ記入します。

例題4－5

前節の例題4－4に示した株式会社東京商店の勘定記録にもとづいて精算
表を作成しなさい。

解答へのアプローチ

勘定科目欄の当期純利益と損益計算書欄の当期純利益の金額は原則として
赤字で記入します。ただし，簿記の検定試験では赤字ではなく黒字で記入する
ことにしています。損益計算書と貸借対照表の当期純利益の金額は必ず一致し
ますが，記入場所は借方・貸方が逆になります。

精　算　表

勘 定 科 目	残高試算表 借 方	残高試算表 貸 方	損益計算書 借 方	損益計算書 貸 方	貸借対照表 借 方	貸借対照表 貸 方
現　　　　金	360,000				360,000	
普 通 預 金	110,000				110,000	
売 　 掛 　 金	273,000				273,000	
備　　　　品	300,000				300,000	
買 　 掛 　 金		200,000				200,000
借 　 入 　 金		80,000				80,000
資 　 本 　 金		700,000				700,000
売　　　　上		1,375,000		1,375,000		
受 取 手 数 料		38,000		38,000		
仕 　 　 　 入	1,250,000		1,250,000			
給 　 　 　 料	94,000		94,000			
通 　 信 　 費	3,000		3,000			
支 払 家 賃	2,000		2,000			
支 払 利 息	1,000		1,000			
	2,393,000	2,393,000				
当 期 純 利 益			63,000			63,000
			1,413,000	1,413,000	1,043,000	1,043,000

資産　負債　資本　収益　費用

貸借差額で求めます　一致します

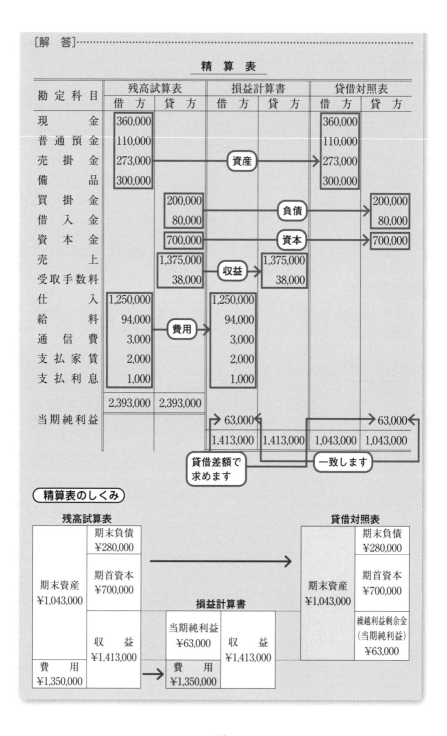

精算表のしくみ

残高試算表		貸借対照表	
期末資産 ¥1,043,000	期末負債 ¥280,000	期末資産 ¥1,043,000	期末負債 ¥280,000
	期首資本 ¥700,000		期首資本 ¥700,000
	収　益 ¥1,413,000		繰越利益剰余金 (当期純利益) ¥63,000
費　用 ¥1,350,000			

損益計算書

当期純利益 ¥63,000	収　益 ¥1,413,000
費　用 ¥1,350,000	

練習問題 4－4

　株式会社大阪商店の期末（X1年3月31日）における次の元帳勘定残高にもとづいて精算表を作成しなさい。

現	金 ¥555,000	売 掛 金 ¥ 230,000	備	品 ¥ 370,000
買 掛	金 ¥190,000	借 入 金 ¥ 100,000	資 本	金 ¥ 500,000
繰越利益剰余金 ¥300,000	売	上 ¥1,000,000	受取手数料 ¥	35,000
仕	入 ¥644,000	給 料 ¥ 175,000	支 払 家 賃 ¥	120,000
雑	費 ¥ 25,000	支 払 利 息 ¥ 6,000		

➡ 解答は255ページ

4

決

算

第5章

現金と預金

学習のポイント

1. 通貨のほか，通貨代用証券も現金として処理します。他人が振り出した小切手は，通貨代用証券として現金扱いになります。

2. 現金出納帳は，現金の収支の明細を記録する補助簿です。

3. 現金過不足が生じた場合には，現金過不足勘定に記入し，原因が判明したときに正しい勘定に振り替えます。決算日までに原因が判明しなかったときは，雑損勘定または雑益勘定に振り替えます。

4. 小切手を振り出したときは，当座預金の減少として処理します。

5. 当座預金勘定が貸方残高となったときは，決算日において当座借越勘定に振り替えます。

6. 当座預金出納帳は，当座預金の預入れと引出しの明細を記録する補助簿です。

7. 複数の銀行口座をもっているときには，「普通預金○○銀行」や「当座預金××銀行」のような勘定を用います。

8. 日常の少額の現金の支払いのために小口現金を用いる場合，預金勘定とは別に小口現金勘定を用いて処理します。定額資金前渡法を採用している場合，支払額と同額の補給が定期的に行われます。

9. 小口現金出納帳は，小口現金の補給と支払いの明細を記録する補助簿です。

1 現 金 ···

❶ 現金の意義と現金勘定

簿記でいう**現金**には，紙幣・硬貨である**通貨**のほか，他人振出小切手，送金小切手，（ゆうちょ銀行の発行する）普通為替証書や定額小為替証書などの**通貨代用証券**が含まれます。通貨代用証券は，金融機関でただちに現金に換えることができるからです。

★**送金小切手**：小切手の一種で，送金をする本人が銀行等に依頼して作成してもらうもので，銀行等が振出人になります。本人が受取人に送付して，受取人はこれを銀行等で換金することができます。

現金の増減記録は，**現金勘定**（資産）を設けて行います。現金を受け取った場合には，入金額を現金勘定の借方に，現金を支払った場合には，出金額を現金勘定の貸方に記入します。

❷ 現金出納帳

現金の増加と減少は，仕訳帳と総勘定元帳における現金勘定において記入するほかにも，補助簿としての**現金出納帳**を用いて記録する場合もあります。

現金出納帳には，現金の収入と支出に関する明細が記録されます。現金出納帳の記入例を示すと，次のとおりです。

現 金 出 納 帳

前月繰越は収入欄に記入します

X1年		摘　　要	収　入	支　出	残　高
4	1	前月繰越	100,000		100,000
	4	山形商店に買掛金の支払い		40,000	60,000
	10	福島商店から売掛金回収	70,000		130,000
	20	当月分の家賃の支払い		50,000	80,000
	30	次月繰越		80,000	
			170,000	170,000	
5	1	前月繰越	80,000		80,000

原則として赤字記入しますが，実務では黒字記入も認められます

月末の残高を記入します

例題 5－1

　次の取引について仕訳し，現金出納帳に記入してこれを締め切りなさい。なお，¥120,000の前月繰越がある。

10月4日　千葉商店から売掛代金として，送金小切手¥65,000を受け取った。

　　8日　切手とはがきを購入し，代金¥4,000を現金で支払った。

　　15日　横浜商事へ商品¥80,000を売り渡し，代金のうち¥50,000は同社振出しの小切手で受け取り，残額は掛けとした。

　　21日　埼玉商店から商品¥40,000を仕入れ，代金のうち¥30,000は現金で支払い，残額は掛けとした。

解答へのアプローチ

1　現金出納帳には，現金勘定で処理される通貨および通貨代用証券に関する取引のみを記入します。

2　他人が振り出した小切手を受け取った場合には，現金の増加として処理します。

[解 答]..

10月4日	（借）現	金	65,000	（貸）売 掛 金	65,000			
8日	（借）通 信 費		4,000	（貸）現	金	4,000		
15日	（借）現	金	50,000	（貸）売	上	80,000		
	売 掛 金		30,000					
21日	（借）仕	入	40,000	（貸）現	金	30,000		
				買 掛 金	10,000			

現 金 出 納 帳

X1年		摘　　要	収　入	支　出	残　高
10	1	前月繰越	120,000		120,000
	4	千葉商店から売掛金回収	65,000		185,000
	8	切手とはがきを購入		4,000	181,000
	15	横浜商事へ売上げ　小切手受領	50,000		231,000
	21	埼玉商店へ仕入代金支払い		30,000	201,000
	31	次月繰越		201,000	
			235,000	235,000	
11	1	前月繰越	201,000		201,000

　次の取引を仕訳し，現金出納帳を作成しなさい。月末に現金出納帳を締め切ること。なお，¥92,000の前月繰越がある。

7月3日　香川商店から売掛代金として，送金小切手¥120,000を受け取った。

　　5日　福井商店へ商品¥160,000を売り渡し，代金は同店振出しの小切手で受け取った。

　　7日　高知商店から商品¥190,000を仕入れ，代金のうち¥160,000は福井商店から受け取った小切手で支払い，残額は掛けとした。

　　19日　島根商店から商品売買の仲介手数料として，普通為替証書¥40,000を受け取った。

　　25日　郵便切手とはがき¥8,000を購入し，代金は現金で支払った。

　　31日　従業員の給料¥145,000を現金で支払った。

➡ 解答は255ページ

2 現金過不足

❶ 現金過不足の意義と現金過不足勘定

　現金勘定の借方残高は，帳簿上の現金有高を意味していますが，実際の現金有高を調査してみると，記帳もれや誤記入などにより，帳簿上の有高と実際の有高とが一致しない場合があります。このような現金の帳簿上の有高と実際の有高との差異を**現金過不足**といいます。

　現金過不足が生じた場合，その原因がすぐその場で判明すれば，本来の仕訳を行って現金の増減を処理しますが，原因が判明しないときは，帳簿上の有高と実際の有高とを一致させるために，とりあえず**現金過不足勘定**で処理しておきます。後日，その原因が判明したときに，現金過不足勘定から本来の正しい勘定に振り替えます。

　決算日までにその原因が判明しなかったときは，その金額を**雑損勘定**（費用）または**雑益勘定**（収益）で処理します。

❷現金過不足の仕訳

現金過不足の仕訳の例を示すと，次のとおりです。

① **実際有高が帳簿有高より¥1,000少ない場合**

| （借）| 現 金 過 不 足 | 1,000 | （貸）| 現　　　　金 | 1,000 |

原因が判明したとき（例：家賃¥800の支払いの記帳もれ）

| （借）| 支 払 家 賃 | 800 | （貸）| 現 金 過 不 足 | 800 |

決算日までに原因が判明しなかったとき

| （借）| 雑　　　　損 | 200 | （貸）| 現 金 過 不 足 | 200 |

② **実際有高が帳簿有高より¥500多い場合**

| （借）| 現　　　　金 | 500 | （貸）| 現 金 過 不 足 | 500 |

原因が判明したとき（例：手数料¥400の受取りの記帳もれ）

| （借）| 現 金 過 不 足 | 400 | （貸）| 受 取 手 数 料 | 400 |

決算日までに原因が判明しなかったとき

| （借）| 現 金 過 不 足 | 100 | （貸）| 雑　　　　益 | 100 |

次の取引について仕訳しなさい。

① 現金の実際有高を調べたところ，帳簿有高¥80,000よりも¥22,000不足していた。

② 調査の結果，上記不足額のうち¥18,000は電話代の支払いの記帳もれであることが判明した。

③ 決算日を迎えたが，上記残額¥4,000については原因が判明しなかった。

😊 解答へのアプローチ

1 現金の帳簿有高を実際有高に合わせるようにします。現金の相手勘定は，現金過不足とします。

2 原因が判明した分については，現金過不足勘定から正しい勘定に振り替えます。

3 原因が判明しなかった分については，現金過不足勘定から雑損勘定または雑益勘定（この例題の場合には雑損勘定）に振り替えます。

[解 答]……………………………………………………………………

① （借）現金過不足 22,000 （貸）現　　金 22,000

② （借）通 信 費 18,000 （貸）現金過不足 18,000

③ （借）雑　　損 4,000 （貸）現金過不足 4,000

練習問題 5-2

次の取引について仕訳しなさい。

① 現金の帳簿有高は¥36,000であり，実際有高は¥29,000であったので不一致の原因を調査することとした。

② 上記①の調査の結果，水道光熱費¥6,500の支払いの記帳もれが判明したが，残額は原因不明なので，雑損または雑益として処理することとした。

③ かねて貸方計上していた現金過不足¥6,000の原因を調査したところ，手数料の受取額¥5,000の記帳もれがあることが判明したが，残額は原因不明なので，雑損または雑益として処理することとした。

④ 現金の実際有高が帳簿有高より¥8,500超過していたので，現金過不足勘定で処理しておいたが，その後の調査で，売掛金¥10,000の回収額の記帳もれがあることが判明した。残りは原因不明につき雑損または雑益として処理することとした。

⑤ 現金の実際有高が帳簿有高より¥45,000不足していたので，現金過不足勘定で処理しておいたが，その後原因を調査したところ，タクシー代の支払額¥18,000，通信費の支払額¥14,000および手数料の受取額¥4,000が記帳もれとなっていた。残りは原因不明につき雑損または雑益として処理することとした。

➡ 解答は256ページ

3 当座預金と当座借越 ……………………………………………

❶ 当座預金の意義と当座預金勘定

当座預金は，銀行との当座取引契約にもとづいて預ける無利息の預金で，この引出しには一般に小切手を用います。当座預金口座に現金や他人振出小切手などを預け入れたときは，預入額を**当座預金勘定**（資産）の借方に記入し，小切手を振り出したときは，引出額を貸方に記入します。

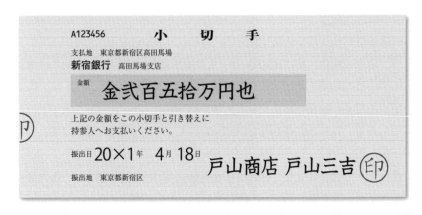

なお，自己が振り出した小切手を取引相手から受け取った場合には，通常，当座預金の増加として扱います。

企業は，当座預金のほか，普通預金，定期預金，郵便貯金などの預貯金口座を利用することがあります。このような場合には，原則として，それぞれの預貯金の名称を付した勘定を設けて処理します。

❷ 当座借越の意義と当座借越勘定

当座預金の残高を超えて小切手を振り出した場合，銀行は，通常，その支払いには応じません。ただし，あらかじめ銀行と，預金残高を超える一定限度額までの支払いをしてもらう契約を結んでおくことにより，当座預金残高を超えて一定限度額までの小切手の振出しおよび決済が可能となります。この契約を**当座借越契約**，契約で定めた一定限度額を**借越限度額**といい，預金残高を超えた引出分を**当座借越**といいます。当座借越は，銀行からの一時的な借入れを意味します。

小切手の振出しによって当座借越が生じたときは，当座預金勘定が貸方残高になります。その後，当座預金に預入れをしたときは，当座預金勘定の借

方に記入することによって貸方残高を減少させます。

たとえば，当座預金勘定の借方残高が¥3,000のときに，買掛金を支払うために小切手¥5,000を振り出したとします。このときの仕訳は，次のようになります。

（借）買　掛　金　　　5,000　（貸）当　座　預　金　　　5,000

この仕訳の結果，当座預金勘定は貸方残高となります。しかし，実務上は一般的にその場では当座借越勘定（負債）に振り替えないで，当座預金勘定のままで仕訳しておきます。このまま決算を迎えた場合には，決算日の日付で次の仕訳を行って，当座預金の貸方残高を**当座借越勘定**（負債）または借入金勘定（負債）に振り替えます。この仕訳によって，当座預金の残高はゼロとなり，当座借越勘定は貸方残高になります。

（借）当　座　預　金　　　2,000　（貸）当　座　借　越　　　2,000

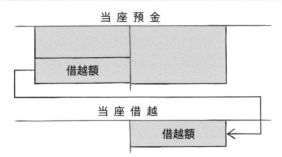

なお，この仕訳を行った翌期首には，次の仕訳を行って，当座借越を当座預金勘定の貸方に振り替えます。

（借）当　座　借　越　　　2,000　（貸）当　座　預　金　　　2,000

❸　当座預金出納帳

当座預金の預入れまたは引出しを行ったときは，その明細を記録し，預金残高を明らかにするために，取引銀行別に**当座預金出納帳**（補助簿）に記入します。

当座預金出納帳の記入例を示すと，次のとおりです。

当座預金出納帳

X1年		摘　　　　要	預　　入	引　　出	借また は貸	残　　高
6	1	前月繰越	300,000		借	300,000
	10	宮城商店から売掛金回収	150,000		〃	450,000
	14	秋田商店から商品の仕入れ		120,000	〃	330,000
	20	広告宣伝費の支払い		80,000	〃	250,000
	26	現金の預入れ	100,000		〃	350,000
	30	次月繰越		350,000		
			550,000	550,000		
7	1	前月繰越	350,000		借	350,000

例題 5 - 3

　次の取引を仕訳し，当座預金出納帳を作成してこれを締め切りなさい。なお，銀行とは借越限度額¥200,000の当座借越契約を結んでおり，3月1日現在¥70,000の当座預金残高がある。

3月5日　神戸商店から商品¥65,000を仕入れ，代金は小切手を振り出して支払った。

　　8日　岡山商店からの借入金¥80,000を利息¥6,000とともに小切手を振り出して返済した。

　　12日　大阪商事への売掛金¥70,000を回収した。回収額のうち，¥65,000は当社が3月5日に振り出した小切手で，残額は同社振出しの小切手で受け取り，ただちに当座預金とした。

　　18日　当月分の家賃¥75,000を小切手を振り出して支払った。

　　22日　京都商店へ商品¥125,000を売り渡し，代金のうち¥50,000は同店振出しの小切手で受け取り，ただちに当座預金とし，残額は掛けとした。

　　31日　決算日につき，当座預金勘定の貸方残高を当座借越勘定に振り替えた。

解答へのアプローチ

当座借越が生じる場合，当座預金勘定は貸方残高となります。決算日において貸方残高となっている場合には，これを当座借越勘定に振り替えます。

[解　答]••

3月5日	（借）仕　　入	65,000	（貸）当 座 預 金	65,000
8日	（借）借 入 金	80,000	（貸）当 座 預 金	86,000
	支 払 利 息	6,000		
12日	（借）当 座 預 金	70,000	（貸）売 掛 金	70,000
18日	（借）支 払 家 賃	75,000	（貸）当 座 預 金	75,000
22日	（借）当 座 預 金	50,000	（貸）売　　上	125,000
	売 掛 金	75,000		
31日	（借）当 座 預 金	36,000	（貸）当 座 借 越	36,000

当座預金出納帳

X1年		摘　　要	預　入	引　出	借または貸	残　高
3	1	前月繰越	70,000		借	70,000
	5	神戸商店から仕入れ		65,000	〃	5,000
	8	岡山商店へ借入金・利息の支払い		86,000	貸	81,000
	12	大阪商事から売掛金回収	70,000		〃	11,000
	18	当月分の家賃支払い		75,000	〃	86,000
	22	京都商店への売上代金受取り	50,000		〃	36,000
	31	次月繰越	36,000			
			226,000	226,000		
4	1	前月繰越		36,000	貸	36,000

練習問題 5-3

次の連続する取引について仕訳しなさい。

① 商品¥350,000を仕入れ，代金は小切手を振り出して支払った。なお，当座預金勘定の残高は¥130,000であったが，借越限度額¥400,000の当座借越契約を結んでいる。

② 決算日につき，当座預金勘定の貸方残高を当座借越勘定に振り替えた。

⇒ 解答は257ページ

4 その他の預金 ⋯⋯⋯⋯⋯⋯⋯⋯⋯⋯⋯⋯⋯⋯⋯

　当座預金のほかにも，企業は，さまざまな種類の預金口座をもっています。最も一般的な預金口座として普通預金口座があります。普通預金口座をもっている場合には，**普通預金勘定**（資産）を設けて普通預金に関する取引を処理します。たとえば，現金¥100,000を普通預金口座に預け入れたときは，次のような仕訳を行います。

| （借） | 普 通 預 金 | 100,000 | （貸） | 現 　 　 　 金 | 100,000 |

　普通預金に利息が入金されたときは，**受取利息勘定**（収益）で処理します。たとえば，普通預金口座に利息¥200が入金されたときは，次のような仕訳を行います。

| （借） | 普 通 預 金 | 200 | （貸） | 受 取 利 息 | 200 |

　また，企業は，複数の銀行口座をもっている場合が多いので，普通預金勘定や当座預金勘定のみでは，それらの複数の銀行口座を適切に管理することはできません。このため，「普通預金○○銀行」や「当座預金××銀行」のように，預金の種類に銀行名を加えた勘定などを独自に設定することによって，複数の銀行口座を管理することがあります。たとえば，甲銀行に普通預金口座を開設して，現金¥80,000を預け入れたときは，次のような仕訳を行います。

| （借） | 普通預金甲銀行 | 80,000 | （貸） | 現 　 　 　 金 | 80,000 |

　また，甲銀行の普通預金口座から乙銀行の当座預金口座に¥50,000を振り替えたときは，次のような仕訳を行います。

| （借） | 当座預金乙銀行 | 50,000 | （貸） | 普通預金甲銀行 | 50,000 |

　振替えなどに際して手数料を支払ったときは，**支払手数料勘定**（費用）で処理します。たとえば，甲銀行の普通預金口座から手数料¥300を支払ったときは，次のような仕訳を行います。

| （借） | 支 払 手 数 料 | 300 | （貸） | 普通預金甲銀行 | 300 |

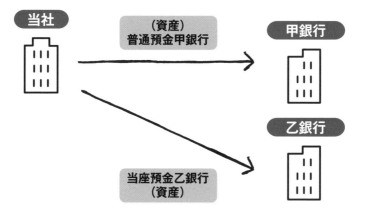

例題 5 − 4

　次の取引について仕訳しなさい。なお，「普通預金Ａ銀行」，「当座預金Ｂ銀行」という勘定を用いること。

４月10日　Ａ銀行に普通預金口座を開設し，現金¥250,000を預け入れた。

　　18日　Ｂ銀行に当座預金口座を開設し，現金¥200,000を預け入れた。

　　20日　従業員に対する給料¥50,000をＡ銀行の普通預金口座から支払った。

　　25日　得意先に対する売掛金¥30,000を回収し，代金はＢ銀行の当座預金口座に振り込まれた。

　　30日　Ｂ銀行の当座預金口座から¥100,000をＡ銀行の普通預金口座に振り替えた。なお，手数料¥300がＢ銀行の当座預金口座から引き落とされた。

　😊解答へのアプローチ

　振込手数料は支払手数料勘定（費用）を用いて処理します。

［解答］ ･･･

４月10日　（借）　普通預金Ａ銀行　250,000　（貸）現　　　　金　250,000

　　18日　（借）　当座預金Ｂ銀行　200,000　（貸）現　　　　金　200,000

20日	（借）	給　　　　料	50,000	（貸）	普通預金A銀行	50,000
25日	（借）	当座預金B銀行	30,000	（貸）	売　　掛　　金	30,000
30日	（借）	普通預金A銀行	100,000	（貸）	当座預金B銀行	100,300
		支 払 手 数 料	300			

練習問題 5－4

次の取引を仕訳し，普通預金X銀行勘定と当座預金Y銀行勘定に転記しなさい。

8月8日　仕入先に対する掛代金¥80,000をX銀行の普通預金口座から支払った。

18日　Y銀行の当座預金口座に得意先に対する掛代金¥50,000が振り込まれた。

20日　水道光熱費¥25,000がX銀行の普通預金口座から引き落とされた。

25日　備品¥120,000を購入し，代金はY銀行の当座預金口座の小切手を振り出して支払った。

31日　X銀行の普通預金口座に利息¥100が入金された。

31日　X銀行の普通預金口座から¥70,000をY銀行の当座預金口座に振り替えた。なお，手数料¥200がX銀行の普通預金口座から引き落とされた。

普通預金X銀行

8/1	前　月　繰　越	600,000		

当座預金Y銀行

8/1	前　月　繰　越	350,000		

➡ 解答は257ページ

5 小口現金 ……………………………………………

❶ 小口現金の意義と小口現金勘定

　企業では，現金の授受にともなう手数の簡素化と，現金の紛失，盗難など
の危険を避けるため，受け取った現金や小切手などはただちに当座預金に預
け入れ，仕入代金などの支払いは小切手によることが通常です。しかしなが
ら，日常の経営活動において生じる郵便料金やタクシー代などの少額の支払
いのために小切手を振り出すことは不便ですので，このような少額の支払い
に備えて，ある程度の現金を常に手許に用意しておく必要があります。この
現金を**小口現金**といい，その増減を記録するための勘定を**小口現金勘定**（資
産）といいます。

❷ 定額資金前渡法

　小口現金の管理方法として，**定額資金前渡法**（定額資金前渡制，**インプレ
スト・システム**ともいいます）がとられることがあります。この場合，会計
係は一定期間（通常，1週間または1カ月間）の支払予定額をあらかじめ定
め，その金額の小切手を小口現金係に前渡ししておきます。小口現金係はこ
れを現金化して支払いを行い，1週間後または1カ月後の一定の日に，会計
係に対して支払明細の報告をします。小口現金係から報告を受けた会計係は，
小口現金係がそれまでの1週間または1カ月間に支払った額と同額の小切手
を小口現金係に渡します。これにより，一定期間のはじめには，常に同額の
小口現金が小口現金係に渡されていることになります。

　この方法のもとでは，次のような仕訳が行われます。

①　小口現金として，小切手¥10,000を振り出して小口現金係へ渡した。

（借）	小 口 現 金	10,000	（貸）	当 座 預 金	10,000

② 小口現金係から，通信費¥5,000，旅費交通費¥2,000および雑費¥1,200
の支払報告を受け，ただちに同額の小切手を振り出して補給した。

（借）	通　信　費	5,000	（貸）	小 口 現 金	8,200
	旅 費 交 通 費	2,000			
	雑　　　費	1,200			

（借）	小 口 現 金	8,200	（貸）	当 座 預 金	8,200

なお，②の仕訳では，減少する小口現金勘定の金額と，増加する小口現金
勘定の金額とが同額となることから，小口現金勘定への記入を省略して，次
のように仕訳してもかまいません。

（借）	通　信　費	5,000	（貸）	当 座 預 金	8,200
	旅 費 交 通 費	2,000			
	雑　　　費	1,200			

❸ 小口現金出納帳

　小口現金係は，小口現金の補給と支払いの明細を記録するため，通常，**小口現金出納帳**（補助簿）に記入を行います。小口現金係は，小口現金出納帳の記録にもとづいて，支払明細の報告をします。

　小口現金出納帳の記入例を示すと，次のとおりです。

小口現金出納帳

受　入	X1年		摘　　要	支　払	内 訳		
					通信費	旅費交通費	雑　費
10,000	4	1	小切手の受入れ				
		2	バス回数券	2,000		2,000	
		4	切手代	5,000	5,000		
		5	菓子代	1,200			1,200
			合計	8,200	5,000	2,000	1,200
8,200		5	小切手の受入れ				
		〃	次週繰越	10,000			
18,200				18,200			
10,000	4	8	前週繰越				

費目別に
記入します

支払額と
同額を補
給します

定額で繰り
越します

例題5－5

次の取引について仕訳しなさい。

7月1日　定額資金前渡法を採用し，7月分の小口現金¥30,000を，小切手を
振り出して小口現金係に渡した。

31日　小口現金係から7月中の支払明細について次のとおり報告があり，
ただちに小切手を振り出して補給した。

　　旅費交通費　¥5,300　　消耗品費　¥4,400

　　通　信　費　¥9,300　　雑　　　費　¥6,800

☺解答へのアプローチ

1　小口現金を，小切手を振り出して小口現金係に渡した場合には，当座預
金勘定の減少および小口現金勘定の増加として処理します。

2　定額資金前渡法においては，小口現金係から支払報告を受けて補給する
場合，補給額は小口現金係が支払った額と同額となります。

7月1日	（借）小 口 現 金	30,000	（貸）当 座 預 金	30,000
31日	（借）旅 費 交 通 費	5,300	（貸）小 口 現 金	25,800
	消 耗 品 費	4,400		
	通 信 費	9,300		
	雑　　　費	6,800		
〃	（借）小 口 現 金	25,800	（貸）当 座 預 金	25,800

※　7月31日の仕訳は，小口現金勘定への記入を省略して，次のように行って
もかまいません。

7月31日	（借）旅 費 交 通 費	5,300	（貸）当 座 預 金	25,800
	消 耗 品 費	4,400		
	通 信 費	9,300		
	雑　　　費	6,800		

例題5－6

　次の取引を小口現金出納帳に記入し，あわせて小口現金の補給および月末に
おける締切りに関する記入を行いなさい。なお，7月1日より定額資金前渡法
を採用し，小口現金として¥30,000の小切手を受け取っている。また，小口現
金の補給は小切手により月末に行われている。

7月5日	ノート代	¥2,500
11日	タクシー代	¥5,300
14日	はがき代	¥4,500
16日	お茶代	¥3,800
19日	電話代	¥3,000
22日	切手代	¥1,800
27日	ボールペン代	¥1,900
28日	新聞代	¥3,000

解答へのアプローチ

1 小口現金を受け入れたときは，受入欄，日付欄，摘要欄に記入します。

2 小口現金から支払ったときは，日付欄，摘要欄，支払欄，内訳欄に記入します。

3 月末に支払欄および内訳欄を合計して，内訳欄を締め切ります。

4 補給額を受入欄に記入し，繰越額を支払欄に記入し，受入欄と支払欄を合計して締め切ります。

[解 答]

小口現金出納帳

受 入	X1年		摘　　要	支 払	内　　　　訳			
					旅費交通費	通信費	消耗品費	雑 費
30,000	7	1	小切手の受入れ					
		5	ノート代	2,500			2,500	
		11	タクシー代	5,300	5,300			
		14	はがき代	4,500		4,500		
		16	お茶代	3,800				3,800
		19	電話代	3,000		3,000		
		22	切手代	1,800		1,800		
		27	ボールペン代	1,900			1,900	
		28	新聞代	3,000				3,000
			合　　計	25,800	5,300	9,300	4,400	6,800
25,800		31	小切手の受入れ					
		〃	次月繰越	30,000				
55,800				55,800				
30,000	8	1	前月繰越					

練習問題 5−5

次の取引について仕訳しなさい。

小口現金係から次のように支払いの報告を受け，ただちに同額の小切手を振り出して資金の補給をした（インプレスト・システムによる）。

通　信　費　¥18,000　　消　耗　品　費　¥25,000

➡ 解答は258ページ

第6章

繰越商品・仕入・売上

学習のポイント

1. 商品売買の処理において，仕入勘定，売上勘定および繰越商品勘定の3つの勘定を用いる方法を3分法といいます。

2. 仕入にともなう諸費用（仕入諸掛）は商品の仕入原価に含めます。

3. 売上の際に送料などを支払った場合には，発送費（費用）として処理します。

4. 決算において，繰越商品勘定の残高（期首商品棚卸高）を仕入勘定に振り替え，期末商品棚卸高を仕入勘定から繰越商品勘定に振り替えます。この決算整理手続によって，仕入勘定で売上原価が計算されます。

5. 返品の場合には，通常，仕入勘定または売上勘定を減少させます。

6. 仕入帳・売上帳は，商品の仕入取引・売上取引の明細を記録するための補助簿です。

7. 商品有高帳は，商品の増減および残高の明細を記録するための補助簿です。

8. 商品の払出単価の算定方法には，先入先出法，移動平均法などがあります。

1 3分法のあらまし ⋯⋯⋯⋯⋯⋯⋯⋯⋯⋯⋯⋯⋯⋯

❶ 3分法の意味

　現在，商品売買取引にかかる多くの実務において，**3分法**（3分割法とも
いいます）とよばれる方法が用いられています。3分法では，商品売買の処
理において，**仕入勘定**（費用），**売上勘定**（収益）および**繰越商品勘定**（資
産）の3つの勘定が用いられます。

❷ 仕入時と売上時の記帳

　まず，商品を仕入れたときは，その仕入原価を仕入勘定の借方に記入しま
す。また，商品を売り渡したときは，その売価を売上勘定の貸方に記入しま
す。

　3分法による仕訳は，次のようになります。

① 　原価¥100の商品を掛けで仕入れた。

（借） 仕 　　　　入	100	（貸） 買 　掛 　金	100

② 　この商品を掛けで¥150で売り渡した。

（借） 売 　掛 　金	150	（貸） 売 　　　　上	150

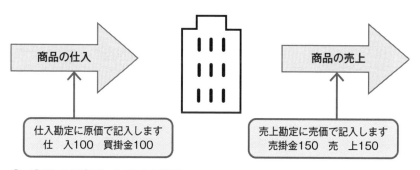

❸ 商品の棚卸しと売上原価

　3分法では，上の図のように，商品を仕入れたときに仕入勘定に記入し，
商品を売り上げたときに売上勘定に記入するだけなので，日々の記帳は簡単
です。しかし，仕入勘定には期末まで仕入れた商品の仕入原価が加算されて
いくだけなので，期末に残高が生じた場合には，費用の金額を修正する必要
があります。なぜなら，費用として計上すべき金額は，売り上げた商品の原

価（**売上原価**）であるからです。

　売上原価を計算するためには，期末において，いまだ販売していない在庫である商品の**棚卸し**を行って，その原価（**期末商品棚卸高**といいます）を次期に繰り越す必要があります。具体的には，仕入勘定から繰越商品勘定へ期末商品の原価を振り替える処理をします。たとえば，第1期において仕入勘定の借方に¥6,000，売上勘定の貸方に¥8,000が記入されているとき，期末商品棚卸高が¥1,000であったとします。このとき，第1期の費用となる商品の原価（売上原価）は，¥6,000－¥1,000＝¥5,000になります。決算において仕入勘定から繰越商品勘定に振り替える仕訳は，次のように，期末商品棚卸高を仕入勘定の貸方と繰越商品勘定の借方に記入し，売上原価を修正するための仕訳です。

（借）繰　越　商　品　　　1,000	（貸）仕　　　　　入　　　1,000

　この仕訳が仕入勘定と繰越商品勘定に記入された状況を示すと次のようになり，仕入勘定において売上原価が算定されることになります。

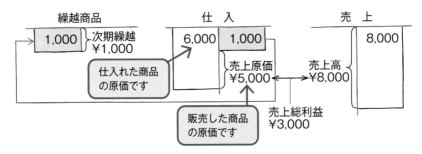

　売上高から売上原価を差し引いた利益を**売上総利益**といいます。

$$\boxed{\text{売上総利益}　=　\text{売上高}　-　\text{売上原価}}$$

　第1期における売上総利益は，売上高¥8,000から売上原価¥5,000を差し引いて，¥3,000になります。

　さらに，次期に繰り越された商品の原価は，次期においては**期首商品棚卸高**となって，次期の売上原価の計算に加えられます。たとえば，第2期において仕入勘定の借方に¥7,000，売上勘定の貸方に¥10,000が記入されたとします。繰越商品勘定の借方には，第1期（前期）から繰り越されてきた期首商

品の原価（期首商品棚卸高）が¥1,000記入されています。また，期末商品の原価（期末商品棚卸高）が¥1,500であるとします。期首商品は当期に売り上げることができるので，期首商品棚卸高は売上原価に含められます。一方で，期末商品は当期に売れ残ったものなので，期末商品棚卸高は売上原価からは除かれます。以上のことをまとめると，売上原価は次のような計算式で表現されます。

> 売上原価 ＝ 期首商品棚卸高 ＋ 仕入高 － 期末商品棚卸高

したがって，第2期における売上原価は，¥1,000＋¥7,000－¥1,500＝¥6,500になります。こうして計算された売上原価を用いて第2期における売上総利益を計算すると，¥10,000－¥6,500＝¥3,500になります。

第2期における期首商品棚卸高は，決算において繰越商品勘定から仕入勘定に振り替えられ，期末商品棚卸高は反対に仕入勘定から控除され繰越商品勘定に振り替えられます。この決算において行われる仕訳を示すと，次のような2組の仕訳になります。

| （借） | 仕　　　　入 | 1,000 | （貸） | 繰　越　商　品 | 1,000 |
| （借） | 繰　越　商　品 | 1,500 | （貸） | 仕　　　　入 | 1,500 |

仕入勘定と繰越商品勘定にこの仕訳が記入された状況を示すと，次のようになります。仕入勘定への転記により，仕入高を表していた仕入勘定が決算修正後に売上原価に修正され，売上に対応する費用（売上原価）として損益計算書に計上されます。

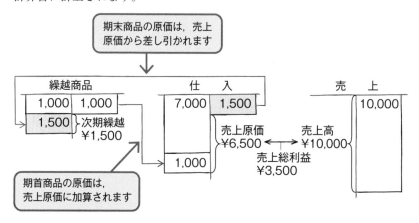

なお，売上原価を仕入勘定ではなく，**売上原価勘定**（費用）を用いて算定する方法もあります。この方法では，決算において，繰越商品勘定と仕入勘定の残高を売上原価勘定に振り替え，期末商品棚卸高を売上原価勘定から繰越商品勘定に振り替えます。第2期の例について，仕訳を示すと次のようになります。

（借）売 上 原 価	1,000	（貸）繰 越 商 品	1,000
（借）売 上 原 価	7,000	（貸）仕　　　　入	7,000
（借）繰 越 商 品	1,500	（貸）売 上 原 価	1,500

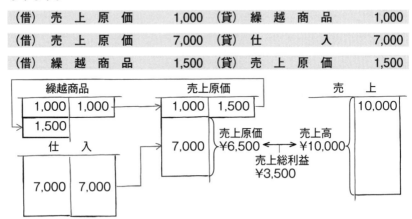

例題6－1

次の取引について仕訳しなさい。なお，商品売買の記帳は3分法による。

3月5日　神奈川商店から商品¥50,000を仕入れ，代金は掛けとした。

　12日　埼玉商店に商品¥70,000を売り上げ，代金は同店振出しの小切手で受け取った。

　31日　期末商品棚卸高は¥10,000であった。繰越商品勘定には¥12,000が記入されている。なお，売上原価は仕入勘定で算定する。

☺解答へのアプローチ）

商品を仕入れたときは，原価で仕入勘定の借方に記入します。また，商品を売り上げたときは，売価で売上勘定の貸方に記入します。期首商品棚卸高は，繰越商品勘定から仕入勘定へ，期末商品棚卸高は，仕入勘定から繰越商品勘定へ振り替えます。

［解　答］……………………………………………………………………………

3月5日　（借）仕　　　入　　50,000　（貸）買　掛　金　　50,000

12日	（借）現　　　　金	70,000	（貸）売　　　　上	70,000
31日	（借）仕　　　　入	12,000	（貸）繰 越 商 品	12,000
〃	（借）繰 越 商 品	10,000	（貸）仕　　　　入	10,000

例題6－2

例題6－1にもとづいて，当期の売上原価と売上総利益を求めなさい。

☺ 解答へのアプローチ

売上原価と売上総利益を求める算式を用いて計算します。

[解　答]⋯⋯⋯⋯⋯⋯⋯⋯⋯⋯⋯⋯⋯⋯⋯⋯⋯⋯⋯⋯⋯⋯⋯⋯⋯⋯⋯⋯⋯⋯⋯⋯⋯⋯⋯

それぞれについて，次の式に当てはめて計算します。

売上原価＝期首商品棚卸高＋仕入高－期末商品棚卸高

＝¥12,000＋¥50,000－¥10,000＝¥52,000

売上総利益＝売上高－売上原価

＝¥70,000－¥52,000＝¥18,000

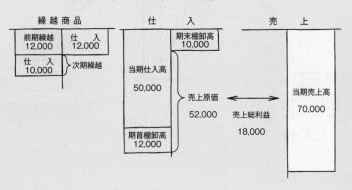

練習問題6－1

次の【資料】にもとづいて，問に答えなさい。当期は，X1年4月1日からX2年3月31日までである。

【資料】

1．期首商品棚卸高は¥69,000である。

2．当期の仕入高は¥314,000，売上高は¥432,000である。

3．期末商品棚卸高は¥88,000である。

問1　期末に行われる売上原価を算定するための仕訳を①仕入勘定を用いる場合，②売上原価勘定を用いる場合について示しなさい。

問2　当期の売上総利益を求めなさい。

➡ 解答は258ページ

2 諸掛と返品 ・・

❶ 仕入諸掛の処理

　商品を仕入れたときに，引取運賃や運送保険料などの費用（**仕入諸掛**といいます）を支払うときがあります。このような仕入諸掛は，商品を仕入れるために不可欠の費用ですから，通常，商品の仕入原価に含めて処理します。

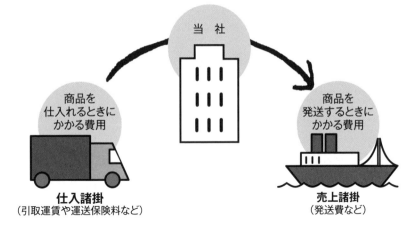

❷ 売上諸掛の処理

　商品を売り上げたときに，送料などの費用（**売上諸掛**といいます）を支払うことがあります。当社負担の送料を支払った場合には，**発送費勘定**（費用）で処理します。先方負担の送料を支払った場合には，発送費で処理するとともに，送料分を売上と売掛金（掛取引のとき）に含めます。これにより，実質的な売上と代金回収額は商品販売額になります。

　たとえば，「商品¥10,000を売り渡し，代金は掛けとした。また，同時に商品を配送業者に引き渡し，送料¥1,000を現金で支払った」場合には，次のよ

うになります。

当社負担	（借）	売掛金	10,000	（貸）	売　上	10,000
	（借）	発送費	1,000	（貸）	現　金	1,000

実質的な売上（利益）と売掛金の現金回収による正味の現金増加額は
¥9,000になります。

先方負担	（借）	売掛金	11,000	（貸）	売　上	11,000
	（借）	発送費	1,000	（貸）	現　金	1,000

実質的な売上（利益）と売掛金の現金回収による正味の現金増加額は
¥10,000になります。

❸ 仕入戻しの処理

仕入れた商品について，その一部を返品する場合もあります。このことを
仕入戻しといい，仕入戻しがあった場合には，その額（仕入戻し高）を仕入
勘定の貸方に記入します。

なお，仕入戻し高を控除する前の仕入高を**総仕入高**といい，控除した後の
仕入高を**純仕入高**といいます。

> 純仕入高　＝　総仕入高　－　仕入戻し高

❹ 売上戻りの処理

売り上げた商品について，その一部が返品されてくる場合もあります。こ
のことを**売上戻り**といい，売上戻りがあった場合には，その額（売上戻り高）
を売上勘定の借方に記入します。

なお，売上戻り高を控除する前の売上高を**総売上高**といい，控除した後の
売上高を**純売上高**といいます。

> 純売上高　＝　総売上高　－　売上戻り高

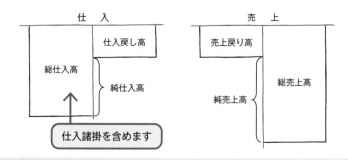

仕入諸掛を含めます

次の取引について仕訳しなさい。

4月3日　静岡商店から商品¥90,000を仕入れ，代金は掛けとした。

　　5日　富士商会へ商品¥55,000を売り渡し，代金のうち¥20,000は同社振出しの小切手で受け取り，残額は掛けとした。なお，送料¥2,500（当社負担）を現金で支払った。

　　8日　掛川商事から商品¥150,000を仕入れ，代金は掛けとした。なお，引取運賃¥4,000を現金で支払った。

　12日　富士商会へ売り渡した商品のうち，¥5,000が品違いのため返品されてきた。

　23日　掛川商事から仕入れた商品のうち¥12,000を品質不良のため返品した。

　28日　商品¥60,000を売り渡し，送料¥1,500（先方負担）を含めた合計額を掛けとした。また，同時に配送業者へこの商品を引き渡し，送料¥1,500を現金で支払った。

　30日　当月分の貸し倉庫の利用料として保管費¥8,000を現金で支払った。

☺解答へのアプローチ

1　商品を売り渡した際，当社負担の送料を支払った場合には，発送費勘定で処理します。

2　商品を仕入れた際，引取運賃を支払った場合には，商品の仕入原価に加算して処理します。

3　返品の場合には，通常，仕入勘定または売上勘定を減少させます。

4　商品を売り渡し，先方負担の送料を含めた合計額を掛けとした場合には，

その合計額で売掛金と売上を計上します。

5　保管費とは，商品の保管に要する支出です。具体的には，倉庫業者へ支払う利用料や商品の在庫の管理手数料などが該当します。

[解　答]‥‥‥‥‥‥‥‥‥‥‥‥‥‥‥‥‥‥‥‥‥‥‥‥‥‥‥‥‥‥‥‥‥‥

4月3日	（借）仕　　　　入	90,000	（貸）買　掛　金	90,000
5日	（借）現　　　　金	20,000	（貸）売　　　　上	55,000
	売　掛　金	35,000		
	（借）発　送　費	2,500	（貸）現　　　　金	2,500
8日	（借）仕　　　　入	154,000	（貸）買　掛　金	150,000
			現　　　　金	4,000
12日	（借）売　　　　上	5,000	（貸）売　掛　金	5,000
23日	（借）買　掛　金	12,000	（貸）仕　　　　入	12,000
28日	（借）売　掛　金	61,500	（貸）売　　　　上	61,500
	（借）発　送　費	1,500	（貸）現　　　　金	1,500
30日	（借）保　管　費	8,000	（貸）現　　　　金	8,000

6
繰越商品・仕入・売上

練習問題 6-2

次の取引について仕訳しなさい。

① 東京商店から仕入れた商品のうち¥30,000は品違いのため，返品した。この金額は同店に対する買掛金から差し引いた。

② 長野商店から商品¥120,000を掛けで仕入れた。引取運賃¥6,000は現金で支払った。

③ 商品を得意先山梨商店に販売し，この代金¥250,000は掛けとした。なお，この商品の発送運賃¥4,000（当社負担）は現金で支払った。

④ さきに新潟商店から仕入れた商品のうち，不良品を返品し，この代金¥50,000を同店振出しの小切手で受け取った。

⑤ 商品¥82,000を販売し，送料¥2,200（先方負担）を含めた合計額を掛けとした。また，同時に配送業者へこの商品を引き渡し，送料¥2,200を現金で支払った。

➡ 解答は259ページ

3 仕入帳と売上帳 ……………………………………………

❶ 仕入帳

　仕入帳は，商品の仕入取引の明細を記入する補助簿です。商品を仕入れた
とき，この取引を仕訳帳に仕訳し，総勘定元帳の仕入勘定の借方に記入しま
す。この仕入勘定をみれば，仕入れた日付と仕入の金額はわかりますが，仕
入先，品名，数量，単価などの明細はわかりません。仕入帳は，これらの明
細を記入しておくための帳簿です。

　具体的には，仕入帳の記入は次のように行います。

① 　商品を仕入れたときは，その日付，仕入先名，代金の支払方法，品名，
　　数量，単価，合計金額を記入します。種類が異なる商品を同時に仕入れ
　　たなどの場合には，品目ごとの合計金額を内訳欄に記入します。仕入諸
　　掛がある場合には，これも記入します。

② 　仕入戻しについては赤字で記入します。

③ 　月末に締め切るときは，仕入戻し高の合計額を赤字で記入し，総仕入
　　高から仕入戻し高を差し引いて純仕入高を算出します。

　　仕入帳の記入例を示すと，次のとおりです。

仕 入 帳

X1年		摘　　要		内訳	金額
8	10	愛知商店	掛		
		鉛筆　　　　20ダース　@¥300		6,000	
		引取運賃　現金払い		500	6,500
	18	静岡商事	掛		
		ボールペン　10ダース　@¥800		8,000	
		引取運賃　現金払い		600	8,600
	22	静岡商事	掛戻し		
		ボールペン　2ダース　@¥800			1,600
	31	総　仕　入　高			15,100
	〃	仕　入　戻　し　高			1,600
		純　仕　入　高			13,500

（吹き出し）戻しは赤字記入します

（吹き出し）仕入勘定の借方合計と一致します

（吹き出し）仕入勘定の借方残高と一致します

仕入帳の記入と仕入勘定の記入の関係を示すと，次のようになります。

```
仕入帳の総仕入高　＝　仕入勘定の借方合計
仕入帳の戻し高　　＝　仕入勘定の貸方合計
仕入帳の純仕入高　＝　仕入勘定の借方残高
```

❷ 売上帳

売上帳は，商品の売上取引の明細を記入する補助簿です。売上帳を用いる趣旨は，仕入帳の場合と同様，得意先，品名，数量，単価などの明細を記入することにあります。

具体的には，売上帳の記入は次のように行います。

① 商品を売り渡したときは，その日付，得意先名，代金の受取方法，品名，数量，単価，合計金額を記入します。種類が異なる商品を同時に売り渡したなどの場合には，品目ごとの合計金額を内訳欄に記入します。

② 売上戻りについては赤字で記入します。

③ 月末に締め切るときは，売上戻り高の合計額を赤字で記入し，総売上高から売上戻り高を差し引いて純売上高を算出します。

売上帳の記入例を示すと，次のとおりです。

売　上　帳

X1年		摘　　　　要		内訳	金額
8	12	岐阜商店	掛		
		鉛筆　　　　6 ダース　@¥550			3,300
	21	長野商会	掛		
		鉛筆　　　　8 ダース　@¥560		4,480	
		ボールペン　5 ダース　@¥1,200		6,000	10,480
	26	長野商会	掛戻り		
		鉛筆　　　　1 ダース　@¥560			560
	31	総　売　上　高			13,780
	〃	売　上　戻　り　高			560
		純　売　上　高			13,220

戻りは赤字記入します

売上勘定の貸方合計と一致します

売上勘定の貸方残高と一致します

売上帳の記入と売上勘定の記入の関係を示すと，次のようになります。

売上帳の総売上高　＝　売上勘定の貸方合計
売上帳の戻り高　　＝　売上勘定の借方合計
売上帳の純売上高　＝　売上勘定の貸方残高

例題6－4

次の取引を仕入帳と売上帳に記入して，月末に締め切りなさい。

6月1日　熊本商会から商品¥60,000（ハンカチ120枚@¥500）を掛けで仕入れた。なお，引取運賃¥2,000は小切手を振り出して支払った。

　　8日　福岡商事から商品¥570,000（ネクタイ50本@¥6,000，ベルト60本@¥4,500）を掛けで仕入れた。なお，引取運賃¥4,000は現金で支払った。

　　11日　福岡商事から仕入れた商品のうち不良品¥60,000（ネクタイ10本@¥6,000）を返品した。

　　19日　宮崎商店へ商品¥350,000（ベルト50本@¥7,000）を掛けで売り渡した。

　　20日　長崎商店に商品¥334,000（ネクタイ30本@¥9,000，ハンカチ80枚@¥800）を掛けで売り渡した。

　　23日　宮崎商店へ売り上げた商品のうち品違い品¥14,000（ベルト2本@¥7,000）の返品を受けた。

解答へのアプローチ

1　戻し・戻りに関する記入は赤字で行います。

2　内訳欄には品目ごとの合計金額と仕入諸掛の金額を記入します。商品の種類が1種類のみで，かつ，仕入諸掛もない場合には，内訳欄には金額を記入する必要はありません。

3　総仕入高および総売上高からそれぞれ戻し分，戻り分を差し引いて純仕入高，純売上高を算出し，帳簿を締め切ります。

[解 答]..

仕 入 帳

X1年		摘　　　　　要		内　　　訳	金　　　額
6	1	熊本商会　　　　　　　　　　　　掛			
		ハンカチ　　120枚　@¥500		60,000	
		引取運賃小切手振出し		2,000	62,000
	8	福岡商事　　　　　　　　　　　　掛			
		ネクタイ　　50本　@¥6,000		300,000	
		ベルト　　　60本　@¥4,500		270,000	
		引取運賃現金払い		4,000	574,000
	11	福岡商事　　　　　　　　　　掛戻し			
		ネクタイ　　10本　@¥6,000			60,000
	30	総　仕　入　高			636,000
	〃	仕　入　戻　し　高			60,000
		純　仕　入　高			576,000

売 上 帳

X1年		摘　　　　　要		内　　　訳	金　　　額
6	19	宮崎商店　　　　　　　　　　　　掛			
		ベルト　　　50本　@¥7,000			350,000
	20	長崎商店　　　　　　　　　　　　掛			
		ネクタイ　　30本　@¥9,000		270,000	
		ハンカチ　　80枚　@¥ 800		64,000	334,000
	23	宮崎商店　　　　　　　　　　掛戻り			
		ベルト　　　2本　@¥7,000			14,000
	30	総　売　上　高			684,000
	〃	売　上　戻　り　高			14,000
		純　売　上　高			670,000

練習問題 6－3

　次の取引を売上帳に記入して，月末に締め切りなさい。

4月2日　滋賀商店へ次のとおり売り上げ，代金は掛けとした。

　　　　　紳士靴　20足　@¥9,000　¥180,000

　　　　　婦人靴　20足　@¥7,000　¥140,000

　11日　京都商店へ次のとおり売り上げ，代金は掛けとした。

　　　　　婦人靴　20足　@¥7,000　¥140,000

　13日　11日に京都商店へ売り上げた商品のうち，次のとおり返品され，

代金は売掛金から差し引くことにした。

　　　　婦人靴　　5足　@¥7,000　¥ 35,000

26日　群馬商店へ次のとおり売り上げ，代金のうち¥200,000を現金で

受け取り，残額は掛けとした。

　　　　紳士靴　30足　@¥9,000　¥270,000

　　　　婦人靴　10足　@¥7,000　¥ 70,000

売　上　帳

X1年		摘　　　　要		内　訳	金　額
4	2	滋賀商店　　　　　　　　　　　掛			
		紳士靴(　　　)(　　　　　)		(　　　　)	
		婦人靴(　　　)(　　　　　)		(　　　　)	(　　　　)
	11	京都商店　　　　　　　　　　　掛			
		婦人靴(　　　)(　　　　　)			(　　　　)
	13	京都商店　　　　　　　　　掛戻り			
		婦人靴(　　　)(　　　　　)			(　　　　)
	26	群馬商店　　　　　　　　現金・掛			
		紳士靴(　　　)(　　　　　)		(　　　　)	
		婦人靴(　　　)(　　　　　)		(　　　　)	(　　　　)
	30	総　売　上　高			(　　　　)
	〃	(　　　　　　　　　)			(　　　　)
		(　　　　　　　　　)			(　　　　)

⇒ 解答は260ページ

練習問題 6－4

次の取引を仕入帳に記入して，月末に締め切りなさい。

11月4日　大分商店から，次の商品を掛けで仕入れた。

　　　　A商品　50個　@¥4,000　　B商品　30個　@¥5,500

6日　上記の商品のうち，A商品5個が破損していたため返品した。

11日　宮崎商店から，C商品¥75,000（30個@¥2,500）を掛けで仕入

れた。

なお，引取運賃¥2,000を現金で支払った。

22日　長崎商店から，次の商品を仕入れ，代金のうち半額は小切手を

振り出して支払い，残額は掛けとした。

　　　　B商品　50個　@¥5,300　　D商品　40個　@¥1,500

仕 入 帳

X1年	摘　　　要	内　訳	金　額

➡ 解答は261ページ

4 商品有高帳 ···

❶ 商品有高帳

しょうひんありだかちょう
商品有高帳は，商品の増減および残高の明細を記録する補助簿です。商品有高帳には，商品の種類ごとに口座を設け，その受入，払出および残高について数量，単価，金額を記入します（単価，金額はすべて原価で記入します）。

商品有高帳を設けて商品の受入・払出についての記録をとることにより，まず，常に種類ごとの在庫の数量と金額が帳簿上明らかとなり，在庫管理に役立ちます。さらに，一定期間ごとの仕入原価と払出価額が帳簿上明らかとなり，決算で必要となる期末商品棚卸高と売上原価に関する資料を入手することができます。

商品有高帳の記入例を示すと，次のとおりです。

商 品 有 高 帳

X1年		摘　要	受　入			払　出			残　高		
			数量	単価	金額	数量	単価	金額	数量	単価	金額
10	1	前月繰越	100	50	5,000				100	50	5,000
	5	仕　　入	200	50	10,000				300	50	15,000
	18	売　　上				180	50	9,000	120	50	6,000
	22	仕　　入	80	50	4,000				200	50	10,000
	31	次月繰越				200	50	10,000			
			380		19,000	380		19,000			
11	1	前月繰越	200	50	10,000				200	50	10,000

> 単価はすべて原価で記入します

> 次月繰越は，払出欄に記入します

❷ 先入先出法と移動平均法

　同じ種類の商品を仕入れた場合でも，仕入の時期や数量などにより，仕入単価が異なることがあります。したがって，後日，商品を払い出したときに，いくらの商品を払い出したことにするのかをあらかじめ決めておく必要があります。このような払出金額の決め方には，個別法，先入先出法，移動平均法，総平均法などいくつかの方法がありますが，ここでは先入先出法と移動平均法について説明します。なお，いずれの方法でも，払出金額を合計すると売上原価が計算され，決算日の残高は期末商品棚卸高になります。

① 先入先出法

　先入先出法は，先に仕入れた商品から先に払い出されたと仮定して払出単価を決定する方法です。なお，仕入単価が異なるものを同時に払い出した場合，または仕入単価が異なるものが残高として残っている場合には，商品有高帳においてこれらを複数行で記入し，左波カッコ { でくくっておきます。

② 移動平均法

　移動平均法は，単価が異なる商品を仕入れたつど，その仕入直前の残高欄の金額と仕入金額の合計額を仕入直前の残高欄の数量と仕入数量の合計数量で割って平均単価（とくに移動平均単価といいます）を計算し，これを残高欄の単価とするとともに，この単価をその後の売上商品の払出単価とする方法です。

100

$$\text{移動平均単価} = \frac{\text{直前の残高金額} + \text{仕入金額}}{\text{直前の残高数量} + \text{仕入数量}}$$

例題6－5

次の資料にもとづいて，先入先出法と移動平均法によって商品有高帳を作成しなさい（帳簿の締切りも行うこと）。

[資 料]

		数量	単価	金額
5月1日	前月繰越	100個	¥100	¥10,000
7日	仕 入	200	130	26,000
11日	売 上	150	160	24,000
18日	仕 入	300	105	31,500
27日	売 上	250	180	45,000

解答へのアプローチ

1　商品有高帳の金額はすべて原価で記入します。資料の売上時の単価および金額は売価ですので，この金額を払出欄に記入しないよう注意しましょう。

2　先入先出法では，単価が異なるものを複数行に記入し，左波カッコでくくります。

3　移動平均法では，仕入単価が異なるごとに金額を数量で除して，平均単価を算出します。

4　次月に繰り越す数量，単価，金額を払出欄に赤字で記入し，受入欄の数量，金額の合計と，払出欄の数量，金額の合計が一致することを確かめて締め切ります。

商 品 有 高 帳

（先入先出法）

X1年		摘　要	受　入			払　出			残　高		
			数量	単価	金額	数量	単価	金額	数量	単価	金額
5	1	前月繰越	100	100	10,000				100	100	10,000
	7	仕　　入	200	130	26,000				{ 100	100	10,000
									200	130	26,000
	11	売　　上				{ 100	100	10,000			
						50	130	6,500	150	130	19,500
	18	仕　　入	300	105	31,500				{ 150	130	19,500
									300	105	31,500
	27	売　　上				{ 150	130	19,500			
						100	105	10,500	200	105	21,000
	31	次月繰越				200	105	21,000			
			600		67,500	600		67,500			
6	1	前月繰越	200	105	21,000				200	105	21,000

商 品 有 高 帳

（移動平均法）

X1年		摘　要	受　入			払　出			残　高		
			数量	単価	金額	数量	単価	金額	数量	単価	金額
5	1	前月繰越	100	100	10,000				100	100	10,000
	7	仕　　入	200	130	26,000				300	120	36,000
	11	売　　上				150	120	18,000	150	120	18,000
	18	仕　　入	300	105	31,500				450	110	49,500
	27	売　　上				250	110	27,500	200	110	22,000
	31	次月繰越				200	110	22,000			
			600		67,500	600		67,500			
6	1	前月繰越	200	110	22,000				200	110	22,000

$$5月7日の平均単価¥120 = \frac{¥10,000 + ¥26,000}{100個 + 200個}$$

$$5月18日の平均単価¥110 = \frac{¥18,000 + ¥31,500}{150個 + 300個}$$

　先入先出法で，解答に示した方法は，単価が異なるものを仕入れたときに残高欄の数値を改行してカッコでくくる方法です。これ以外に，残高欄の数値を

改行しないでカッコでくくる方法もあります。参考として，この方法によった場合の5月7日までの記入を示すと，次のようになります。

X1年		摘　要	受　入			払　出			残　高		
			数量	単価	金額	数量	単価	金額	数量	単価	金額
5	1	前月繰越	100	100	10,000				100	100	10,000
	7	仕　入	200	130	26,000				200	130	26,000

次の仕入帳と売上帳にもとづいて，①先入先出法によって商品有高帳に記入し（締切りは不要），②X1年9月中の売上高，売上原価および売上総利益を計算しなさい。

仕　入　帳

X1年		摘　　　　　　要	金　　額
9	6	青森商店　ネクタイ　20本　@¥5,000	100,000
	21	秋田商店　ネクタイ　25本　@¥4,500	112,500

売　上　帳

X1年		摘　　　　　　要	金　　額
9	8	岩手商店　ネクタイ　15本　@¥8,000	120,000
	29	福島商店　ネクタイ　20本　@¥7,000	140,000

①　先入先出法

商 品 有 高 帳
ネクタイ

X1年		摘　要	受　入			払　出			残　高		
			数量	単価	金　額	数量	単価	金　額	数量	単価	金　額
9	1	前月繰越	10	6,000	60,000				10	6,000	60,000

②　売上総利益の計算

売　上　高　¥

売　上　原　価　¥ _____

売上総利益　¥ _____

➡ 解答は262ページ

次の【資料】にもとづいて，①移動平均法によって商品有高帳に記入し，これを締め切るとともに，②X1年5月中の売上高，売上原価および売上総利益を計算しなさい。

【資料】

		数量	単価
5月1日	前月繰越	50個	¥100
10日	仕　入	200個	¥150
15日	売　上	100個	¥300
20日	仕　入	150個	¥160
25日	売　上	150個	¥400

① 移動平均法

商 品 有 高 帳

X1年		摘　要	受　入			払　出			残　高		
			数量	単価	金額	数量	単価	金額	数量	単価	金額
5	1	前月繰越									
	10	仕　入									
	15	売　上									
	20	仕　入									
	25	売　上									
	31	次月繰越									
6	1	前月繰越									

② 売上総利益の計算

売　上　高　¥

売上原価　¥

売上総利益　¥

➡ 解答は263ページ

第 7 章

売掛金と買掛金

学習のポイント

1. 売掛金とは，商品を掛けで売り渡したときに発生する債権です。買掛金とは，商品を掛けで仕入れたときに発生する債務です。売掛金と買掛金の発生と決済にあたっては，通常，請求書と領収書が取り交わされます。

2. 売掛金および買掛金の明細記録のために用いられる商店名などの勘定を人名勘定といいます。

3. 売掛金元帳（得意先元帳）・買掛金元帳（仕入先元帳）は，総勘定元帳の売掛金勘定・買掛金勘定の明細を明らかにするための補助簿です。

4. 得意先ごとの売掛金残高をまとめた明細表を売掛金明細表といい，仕入先ごとの買掛金残高をまとめた明細表を買掛金明細表といいます。

5. クレジットカードで商品を販売したときは，信販会社（クレジットカード会社）に対する債権をクレジット売掛金勘定で処理します。

6. 商品の売買契約を結ぶ場合に，代金の一部を手付金として支払ったときは前払金勘定で，手付金を受け取ったときは前受金勘定で処理します。

1 売掛金と買掛金 ……………………………………

❶ 売掛金と買掛金の意義

売掛金とは，商品を掛けで売り渡したときに発生する債権（将来，商品代金を回収することができる権利）です。**買掛金**とは，商品を掛けで仕入れたときに発生する債務（将来，商品代金を支払わなければならない義務）です。売掛金と買掛金は，商品売買という主たる営業活動から生じた債権債務です。

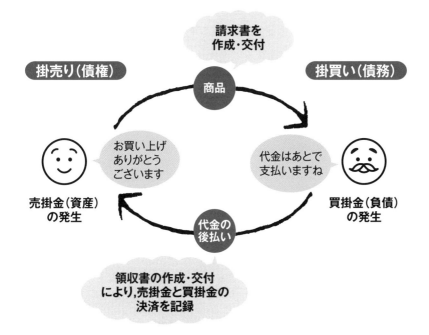

❷ 売掛金勘定・買掛金勘定への記入

売掛金は**売掛金勘定**（資産），買掛金は**買掛金勘定**（負債）を用いて処理します。

売掛金が発生したときは売掛金勘定の借方に記入し，売掛金を現金などによって回収したときは貸方に記入します。

買掛金が発生したときは買掛金勘定の貸方に記入し，買掛金を現金などによって支払ったときは借方に記入します。

売掛金と買掛金の発生は，通常，売主が買主に対して**請求書**を作成・交付することによって記録されます。また，売掛金と買掛金の決済は，売主が買主に対して**領収書**を作成・交付することによって記録されます。

請求書や領収書は，**証ひょう**（証憑）とよばれる，取引の内容を表す書類です。これらの証ひょうは，商慣行上，売掛金や買掛金が生じたときに取引の当事者間において取り交わされるものです。

例題7－1

次の証ひょうについて，食品卸売業を営む東京商店と食品小売業を営む茨城商会における仕訳を示しなさい。

(1) 東京商店は，茨城商会に商品を売り上げ，下記の請求書を送付した。

請 求 書

株式会社茨城商会　御中

株式会社東京商店
発行日　X1年5月10日

品　　目	数量	単　価	金　額
冷凍食品A	50	¥500	¥25,000
冷凍食品B	100	¥600	¥60,000
		合　計	¥85,000

※　X1年5月31日までに合計額を下記口座にお振込みください。
　　八重洲銀行本店　普通　XXXXXXX　カ)トウキョウショウテン

(2) 茨城商会は，(1)の請求書に記載のとおり，同社の当座預金口座から東京商店の普通預金口座に振込みを行い，東京商店から下記の領収書を受け取った。

```
                          領  収  書
  株式会社茨城商会  御中
                                    発行日  X1年5月30日
  下記の合計金額を領収いたしました。
  ┌──────────────┬─────┬──────┬──────────┐
  │    品    目    │ 数量 │  単 価 │  金   額  │
  ├──────────────┼─────┼──────┼──────────┤
  │ 冷凍食品Ａ      │  50 │ ¥500 │ ¥25,000 │
  ├──────────────┼─────┼──────┼──────────┤
  │ 冷凍食品Ｂ      │ 100 │ ¥600 │ ¥60,000 │
  ├──────────────┴─────┼──────┼──────────┤
  │          合    計    │      │ ¥85,000 │
  └────────────────────┴──────┴──────────┘
                              株式会社東京商店 印
```

☺解答へのアプローチ

1　請求書の内容から，売上（売掛金）および仕入（買掛金）の金額を把握します。

2　領収書の内容から，掛代金の支払いが行われたことがわかります。

[解　答]...

東京商店の仕訳

(1)　(借) 売　掛　金　85,000　(貸) 売　　　　上　85,000

(2)　(借) 普 通 預 金　85,000　(貸) 売　掛　金　85,000

茨城商会の仕訳

(1)　(借) 仕　　　　入　85,000　(貸) 買　掛　金　85,000

(2)　(借) 買　掛　金　85,000　(貸) 当 座 預 金　85,000

❸ 人名勘定

　複数の取引先がある場合，これらに対する掛取引を売掛金勘定および買掛金勘定のみによって処理すると，売掛金または買掛金の総額は把握できるものの，個々の取引先に対する売掛金または買掛金の増減および残高は明らかにされません。そこで，各取引先の商店名等を勘定科目として用い，この勘定に，取引先ごとの売掛金または買掛金の増減を記録する方法がとられることがあります。このように，売掛金および買掛金の明細記録のために用いられる商店名等の勘定を**人名勘定**といいます。

　人名勘定を用いる方法としては，後で述べる売掛金元帳および買掛金元帳

という補助簿に取引先ごとの人名勘定を設ける方法が一般的ですが，取引先が少数の場合には，総勘定元帳において人名勘定を設ける方法がとられることもあります。この場合，売掛金勘定や買掛金勘定の代わりに，人名勘定を用いた仕訳が行われます。

例題7-2

次の取引を人名勘定を用いて仕訳しなさい。

8月1日　岩手商事に商品¥58,000を掛けで売り渡し，発送運賃¥5,000（当社負担）を現金で支払った。

　　8日　秋田商店から商品¥95,000を掛けで仕入れ，引取運賃¥7,500は小切手を振り出して支払った。

　　12日　8日に仕入れた商品¥20,000に汚損があったため返品した。

　　19日　青森商会へ商品¥67,000を売り渡し，代金のうち¥40,000は同社振出しの小切手で受け取り，残額は掛けとした。

　　25日　秋田商店への買掛金¥75,000を小切手を振り出して支払った。

⌣ 解答へのアプローチ

1　商品を掛けで売り渡したときは，売掛金勘定で処理する場合と同様に，得意先の人名勘定の借方に記入します。後日，売掛金を回収したとき，または売り渡した商品につき返品が行われたときは，人名勘定の貸方に記入します。

2　商品を掛けで仕入れたときは，買掛金勘定で処理する場合と同様に，仕入先の人名勘定の貸方に記入します。後日，買掛金を支払ったとき，または仕入れた商品につき返品が行われたときは，人名勘定の借方に記入します。

［解　答］……………………………………………………………

8月1日	（借）岩手商事	58,000	（貸）売　　上		58,000
	（借）発送費	5,000	（貸）現　　金		5,000
8日	（借）仕　　入	102,500	（貸）秋田商店		95,000
			当座預金		7,500
12日	（借）秋田商店	20,000	（貸）仕　　入		20,000

19日	（借）現　　金	40,000	（貸）売　　　上	67,000
	青森商会	27,000		
25日	（借）秋田商店	75,000	（貸）当座預金	75,000

練習問題 7-1

次の取引について仕訳しなさい。なお，人名勘定は用いないこと。

8月1日　神奈川商店に商品¥67,000を売り渡し，代金は掛けとした。なお，発送費¥3,500（当社負担）を現金で支払った。

4日　栃木商店から商品¥130,000を仕入れ，代金は掛けとした。なお，引取運賃¥6,000は小切手を振り出して支払った。

6日　4日に仕入れた商品のうち，¥30,000は品違いにつき返品した。

13日　千葉商店へ商品¥220,000を売り渡し，代金のうち¥150,000は同店振出しの小切手で受け取り，残額は掛けとした。

25日　千葉商店に対する売掛金¥70,000を送金小切手で回収した。

31日　栃木商店に対する買掛金¥100,000を現金で支払った。

⇒ 解答は264ページ

2 売掛金元帳と買掛金元帳

総勘定元帳の売掛金勘定および買掛金勘定には，すべての得意先・仕入先に対する売掛金と買掛金の増減が記入されるため，この記録だけでは取引先ごとの売掛金と買掛金の増減および残高が明らかにされません。また，総勘定元帳に，売掛金勘定・買掛金勘定のかわりに人名勘定を設けると，取引先ごとの明細は明らかにされるものの，取引先が多数の場合には勘定科目数が膨大となり，総勘定元帳の記録が煩雑なものとなってしまいます。

そこで，一般的には，総勘定元帳には売掛金勘定・買掛金勘定を設けて売掛金・買掛金の総額を明らかにすると同時に，**売掛金元帳（得意先元帳）**と**買掛金元帳（仕入先元帳）**という補助簿（補助元帳）を作成し，これらの帳簿に取引先ごとの人名勘定を設けます。売掛金元帳・買掛金元帳は，総勘定

元帳の売掛金勘定・買掛金勘定の明細を明らかにするという役割を果たします。したがって，たとえば掛けによる売上取引が行われた場合には，次の図のように総勘定元帳の売掛金勘定と売掛金元帳の当該人名勘定の両方に記入されることになります。

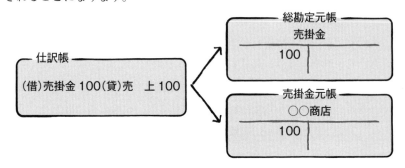

この方法によると，総勘定元帳の売掛金勘定の借方合計・貸方合計は，売掛金元帳の各人名勘定の借方合計・貸方合計の総額とそれぞれ一致します。同様に，総勘定元帳の買掛金勘定の借方合計・貸方合計は，買掛金元帳の各人名勘定の借方合計・貸方合計の総額とそれぞれ一致します。このように，補助簿の各勘定を集合した内容をもつ勘定（この場合には売掛金勘定と買掛金勘定）のことを**統制勘定**といいます。

たとえば，9月1日の売掛金勘定の残高が¥3,000（うち京都商店¥1,000，奈良商店¥2,000），買掛金勘定の残高が¥3,000（うち大阪商店¥2,000，神戸商店¥1,000）で，9月中に次の①〜⑧の取引が行われたとします。

① 商品¥18,000を京都商店に売り上げ，代金は掛けとした。
② 商品¥12,000を奈良商店に売り上げ，代金は掛けとした。
③ 京都商店に対する売掛金¥15,000を現金で回収した。
④ 奈良商店に対する売掛金¥10,000を現金で回収した。
⑤ 大阪商店から商品¥8,000を仕入れ，代金は掛けとした。
⑥ 神戸商店から商品¥12,000を仕入れ，代金は掛けとした。
⑦ 大阪商店に対する買掛金¥5,000を現金で支払った。
⑧ 神戸商店に対する買掛金¥9,000を現金で支払った。

9月中の売掛金の増減取引（①〜④）と買掛金の増減取引（⑤〜⑧）について，総勘定元帳と売掛金元帳・買掛金元帳への記入例を示すと，次のよう

になります。ここで，①〜⑧のそれぞれの取引について，総勘定元帳と売掛金元帳・買掛金元帳の2つに記入されていることに注意してください。

　なお，補助元帳である売掛金元帳・買掛金元帳の人名勘定の摘要欄には，仕訳の相手勘定名ではなく，取引の内容を簡潔に説明する語句を記入します（たとえば，「売上」，「仕入」，「返品」，「回収」，「支払」など）。

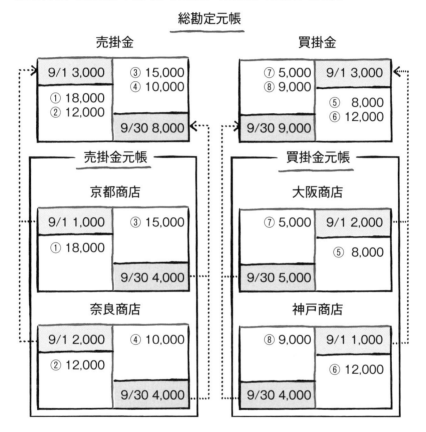

3 　売掛金明細表と買掛金明細表 ....

　売掛金について，総勘定元帳の売掛金勘定への記入と売掛金元帳の各人名勘定への記入とが正しく行われているかどうかを検証するために，得意先ごとの売掛金残高をまとめた明細表を作成することがあります。これを**売掛金明細表**といいます。また，買掛金についても同様に，**買掛金明細表**を作成す

ることがあります。

　これらの明細表は，総勘定元帳の売掛金勘定残高・買掛金勘定残高が売掛金元帳・買掛金元帳の各人名勘定の残高合計とそれぞれ一致するかどうかを検証する機能をもっているのみならず，売掛金および買掛金の取引先別の残高一覧表としても役立ちます。

　前の例にもとづいて，売掛金明細表と買掛金明細表を作成すると，次のようになります。

売 掛 金 明 細 表				買 掛 金 明 細 表		
	9 月 1 日	9 月30日			9 月 1 日	9 月30日
京都商店	¥1,000	¥4,000	大阪商店		¥2,000	¥5,000
奈良商店	2,000	4,000	神戸商店		1,000	4,000
	¥3,000	¥8,000			¥3,000	¥9,000

例題7－3

　次の取引を仕訳し，総勘定元帳（売掛金勘定と買掛金勘定）に転記するとともに，補助元帳（売掛金元帳と買掛金元帳）に記入しなさい。

10月1日　大分商店へ商品¥140,000を掛けで売り渡した。

　　3日　宮崎商店から商品¥180,000を掛けで仕入れた。

　　4日　熊本商店へ商品¥90,000を掛けで売り渡した。

　　7日　大分商店への売掛金¥50,000を同店振出しの小切手で回収した。

　　9日　4日に熊本商店へ掛売りした商品¥15,000に品違いがあったため，返品された。

　　11日　宮崎商店への買掛金¥95,000を小切手を振り出して支払った。

　　14日　長崎商店から商品¥165,000を掛けで仕入れた。

　　15日　14日に長崎商店から掛仕入した商品¥25,000に汚損があったため，返品した。

　　19日　大分商店へ商品¥65,000を売り渡し，代金のうち¥30,000は同店振出しの小切手で受け取り，残額は掛けとした。

　　24日　長崎商店への買掛金¥140,000を小切手を振り出して支払った。

　　26日　熊本商店への売掛金¥40,000が当座預金口座へ振り込まれた旨の

114

通知を受けた。

😊 解答へのアプローチ

1　売掛金元帳では借方に残高が生じるので，「借または貸」欄には「借」と
記入します。また，買掛金元帳では貸方に残高が生じるので，「借または貸」
欄には「貸」と記入します。

2　売掛金勘定の借方残高は，売掛金元帳の各人名勘定の借方残高の合計額と
一致し，買掛金勘定の貸方残高は，買掛金元帳の各人名勘定の貸方残高の合
計額と一致することを確認しましょう。

[解　答]

10月1日	（借）売　掛　金	140,000	（貸）売　　　　上	140,000
3日	（借）仕　　　　入	180,000	（貸）買　掛　金	180,000
4日	（借）売　掛　金	90,000	（貸）売　　　　上	90,000
7日	（借）現　　　　金	50,000	（貸）売　掛　金	50,000
9日	（借）売　　　　上	15,000	（貸）売　掛　金	15,000
11日	（借）買　掛　金	95,000	（貸）当 座 預 金	95,000
14日	（借）仕　　　　入	165,000	（貸）買　掛　金	165,000
15日	（借）買　掛　金	25,000	（貸）仕　　　　入	25,000
19日	（借）現　　　　金	30,000	（貸）売　　　　上	65,000
	売　掛　金	35,000		
24日	（借）買　掛　金	140,000	（貸）当 座 預 金	140,000
26日	（借）当 座 預 金	40,000	（貸）売　掛　金	40,000

総 勘 定 元 帳

売　掛　金

10/1	売　　上	140,000	10/7	現　　金	50,000
4	売　　上	90,000	9	売　　上	15,000
19	売　　上	35,000	26	当座預金	40,000

買　掛　金

10/11	当座預金	95,000	10/3	仕　　入	180,000
15	仕　　入	25,000	14	仕　　入	165,000
24	当座預金	140,000			

115

売 掛 金 元 帳

大 分 商 店

X1年		摘 要		借 方	貸 方	借または貸	残 高
10	1	売	上	140,000		借	140,000
	7	入	金		50,000	〃	90,000
	19	売	上	35,000		〃	125,000

熊 本 商 店

X1年		摘 要		借 方	貸 方	借または貸	残 高
10	4	売	上	90,000		借	90,000
	9	返	品		15,000	〃	75,000
	26	入	金		40,000	〃	35,000

買 掛 金 元 帳

宮 崎 商 店

X1年		摘 要		借 方	貸 方	借または貸	残 高
10	3	仕	入		180,000	貸	180,000
	11	支	払	95,000		〃	85,000

長 崎 商 店

X1年		摘 要		借 方	貸 方	借または貸	残 高
10	14	仕	入		165,000	貸	165,000
	15	返	品	25,000		〃	140,000
	24	支	払	140,000			0

練習問題 **7-2**

次の取引を買掛金元帳（横浜商店）に記入し，9月30日付けで締め切りなさい。なお，買掛金の前月残高は¥350,000（内訳：東京商店¥120,000，横浜商店¥230,000）である。

9月8日　横浜商店から商品¥100,000を仕入れ，代金は掛けとした。

13日　横浜商店から商品¥130,000を仕入れ，代金は掛けとした。

14日　13日に横浜商店から仕入れた商品のうち¥20,000を返品した。

27日　横浜商店に対する買掛金¥260,000を普通預金口座から支払った。

買 掛 金 元 帳

横 浜 商 店

X1年		摘　　要	借　　方	貸　　方	借または貸	残　　高
9	1	前 月 繰 越				
	8	仕　　入				
	13	仕　　入				
	14	返　　品				
	27	支　　払				
	30	次 月 繰 越				
10	1	前 月 繰 越				

➡ 解答は264ページ

練習問題 **7-3**

　次の取引を売掛金元帳（福井商店）に記入し，7月31日付けで締め切りなさい。

7月1日　売掛金の前月繰越高は¥700,000であり，得意先別の内訳は次のとおりである。

　　　　　福井商店　¥300,000　　石川商店　¥400,000

　11日　福井商店へ商品¥200,000および石川商店へ商品¥150,000をそれぞれ売り上げ，代金は掛けとした。

　21日　福井商店へ商品¥150,000を売り上げ，代金は掛けとした。

　26日　21日に売り上げた商品のうち，福井商店から¥20,000の返品を受けた。なお，返品の代金は売掛金から控除する。

　30日　福井商店から¥400,000，石川商店から¥350,000がそれぞれ売掛金の回収分として当座預金口座に振り込まれた。

売 掛 金 元 帳
福 井 商 店

X1年		摘　　要	借　方	貸　方	借または貸	残　高
7	1	前月繰越				

➡ 解答は265ページ

4 クレジット売掛金 ···

　小売業などを営む企業では，顧客からクレジットカードでの販売を求められる場合があります。このとき，売り手である企業は，顧客に対して債権をもつのではなく，信販会社（クレジットカード会社）に対する債権を有することになります。また，企業は，一定の手数料（クレジット手数料）を信販会社に対して負担します。なお，顧客は，後日，預金口座からの引き落としなどの方法で，信販会社に対して代金を支払うことになります。

　企業がクレジットカードで商品を販売した場合には，信販会社に対する債権を，売掛金勘定ではなく，**クレジット売掛金勘定**（資産）を用いて処理します。信販会社に対して負担する手数料は，**支払手数料勘定**（費用）を用いて処理します。

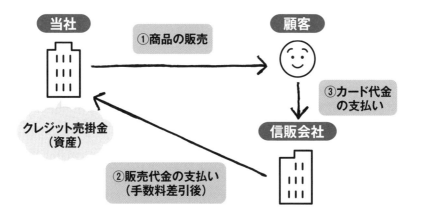

例題7-4

次の連続する取引について仕訳しなさい。

9月10日　当社は，顧客に対して商品¥100,000をクレジットカード販売によって売り上げた。なお，手数料は，販売代金の5％であり，信販会社に対する債権から差し引くものとする。

　20日　信販会社から，手数料を差し引いた販売代金が当社の当座預金口座に振り込まれた。

☺解答へのアプローチ

信販会社に対する債権は，売掛金勘定ではなく，クレジット売掛金勘定を用いて処理します。

[解　答]……………………………………………………………………………

9/10	(借)	クレジット売掛金	95,000	(貸)	売	上	100,000
		支 払 手 数 料	5,000				
20	(借)	当 座 預 金	95,000	(貸)	クレジット売掛金		95,000

　次の取引について仕訳しなさい。なお，クレジットカード販売に係る手数料は販売代金の３％であり，販売時において信販会社に対する債権から控除する。

10月7日　当社は，顧客に対して商品¥50,000をクレジットカード販売によって売り上げた。

　　　8日　当社は，顧客に対して商品¥80,000をクレジットカード販売によって売り上げた。

　　　20日　信販会社から，7日と8日の販売に係る代金（手数料を差し引いた手取金）が当社の普通預金口座に振り込まれた。

➡ 解答は266ページ

5 前払金・前受金 ....

❶ 前払金・前受金の意義

　商品の売買契約を結ぶときに，その代金の一部を手付金（内金ともいいます）として授受することがあります。この場合，支払った手付金を**前払金**といい，受け取った手付金を**前受金**といいます。

❷ 前払金勘定・前受金勘定への記入

　手付金を支払った側では，**前払金勘定**（資産）を設けて，前払額を借方に記入します。実際に商品を仕入れたときに，前払額は支払代金に充当されるので，前払金勘定の貸方に記入します。また，手付金を受け取った側では，**前受金勘定**（負債）を設けて，前受額を貸方に記入します。実際に商品を売り渡したときに，前受額は受取代金に充当されるので，前受金勘定の借方に記入します。

（手付金を支払った側）

前払金

手付金を支払った とき	実際に商品を仕入 れたとき

（手付金を受け取った側）

前受金

実際に商品を売り 渡したとき	手付金を受け取っ たとき

例題7−5

次の取引の仕訳を，滋賀商店と山梨商店の両店について示しなさい。

① 滋賀商店は，3カ月後に山梨商店から商品¥200,000を購入する約束をし，手付金として現金¥40,000を支払った。

② 滋賀商店は，山梨商店から上記商品を仕入れ，手付金を充当するとともに残額を掛けとした。

解答へのアプローチ

1 売買契約時には，仕入・売上は計上しません。

2 手付金を支払った側では前払金勘定の借方に記入し，受け取った側では前受金勘定の貸方に記入します。

3 実際に商品の授受が行われたときに，手付金を支払っていた側では前払金勘定の貸方に，受け取っていた側では前受金勘定の借方にそれぞれ記入します。

121

練習問題 7−5

次の取引について仕訳しなさい。

① 商品¥150,000を購入する契約をし，手付金¥30,000を普通預金口座から支払った。

② 商品¥100,000を販売する契約をし，手付金¥20,000を現金で受け取った。

③ 京都商店に対して，商品¥200,000を発送した。この商品は1カ月前に注文のあったもので，注文を受けたときに手付金¥30,000を受け取っている。商品代金の残額は本月末に支払われる予定である。

④ 中国商店は，さきに注文しておいた商品¥300,000を受け取り，代金のうち¥60,000は注文時に支払った手付金と相殺し，残額は小切手を振り出して支払った。

⑤ 北陸商店は，かねて九州商店に注文しておいた商品¥400,000を本日受け取った。なお，同商品を注文した際に手付金として¥80,000を現金で支払っており，代金の残額は月末に支払う予定である。

➡ 解答は266ページ

第 8 章

その他の債権と債務

1. 金銭の貸し借りによって生じた債権・債務は，貸付金勘定・借入金勘定で処理します。役員に対する貸付金・借入金は，役員貸付金勘定・役員借入金勘定で処理します。

2. 営業活動の主目的である取引によって生じた債権・債務は売掛金勘定・買掛金勘定で処理しますが，主目的でない取引によって生じた債権・債務は未収入金勘定・未払金勘定で処理します。

3. 一時的に金銭の立替払いをしたときは立替金勘定で，一時的に金銭を預かったときは預り金勘定で処理します。なお，立替金や預り金のうち，従業員に対するものについては，取引先に対するものと区別するため，従業員立替金勘定・従業員預り金勘定で処理します。

4. 現金の支払いや受入れはあったものの，その時点ではその内容または金額を確定できないときは，仮払金勘定または仮受金勘定で処理します。

5. 商品の販売時に他社や自治体などが発行した商品券を受け取ったときは，受取商品券勘定で処理します。

6. 土地や建物などの賃借にあたり差し入れた保証金は，差入保証金勘定で処理します。

1 貸付金・借入金 ....

❶ 貸付金・借入金の意義

　企業は他人に金銭を貸し付けたり，その反対に銀行などから金銭を借り入れたりすることがあります。他人に金銭を貸し付けたときに発生する債権（将来，貸し付けた金銭を回収することができる権利）を**貸付金**といい，銀行などから金銭を借り入れたときに発生する債務（将来，借り入れた金銭を返済しなければならない義務）を**借入金**といいます。

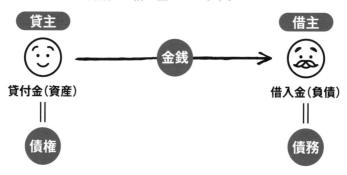

❷ 貸付金勘定・借入金勘定への記入

　金銭を貸し付けたときは，**貸付金勘定**（資産）を設けて，貸付額を借方に，回収額を貸方に記入します。金銭を借り入れたときは，**借入金勘定**（負債）を設けて，借入額を貸方に，返済額を借方に記入します。

　なお，金銭の貸し借りに際して手形が振り出される場合があります。このような融資を目的として振り出される手形を金融手形といいます。これについては第9章「受取手形と支払手形」の **3**「手形貸付金と手形借入金」で説明します。

例題 8 - 1

　次の取引の仕訳を，新潟商店・石川商店の両店について示しなさい。

① 　新潟商店は，石川商店に対して現金¥100,000を期間6カ月，年利率2％で貸し付けた。

② 　新潟商店は，満期日に石川商店から貸付金を利息とともに同店振出しの小

切手で回収した。

😊解答へのアプローチ

1　貸付金の利息を受け取ったときは受取利息勘定（収益）で，借入金の利息を支払ったときは支払利息勘定（費用）で処理します。

2　元金（元本）に年利率をかけた額は1年分の利息ですので，1年未満の利息は，分母を12カ月として貸し付けた（または借り入れた）月数で按分します。

[解　答]………………………………………………………………………

（新潟商店の仕訳）

①	（借）	貸　付　金	100,000	（貸）	現　　　金	100,000		
②	（借）	現　　　金	101,000	（貸）	貸　付　金	100,000		
					受　取　利　息	1,000		

（石川商店の仕訳）

①	（借）	現　　　金	100,000	（貸）	借　入　金	100,000		
②	（借）	借　入　金	100,000	（貸）	当座預金	101,000		
		支　払　利　息	1,000					

★**利息の按分**：6カ月分の利息は，次のように計算します。

$$元本 \times 年利率 \times \frac{6カ月}{12カ月} = ¥100,000 \times 2\% \times \frac{6}{12} = ¥1,000$$

❸ 役員貸付金勘定・役員借入金勘定への記入

役員に対する貸付金・借入金は，通常の貸付金・借入金と区別するため，**役員貸付金勘定**（資産）・**役員借入金勘定**（負債）を用いて処理します。

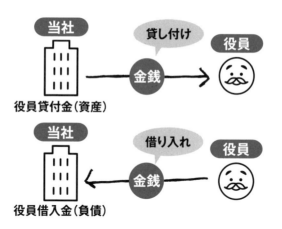

役員貸付金（資産）

役員借入金（負債）

例題8−2

次の取引について仕訳しなさい。

① 当社の役員Aに対して，当座預金から¥100,000を貸し付けた。

② 当社の役員Bから¥200,000を借り入れ，現金を受け取った。

😊 解答へのアプローチ

役員に対する貸付金と借入金については，それぞれ役員貸付金勘定と役員借入金勘定を用います。

［解　答］...

① （借）役員貸付金　100,000　（貸）当座預金　100,000

② （借）現　　　金　200,000　（貸）役員借入金　200,000

練習問題 8−1

次の取引について仕訳しなさい。

① 玉川商店へ¥200,000を貸し付け，利息¥6,000を控除した残額を，小切手を振り出して渡した。

② 取引先神戸商店に対して，期間6カ月，利率年4.5％で貸し付けた貸付金¥3,000,000を満期日に利息とともに同店振出しの小切手で返済を受け，ただちに当座預金とした。なお，当座預金は満期日現在，

¥1,500,000の借越（貸方残高）となっている。

③ 当社の役員Xに対して，普通預金から¥300,000を貸し付けた。

④ 役員に対する貸付金¥300,000の返済を受け，利息¥10,000とともに普通預金とした。

⇒ 解答は267ページ

2 未収入金・未払金 ······························

❶ 未収入金・未払金の意義

企業の営業活動の主目的である取引によって生じた債権・債務は売掛金勘定・買掛金勘定で処理しますが，主目的でない取引（たとえば，衣料品販売業者が消耗品を購入したり，不用になった備品を売却したりする取引）によっても債権・債務は発生します。このような主たる営業活動以外の取引によって生じる債権・債務を**未収入金・未払金**といいます。

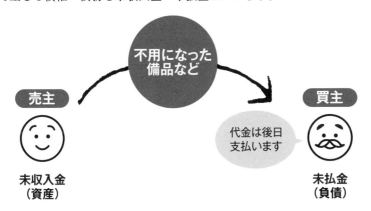

❷ 未収入金勘定・未払金勘定への記入

たとえば，不用になった備品を売却し，その代金のうちに未回収分があるときは，**未収入金勘定**（資産）を設けて借方に記入し，回収したときに貸方に記入します。また，備品を購入してその代金のうちに未払分があるときは，**未払金勘定**（負債）を設けて貸方に記入し，支払いをしたときに借方に記入します。

127

次の取引の仕訳を，売り手と買い手の両方について示しなさい。

① 営業用自動車を¥950,000で自動車販売会社から購入し，代金のうち
¥400,000は小切手を振り出して支払い，残額は月末払いとした。

② 月末になって，上記①の残額¥550,000を小切手を振り出して支払った。

③ 不用になったコピー機を¥40,000でコピー機販売会社に売却し，代金は翌
月末に受け取ることにした。

④ 翌月末になって，上記③の代金を現金で受け取った。

解答へのアプローチ

1 自動車を販売した側は，自動車の販売が主たる営業活動なので未収入金で
は処理しません。自動車を購入した側は，自動車の購入が主たる営業活動で
はないので買掛金では処理しません。

2 コピー機を売却した側は，コピー機の販売が主たる営業活動ではないので
売掛金では処理しません。コピー機を購入した側は，コピー機の購入が主た
る営業活動に該当するので，未払金では処理しません。

[解答]………………………………………………………………………………

① （売り手の仕訳）

　　（借）現　　　　金　400,000　　（貸）売　　　　上　950,000
　　　　　売　掛　金　550,000

　　（買い手の仕訳）

　　（借）車両運搬具　950,000　　（貸）当 座 預 金　400,000
　　　　　　　　　　　　　　　　　　　　未　払　金　550,000

② （売り手の仕訳）

　　（借）現　　　　金　550,000　　（貸）売　掛　金　550,000

　　（買い手の仕訳）

　　（借）未　払　金　550,000　　（貸）当 座 預 金　550,000

③ （売り手の仕訳）

　　（借）未 収 入 金　40,000　　（貸）備　　　品　40,000

（買い手の仕訳）

（借）仕 　 　 入　40,000　（貸）買　掛　金　40,000

④ （売り手の仕訳）

（借）現 　 　 金　40,000　（貸）未 収 入 金　40,000

（買い手の仕訳）

（借）買　掛　金　40,000　（貸）現 　 　 金　40,000

練習問題 8−2

次の取引について仕訳しなさい。

① 今月の初めに自動車会社に売却した営業用自動車の代金¥200,000を，本日，現金で受け取った。

② 月初に業務用パソコン¥300,000を購入し，代金は月末に支払うこととした。

③ 月末に，上記②の代金を小切手を振り出して支払った。

⇒ 解答は267ページ

3 立替金・預り金 ·······················

❶ 立替金・預り金の意義

　取引先や従業員のために，一時的に金銭の立替払いをすることがあります。このような債権を**立替金**といいます。また，一時的に金銭を預かった場合の債務を**預り金**といいます。なお，立替金は，金銭を貸し付けた場合の貸付金と区別されます。とくに，従業員に対する給料の前貸しは，貸付金ではなく，**従業員立替金**で処理するので気をつけましょう。

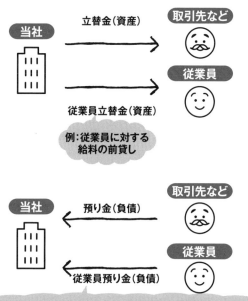

例：所得税, 社会保険料 (健康保険料・厚生年金保険料・雇用保険料 (従業員負担分))

❷ 立替金勘定・預り金勘定への記入

　一時的に金銭を立て替えたときは，**立替金勘定**（資産）を設けて借方に記入し，一時的に金銭を預かったときは，**預り金勘定**（負債）を設けて貸方に記入します。なお，立替金や預り金のうち，従業員に対するものについては，取引先に対するものと区別するため，**従業員立替金勘定**（資産）・**従業員預り金勘定**（負債）で処理します。

企業は，従業員の給料に対して課税される所得税，住民税，従業員が負担すべき健康保険料や厚生年金保険料および雇用保険料（あわせて，社会保険料といいます）を給料から差し引いて預かり，後日これらを国などに納めなければなりません。これらは，給料の支払い時に企業が預かったときに，預り金勘定の貸方に記入しますが，税金や社会保険料など預り金の内容を明確にするために，原則として**所得税預り金勘定**（負債）・**住民税預り金勘定**（負債）・**社会保険料預り金勘定**（負債）で処理します。

　なお，企業は，従業員負担の社会保険料とあわせて，企業自らが負担すべき社会保険料も支払います。この企業負担の社会保険料は，**法定福利費勘定**（費用）を用いて処理します。

例題8－4

　次の取引について仕訳しなさい。
① 従業員に給料の前貸しとして現金¥30,000を渡した。
② 当月分の従業員給料¥155,000の支給に際して，前貸ししてあった¥30,000，所得税の源泉徴収額¥3,000，住民税の源泉徴収額¥5,000および従業員負担の社会保険料¥21,000を差し引き，手取金を現金で支払った。
③ 所得税の源泉徴収額¥3,000と住民税の源泉徴収額¥5,000を税務署に現金で納付した。
④ 社会保険料について，②の従業員負担分と企業負担分¥21,000をまとめて普通預金から支払った。

（☺）**解答へのアプローチ**

　従業員に対する給料の前貸しは貸付金で処理せず，従業員立替金で処理します。

①	（借）	従業員立替金	30,000	（貸）	現　　　　金	30,000
②	（借）	給　　　　料	155,000	（貸）	従業員立替金	30,000
					所得税預り金	3,000
					住民税預り金	5,000
					社会保険料預り金	21,000
					現　　　　金	96,000
③	（借）	所得税預り金	3,000	（貸）	現　　　　金	8,000
		住民税預り金	5,000			
④	（借）	社会保険料預り金	21,000	（貸）	普 通 預 金	42,000
		法 定 福 利 費	21,000			

練習問題 8-3

次の取引について仕訳しなさい。

① 従業員負担の食事代¥3,000と生命保険料¥15,000を立て替えて支払っていたが，本日，従業員から¥18,000を現金で受け取った。

② 当月分の従業員給料¥220,000の支給に際して，所得税の源泉徴収額¥10,000，住民税の源泉徴収額¥12,000および従業員負担の社会保険料¥18,000を差し引き，残額（従業員手取金）を普通預金から支払った。

③ 社会保険料について，従業員負担分¥18,000と当社負担分¥18,000を普通預金から支払った。

⇒ 解答は267ページ

4 仮払金・仮受金

❶ 仮払金・仮受金の意義

現金などの支払いはあったものの，その時点では相手側の勘定科目（借方側）または金額を確定することができない場合があります。このような内容または金額が未確定な現金などの支払額を**仮払金**といいます。また，現金などの受取りはあったものの，その時点では相手勘定（貸方側）または金額を

確定することができない場合があります。このような内容または金額が未確定な現金などの受取額を**仮受金**といいます。

❷ 仮払金勘定・仮受金勘定への記入

　現金などの支出はあったものの，その内容または金額が確定できないときは，一時的に，**仮払金勘定**（資産）の借方に記入しておきます。また，現金などの収入はあったものの，その内容または金額が確定できないときは，一時的に，**仮受金勘定**（負債）の貸方に記入しておきます。後日，その内容および金額が確定したときに，仮払金勘定・仮受金勘定からそれぞれ該当する勘定へ振り替えます。

　近年では，旅費交通費などの支払いをICカードを利用して行うことが増えています。たとえば，事業用のICカードに当面の旅費交通費の概算額を入金（チャージ）したときにも，仮払金勘定を用います。後日，実際に旅費交通費が生じ，ICカードによって支払いを行ったときに，その額を仮払金勘定から旅費交通費勘定に振り替えます。

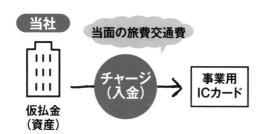

例題8-5

　次の連続する取引について仕訳しなさい。

① 従業員の出張にあたり，旅費交通費の概算額¥100,000を現金で渡した。

② 出張中の従業員から普通預金口座に¥60,000の振込みがあったが，その内容は不明である。

③ 従業員が出張から帰り，上記②の送金は愛知商店に対する売掛金の回収分であることが判明した。

④ 旅費交通費を精算したところ，残金が¥8,000あり，従業員から現金で受

け取った。

現金を支払ったり，受け取ったりした時点では，とりあえず仮払金勘定・仮受金勘定で処理しておき，その後，内容・金額が確定した時点で適切な科目に振り替えます。

[解　答]……………………………………………………………………………………

①	（借）	仮 払 金	100,000	（貸）	現　　　金	100,000
②	（借）	普 通 預 金	60,000	（貸）	仮 受 金	60,000
③	（借）	仮 受 金	60,000	（貸）	売 掛 金	60,000
④	（借）	旅 費 交 通 費	92,000	（貸）	仮 払 金	100,000
		現　　　金	8,000			

例題8－6

次の連続する取引について仕訳しなさい。

① 事業用のICカードに現金¥5,000を入金した。

② 従業員が上記①のICカードによって，地下鉄の料金¥800を支払った。

③ 従業員が上記①のICカードによって，消耗品費（ボールペン）¥500を支払った。

ICカードへの入金額は，仮払金勘定を用いて処理します。

[解　答]……………………………………………………………………………………

①	（借）	仮 払 金	5,000	（貸）	現　　　金	5,000
②	（借）	旅 費 交 通 費	800	（貸）	仮 払 金	800
③	（借）	消 耗 品 費	500	（貸）	仮 払 金	500

練習問題 8-4

次の連続する取引について仕訳しなさい。

① 社員の出張にあたり，旅費交通費の概算額¥70,000を現金で渡した。

② 出張先の社員から，当社の当座預金口座に¥1,700,000の振込みがあったが，その内容は不明である。

③ 社員が出張から戻り，上記②の振込額の内訳は，売掛金¥1,600,000の回収と商品注文の手付金¥100,000であることが判明した。

④ 旅費交通費を精算したところ，概算額が少なく，不足分¥14,000を現金で渡した。

➡ 解答は268ページ

練習問題 8-5

次の取引について仕訳しなさい。

① 本日，出張先の社員から，当社の当座預金口座に¥100,000の振込みがあった。このうち¥30,000については得意先から受け取った手付金であることがすぐに判明したが，残額の詳細は不明である。

② 役員から当社の普通預金口座に¥120,000が振り込まれてきたが，現時点ではその詳細は不明である。

③ 上記②の入金は，役員からの借入金であることが判明した。

➡ 解答は268ページ

5 受取商品券

商品の売上時に代金として他社や自治体などが発行した商品券を受け取ったときは，受け取った商品券を**受取商品券勘定**（資産）を用いて処理します。

受取商品券は，その商品券を発行した企業や自治体に対する債権を意味するため，受け取ったときに受取商品券勘定の借方に記入し，決済を行ったときに貸方に記入します。

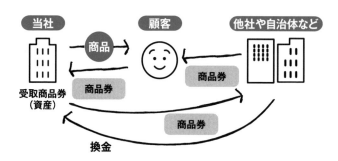

例題8-7

次の取引について仕訳しなさい。

① 商品¥40,000を売り渡し，代金のうち¥30,000はＡ市が発行した商品券で，残額は現金で受け取った。

② 商品¥60,000を売り渡し，代金のうち¥40,000はＢ百貨店の商品券で，残額は現金で受け取った。

③ Ａ市発行の商品券¥30,000の決済を請求し，同額が当社の普通預金口座に振り込まれた。

☺**解答へのアプローチ**

商品の販売時に，他社や自治体が発行した商品券を受け取ったときは，後日，発行した企業や自治体に対して商品券と引き換えに商品代金を回収する権利が生じるので，受取商品券勘定（資産）で処理します。

[解　答]..

①	（借）	受取商品券	30,000	（貸）	売　　上	40,000
		現　　金	10,000			
②	（借）	受取商品券	40,000	（貸）	売　　上	60,000
		現　　金	20,000			
③	（借）	普通預金	30,000	（貸）	受取商品券	30,000

練習問題 8−6

次の取引について仕訳しなさい。

① 商品¥19,800を売り渡し，代金はX社が発行した商品券¥20,000で受け取り，おつりは現金で支払った。

② 商品¥70,000を販売し，うち¥30,000はY市発行の商品券，¥25,000はかねて当社が買掛金を決済するために振り出した小切手で受け取り，残額は月末に受け取ることにした。

③ 上記①で受け取ったX社が発行した商品券¥20,000をX社に対して決済の請求を行い，同額が当社の普通預金口座に振り込まれた。

➡ 解答は269ページ

6 差入保証金 ....

土地（建設用地，駐車場など）や建物（部屋やフロアなど，建物の一部分を含む）などの賃借にあたり，敷金などの名目で保証金を差し入れることがあります。保証金は，通常，原状回復のための諸費用を補てんするなどのために減額される部分を除き，差入元に返還されます。このため，保証金を支払ったときは，**差入保証金勘定**（資産）を用いて処理します。

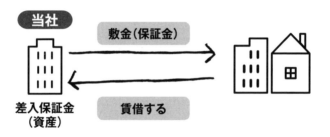

当社

敷金（保証金）

差入保証金
（資産）

賃借する

次の取引について仕訳しなさい。

① 当社は，事務所用の不動産を賃借するために，敷金（保証金）¥100,000
を現金で支払った。

② 不動産の賃貸借契約を解約し，契約時に支払っていた敷金（保証金）
¥100,000について，修繕費¥20,000を差し引かれた残額が普通預金口座に
振り込まれた。

解答へのアプローチ

不動産の賃借にあたって支払われる敷金（保証金）は，差入保証金勘定を用
いて処理します。

[解 答]‥‥‥‥‥‥‥‥‥‥‥‥‥‥‥‥‥‥‥‥‥‥‥‥‥‥‥‥‥‥‥‥‥‥‥

① （借）差入保証金 100,000 （貸）現 金 100,000
② （借）修 繕 費 20,000 （貸）差入保証金 100,000
　　　 普 通 預 金 80,000

138

次の連続する取引について仕訳しなさい。

① 当社（株式会社福島商会）は，駐車場の賃貸借契約を締結し，下記
の振込依頼書どおりに普通預金口座から振り込んだ。

振 込 依 頼 書

株式会社福島商会　御中

株式会社宮城不動産
発行日　X1年8月31日

以下の合計金額を下記口座へお振込みください。

敷金	¥50,000
9月分駐車場代	¥80,000
仲介手数料	¥20,000
	¥150,000

南東北銀行　仙台支店　普通　XXXXXXX　カ）ミヤギフドウサン

---

② 駐車場の賃貸借契約の満了にともない，契約時に支払っていた敷金
（保証金）¥50,000について，日割計算した未払いの本月分地代¥7,000
を差し引かれた残額が当座預金口座に振り込まれた。

③ 建物の賃貸借契約を解約し，契約時に支払っていた敷金（保証金）
¥400,000について，修繕にかかった¥160,000を差し引かれた残額が普
通預金口座に振り込まれた。

⇒ 解答は269ページ

8

その他の債権と債務

139

第9章

受取手形と支払手形

学習のポイント

1. 振出人（支払人）が約束手形を振り出したときは，支払手形勘定の貸方に記入します。また，受取人が約束手形を受け取ったときは，受取手形勘定の借方に記入します。

2. 手形取引によって生じる手形債権・手形債務の増減を記録する補助簿として受取手形記入帳と支払手形記入帳が利用されます。

3. 手形を用いて金銭の貸し借りを行ったときは，手形貸付金勘定・手形借入金勘定で処理します。

4. 電子記録債権の記録請求を電子債権記録機関に行ったときは，債権者は電子記録債権勘定で，債務者は電子記録債務勘定で処理します。

1 手形の振出し・受入れと手形代金の支払い・取立て

❶ 手形の種類

　商品の仕入代金を支払ったり，売上代金を回収したりするための手段として，現金や小切手などのほかに手形が用いられる場合があります。手形には，**約束手形**（「約手」と略す場合があります）と**為替手形**（「為手」と略す場合があります）の2種類があります。こんにち，為替手形を利用することはほとんどなくなっているので，以下では約束手形について説明することにします。

　約束手形は，手形の振出人（支払人）が手形代金の名宛人（受取人）に対し，一定の期日（満期日）に手形代金を支払うことを約束した証券です。約束手形の発行にともなって生じる債権・債務は**受取手形勘定**（資産）・**支払手**

140

形勘定（負債）で処理します。

★**名宛人**：手形表面に記載されている手形を名宛てされている者をいいます。約束手形の名宛人は手形債権の受取人です。

●約束手形の振出し

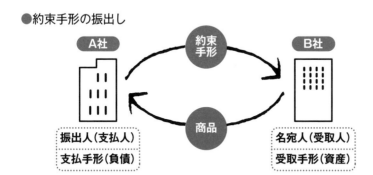

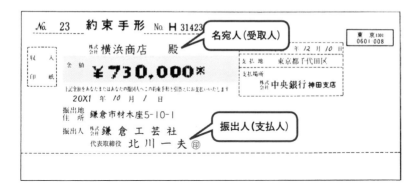

❷ 約束手形の振出しと受取りの処理

約束手形の振出しと受取りは，次のように処理します。

① 約束手形を振り出したときの仕訳（商品¥30,000を仕入れた場合）

（借）	仕 入	30,000	（貸）	支 払 手 形	30,000

② 約束手形を受け取ったときの仕訳（商品¥30,000を売り上げた場合）

（借）	受 取 手 形	30,000	（貸）	売 上	30,000

❸ 約束手形の代金の支払いと取立ての処理

約束手形の代金の支払いと取立ては，次のように処理します。

① 約束手形の代金¥30,000を支払ったときの仕訳

（借）支 払 手 形	30,000	（貸）当 座 預 金	30,000

手形金額の取立ては取引銀行を通じて行われることが一般的であるため，当座預金の減少としています。

② 約束手形の代金¥30,000を取り立てたときの仕訳（当座預金に入金された場合）

（借）当 座 預 金	30,000	（貸）受 取 手 形	30,000

例題９－１

次の取引の仕訳を，広島商店・島根商店の両方について示しなさい。

① 広島商店は，島根商店から商品¥80,000を仕入れ，代金として約束手形¥80,000を振り出して島根商店へ渡した。

② 島根商店は，かねて取立てを依頼しておいた広島商店振出しの約束手形¥80,000を当座預金に入金した旨，期日に取引銀行から通知を受けた。

解答へのアプローチ

1 約束手形の振出し・受入れは，支払手形勘定・受取手形勘定で処理します。

2 銀行に約束手形の取立てを依頼して入金があったときには，振出人（支払人）の当座預金が減少します。

[解　答]……………………………………………………………………………

① （広島商店の仕訳）

（借）仕　　　入 80,000 （貸）支 払 手 形 80,000

（島根商店の仕訳）

（借）受 取 手 形 80,000 （貸）売　　　上 80,000

② （広島商店の仕訳）

（借）支 払 手 形 80,000 （貸）当 座 預 金 80,000

> （島根商店の仕訳）
>
> （借）　当 座 預 金　80,000　（貸）　受 取 手 形　80,000

練習問題 9-1

次の取引について，大阪商店と秋田商店の仕訳を示しなさい。

① 大阪商店は，秋田商店に商品¥400,000を販売し，代金のうち¥250,000は秋田商店振出し，大阪商店受取りの約束手形で受け取り，残額は掛けとした。なお，大阪商店は，商品の発送にあたって，発送運賃¥1,500（大阪商店負担）を現金で支払った。

② 上記①の手形について，大阪商店の当座預金口座と秋田商店の当座預金口座間で決済が行われた。

⇒ 解答は270ページ

2 受取手形記入帳と支払手形記入帳

手形の受取り・振出しなどによって手形債権・手形債務が発生したとき，および手形の決済によって手形債権・手形債務が消滅したときには受取手形勘定・支払手形勘定に記入しますが，これらの勘定記入のみでは，その手形の詳しい内容が明らかになりません。そこで，個々の手形の詳しい内容（手形の種類，手形番号，摘要，支払人・受取人・振出人の名称，振出日，満期日，支払場所，金額，決済までのてん末など）を記録する補助簿として**受取手形記入帳**と**支払手形記入帳**が用いられます。

例題9-2

次の取引について仕訳し，受取手形記入帳と支払手形記入帳に記入しなさい。

9月2日　三重商店に商品¥150,000を売り渡し，代金は同社振出しの約束手形（#15）で受け取った。

　　　　振出日　9月2日　　満期日　10月2日　　支払場所　東名銀行

　　4日　千葉商店から商品¥750,000を仕入れ，代金は約束手形（#3）を振り出して支払った。

振出日　9月4日　　満期日　10月26日　　支払場所　関越銀行

　　9日　仕入先埼玉商店に対する買掛金¥430,000を支払うため，約束手形（＃22）を振り出して同社に渡した。

振出日　9月9日　　満期日　11月20日　　支払場所　関越銀行

　16日　横浜商店から売掛代金として，同社振出しの約束手形（＃13）¥180,000を受け取った。

振出日　9月16日　　満期日　11月16日　　支払場所　中央銀行

10月2日　取引銀行から，三重商店振出しの約束手形（＃15）¥150,000が決済され，当座預金に入金された旨通知があった。

　26日　千葉商店宛ての約束手形（＃3）¥750,000が満期となり，当座預金口座から引き落とされた。

11月16日　取引銀行から，横浜商店振出しの約束手形（＃13）¥180,000が決済され，当座預金に入金された旨通知があった。

😊 解答へのアプローチ

1　手形記入帳の日付欄には手形の受取日・振出日を記入します。

2　手形種類欄には手形の種類を略記（約束手形＝約手）します。

3　てん末欄には手形債権・手形債務が消滅したとき，その原因（受取手形であれば入金，支払手形であれば支払）を記入します。

［解　答］‥‥‥‥‥‥‥‥‥‥‥‥‥‥‥‥‥‥‥‥‥‥‥‥‥‥‥‥‥‥‥

9月2日	（借）受 取 手 形	150,000	（貸）売　　　　上	150,000
4日	（借）仕　　　　入	750,000	（貸）支 払 手 形	750,000
9日	（借）買 掛 金	430,000	（貸）支 払 手 形	430,000
16日	（借）受 取 手 形	180,000	（貸）売 掛 金	180,000
10月2日	（借）当 座 預 金	150,000	（貸）受 取 手 形	150,000
26日	（借）支 払 手 形	750,000	（貸）当 座 預 金	750,000
11月16日	（借）当 座 預 金	180,000	（貸）受 取 手 形	180,000

手形債務の支払人を記入します

消滅の原因を記入します

受取手形記入帳

X1年		手形種類	手形番号	摘要	支払人	振出人	振出日		満期日		支払場所	手形金額	てん末		
							月	日	月	日			月	日	摘要
9	2	約手	15	売上	三重商店	三重商店	9	2	10	2	東名銀行	150,000	10	2	入金
	16	約手	13	売掛金	横浜商店	横浜商店	9	16	11	16	中央銀行	180,000	11	16	入金

手形債権の受取人を記入します

消滅の原因を記入します

支払手形記入帳

X1年		手形種類	手形番号	摘要	受取人	振出人	振出日		満期日		支払場所	手形金額	てん末		
							月	日	月	日			月	日	摘要
9	4	約手	3	仕入	千葉商店	当社	9	4	10	26	関越銀行	750,000	10	26	支払
	9	約手	22	買掛金	埼玉商店	当社	9	9	11	20	〃	430,000			

練習問題 9−2

　次の帳簿の名称を（　　）の中に記入し，あわせてこの帳簿に記録されている諸取引を日付順に仕訳しなさい。

（　　　　　　　　　　　　　　　）

X1年		手形種類	手形番号	摘要	支払人	振出人	振出日		満期日		支払場所	手形金額	てん末		
							月	日	月	日			月	日	摘要
5	15	約手	11	売掛金	東北商店	東北商店	5	15	8	10	東北銀行	300,000	8	10	取立(当座預金とする)
6	20	約手	24	売掛金	北陸商店	北陸商店	6	20	9	25	北陸銀行	450,000			

➡ 解答は270ページ

3 手形貸付金と手形借入金 ·····················

　金銭の貸し借りにあたり，借用証書の代わりに約束手形が振り出されることがあります。このような手形は，これまで説明したような商品売買などの商取引にともなって振り出される手形を商業手形というのに対して**金融手形**

とよばれます。金融手形は，商品代金の決済のために振り出されるものではなく，実質的な金銭の貸し借りに他ならないので，簿記上も商業手形とは区別して，**手形貸付金勘定**（資産）・**手形借入金勘定**（負債）で処理します。ただし，手形貸付金は通常の貸付けの場合と同じく貸付金勘定で，手形借入金は通常の借入れの場合と同じく借入金勘定で処理する場合もあります。仕訳を示すと，次のようになります。

① 現金の借入れにあたり約束手形¥70,000を振り出した場合

（借） 現　　　　金	70,000	（貸） 手 形 借 入 金	70,000
		（または借入金）	

② 現金の貸付けにあたり約束手形¥70,000を受け取った場合

（借） 手 形 貸 付 金	70,000	（貸） 現　　　　金	70,000
（または貸付金）			

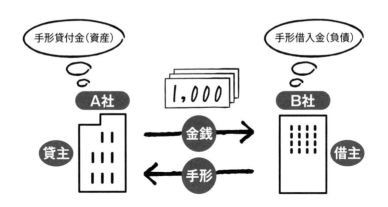

例題9−3

次の取引について仕訳しなさい。

① 福井商店に¥200,000を貸し付け，同額の約束手形を受け取った。なお，利息¥3,000を差し引いた残額につき小切手を振り出した。

② 上記①の約束手形につき，満期日が到来し，福井商店から現金¥200,000の返済を受けた。

③ 土地を担保として銀行から¥1,500,000を借り入れ，同額の約束手形を振り出すとともに，利息を差し引かれた手取金を当座預金とした。借入期間は219日，年利率は2％である。なお，利息は1年を365日として日割計算する。

😊解答へのアプローチ）

利息の計算は，借入金額×年利率× $\dfrac{借り入れる日数}{365日}$ で計算します。

[解　答]‥‥‥‥‥‥‥‥‥‥‥‥‥‥‥‥‥‥‥‥‥‥‥‥‥‥‥‥‥‥‥‥‥‥

① （借）手形貸付金 200,000 （貸）当座預金 197,000
　　　　　　　　　　　　　　　　受取利息 3,000

② （借）現　　金 200,000 （貸）手形貸付金 200,000

③ （借）当座預金 1,482,000 （貸）手形借入金 1,500,000
　　　　支払利息 18,000

＊ 手形貸付金・手形借入金はそれぞれ貸付金・借入金でもかまいません。

基本 word

★**担保**：資金を貸し付けたとき，将来の返済が行われずに損失を被ることのないように，あらかじめ債務者から土地や有価証券などを差し入れてもらうことがあります。このような行為を担保といいます。担保として差し入れた資産は，あくまで債務者の資産のままですので，債務者において資産の減少の記帳をする必要はありません。

次の取引について仕訳しなさい。

① 岡山商店に¥300,000を貸し付け，同額の約束手形を受け取った。なお，利息¥4,000を差し引いた残額を小切手振出しにより支払った。

② 日本商工銀行から¥3,000,000を約束手形を振り出して借り入れ，利息を差し引かれ，手取金を当座預金とした。なお，借入期間は219日，利率は年１％である（利息は１年を365日として日割計算する）。

➡ 解答は271ページ

4 電子記録債権と電子記録債務 ·····························

手形に代わる決済手段として普及しはじめているのが電子記録債権です。電子記録債権を使うと，電子債権記録機関において債権を電子的に記録してもらうことによって，その発生や決済をペーパーレスで行うことができます。企業にとっては，手形決済で必要となる印紙税や郵送代などが節約できるうえに，保管に係るリスクを回避できることや期日が到来すれば自動で決済が行われるなどのメリットがあります。

電子記録債権の登録は，取引銀行を通じて，債権者からも債務者からも行うことができます。電子記録債権の登録が行われると，取引の相手方に通知されます。あとは，支払期日が到来すれば，自動的に銀行口座を通じた決済が行われます。

たとえば，債権者たるＡ社がＢ社に対する債権の発生記録の請求を取引銀行のＸ銀行を通じて行います。Ｂ社は，取引銀行のＹ銀行を通じて債務の発生記録の通知を受け，これを承諾します。Ａ社は，発生記録が行われた債権を**電子記録債権勘定**（資産）を用いて処理します。Ｂ社は，発生記録が行われた債務を**電子記録債務勘定**（負債）を用いて処理します。後日，支払期日が到来すると，銀行口座間で決済が行われますので，Ａ社とＢ社は，それぞれ電子記録債権と電子記録債務の決済の処理を行います。

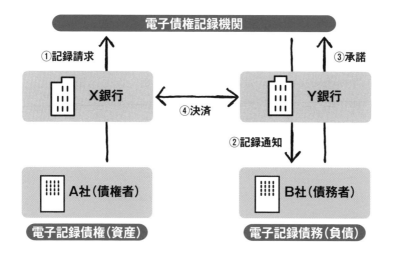

例題9-4

次の取引について、A社とB社のそれぞれの仕訳を示しなさい。

① A社は、B社に商品¥50,000を売り渡し、代金は掛けとした。

② A社は、取引銀行X銀行を通じて、B社に対する売掛金¥50,000について、電子債権記録機関に対して電子記録債権の発生記録の請求を行った。B社は、電子債権記録機関から、電子記録債務の発生記録の通知を受け、これを承諾した。

③ 電子記録債権の支払期日が到来し、A社の普通預金口座とB社の当座預金口座の間で決済が行われた。

😊 解答へのアプローチ

債権者であるA社は電子記録債権勘定を用いて、債務者であるB社は電子記録債務勘定を用いて、それぞれ処理します。

［解 答］··

A社の仕訳

① （借）売　掛　金　　50,000　　（貸）売　　　　上　　50,000

② （借）電子記録債権　50,000　　（貸）売　掛　金　　50,000

③ （借）普　通　預　金　50,000　　（貸）電子記録債権　50,000

B社の仕訳

① （借）仕　　　　入　　50,000　　（貸）買　掛　金　　50,000

② （借）買　掛　金　　50,000　　（貸）電子記録債務　50,000

③ （借）電子記録債務　50,000　　（貸）当　座　預　金　50,000

練習問題 9-4

次の取引について仕訳しなさい。

① 当社は，神奈川商店に対する売掛金¥100,000について，電子債権記録機関に債権の発生記録の請求を行った。

② 上記①の電子記録債権が決済され，¥100,000が当社の当座預金口座に振り込まれた。

③ 当社は，静岡商店に対する買掛金¥60,000について，取引銀行を通じて電子記録債務の発生記録の通知を受け，これを承諾した。

④ 上記③の電子記録債務が決済され，¥60,000が当座預金口座から引き落とされた。

➡ 解答は271ページ

第10章 有形固定資産

学習のポイント

1. 有形固定資産とは，建物，備品，車両運搬具，土地など，長期にわたって使用するために保有する具体的な形態をもった固定資産です。

2. 有形固定資産を購入した場合には，その取得原価は，買入価額に仲介手数料や引取運賃などの付随費用を加算した額とします。

3. 有形固定資産を購入した後に，その固定資産について金銭を支出した場合には，取得原価を増加させる資本的支出の処理と，支出した期の修繕費として扱う収益的支出の処理があります。

4. 有形固定資産については，決算時に，使用または時の経過にともなう当期中の価値の減少分を当期の費用として計上する減価償却を行います。減価償却の計算方法には，取得原価から残存価額を差し引いた金額を耐用年数にわたり均等に配分する定額法などがあります。また，減価償却の記帳にあたっては，有形固定資産を表す諸勘定とは別に個々の有形固定資産ごとに減価償却累計額勘定を設ける間接法によることが一般的です。

5. 有形固定資産を売却した場合には，帳簿価額と売却価額との差額を固定資産売却益勘定または固定資産売却損勘定で処理します。

6. 有形固定資産の取得・売却および減価償却に関する明細を記録するため，固定資産台帳が用いられます。

7. 減価償却費の計上については，年次決算において1年分を計上する方法と月次決算において1カ月分ずつ計上する方法とがあります。

1 有形固定資産の取得 ....

❶ 有形固定資産の種類

　固定資産とは，企業が長期にわたって使用するために保有する資産です。これに対して，現金，当座預金，受取手形，売掛金，商品などのように，支払手段に充てられる資産や，主たる営業活動によって取得した資産および決算日の翌日から1年以内に現金化または消費により費用化される資産を**流動資産**といいます。

　固定資産は，有形固定資産，無形固定資産，投資その他の資産の3つに分類されますが，3級では有形固定資産の処理について学習します。

　有形固定資産とは，建物，備品，車両運搬具，土地など，具体的な形態をもった固定資産をいいます。

❷ 有形固定資産の取得原価

　建物，備品，車両運搬具，土地を購入したときは，それぞれの勘定（建物勘定，備品勘定，車両運搬具勘定，土地勘定）を設けて，その借方に取得原価で記入します。有形固定資産の取得原価には，買入価額のほか，仲介手数料，引取運賃，整地費用など，その有形固定資産を使用するまでに要した付随費用が含まれます。

① 建　　物

　事務所，店舗，倉庫などで使用する建物のことです。これらの建物を購入または新築したときは，**建物勘定**（資産）の借方に取得原価（登記料，仲介手数料などを含めます）で記入します。

② 備　　品

　事務所用の机・いす，商品の陳列棚，応接セット，パソコン・コピー機といった事務機器などのことです。これらの備品を購入したときは，**備品勘定**（資産）の借方に取得原価（引取運賃や据付費などを含めます）で記入します。なお，耐用年数（使用可能年数）が1年未満または取得原価が一定金額未満の備品については消耗品費勘定で処理します。

③　車両運搬具

営業用のトラック，乗用車，オートバイなどのことです。これらの車両を購入したときは，**車両運搬具勘定**（資産）の借方に取得原価（登録手数料などを含めます）で記入します。

④　土　地

事務所用，店舗用，倉庫用の敷地など，経営活動において使用することを目的として保有する土地のことです。これらの土地を購入したときは，**土地勘定**（資産）の借方に取得原価（整地費用，仲介手数料などを含めます）で記入します。

❸ 資本的支出と修繕費

有形固定資産を購入した後に，その有形固定資産について金銭を支出した場合，その支出によって当該固定資産の価値が増加し，または耐用年数が延びるときは，その支出額を取得原価に加えます（資産の増加）。このような支出を**資本的支出**といいます。また，その有形固定資産について，現状の機能を維持・回復させるため，通常予定される修理・保守のための支出が行われたときは**修繕費勘定**を設け，その借方に記入して支出した年度の費用として処理します。このような支出を**収益的支出**といいます。

たとえば，建物の増築・改築が行われた場合には，建物という資産の価値の増加または耐用年数の延長をもたらすため，このための支出は資本的支出として建物の取得原価に加算します。一方，建物のガラスが割れたときの補修のための支出は，原状回復のために行われ，本来の建物の価値の増加も耐用年数の延長もとくにもたらさないため，修繕費として処理します。資本的支出として増加した取得原価も，いずれは後で説明する減価償却の手続を通じて費用に計上されるので，この点からみれば，修繕費として処理される場合との違いは，いつ費用に計上されるかという時期の違いということになります。

次の取引について仕訳しなさい。

① 商品の陳列棚を購入し，代金¥350,000は翌月末に支払うこととした。なお，引取運賃・据付費¥8,000は，小切手を振り出して支払った。

② 営業用のトラック1台を購入し，代金¥950,000と登録手数料など¥70,000を小切手を振り出して支払った。

③ 店舗用の建物を購入し，代金¥6,500,000は小切手を振り出して支払い，仲介手数料など¥300,000は現金で支払った。

④ 倉庫用の土地1,200㎡を1㎡当たり¥9,000で購入し，代金は小切手を振り出して支払った。なお，仲介手数料と整地費用¥550,000は現金で支払った。

⑤ 店舗の窓ガラスが破損し，取替えのための費用¥30,000を現金で支払った。

⑥ 店舗の外壁の強化工事を行い，工事費¥250,000を小切手を振り出して支払った。なお，当該工事により店舗の耐用年数が延長される効果が認められた。

☺ 解答へのアプローチ

付随費用は，有形固定資産の取得原価に含めます。資本的支出は，有形固定資産の取得原価に加えます。収益的支出は，修繕費で処理します。

[解答]……………………………………………………………………

①	（借）	備　　　品	358,000	（貸）	未　払　金	350,000
					当 座 預 金	8,000
②	（借）	車両運搬具	1,020,000	（貸）	当 座 預 金	1,020,000
③	（借）	建　　　物	6,800,000	（貸）	当 座 預 金	6,500,000
					現　　　金	300,000
④	（借）	土　　　地	11,350,000	（貸）	当 座 預 金	10,800,000
					現　　　金	550,000
⑤	（借）	修　繕　費	30,000	（貸）	現　　　金	30,000
⑥	（借）	建　　　物	250,000	（貸）	当 座 預 金	250,000

練習問題 10−1

次の取引について仕訳しなさい。

① 営業用の建物¥5,800,000を購入し，代金は小切手を振り出して支払った。なお，不動産業者への手数料¥160,000と登記料¥80,000は現金で支払った。

② 事務使用の目的でパソコン4台を購入し，その代金¥840,000のうち半額は小切手を振り出して支払い，残額は月末に支払う約束である。なお，引取運賃¥6,000は現金で支払った。

➡ 解答は272ページ

2 減価償却 ･･････････････････････････

❶ 減価償却の意義

建物，備品，車両運搬具などの，土地を除く有形固定資産は，使用または時の経過などにともなって次第にその価値が減少します。これを**減価**といいます。そこで決算では，当期中の価値の減少分を当期の費用として計上し，その減価分に相当する金額だけその有形固定資産の価値を減少させる処理を行います。この手続を**減価償却**といい，減価分に相当する金額すなわち減価償却額を**減価償却費**といいます。土地は使用や時の経過などにともなって価値が減少することはないので，減価償却を行いません。

価値が減少していきます

❷ 減価償却費の計算方法

減価償却費の計算方法には，定額法，定率法，級数法，生産高比例法など

がありますが，3級では定額法について学習します。

定額法とは，有形固定資産の耐用年数期間にわたり，毎期同じ額の減価償却費を計上する方法です。定額法では，減価償却費は次の算式で計算します。

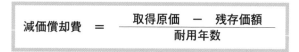

$$減価償却費 \ = \ \frac{取得原価 \ - \ 残存価額}{耐用年数}$$

取得原価…有形固定資産の購入価額と付随費用の合計金額

耐用年数…有形固定資産の見積使用可能年数（または税法で規定された年数）

残存価額…有形固定資産が耐用年数に達したときの見積処分金額

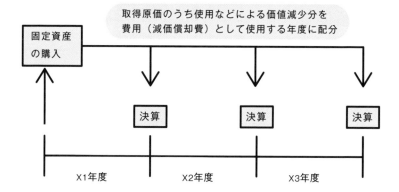

なお，年度の途中で有形固定資産を購入または売却したときの減価償却費は，1年分の減価償却費を月割計算（使用した月数／12カ月）します。

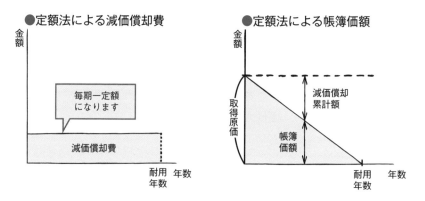

❸ 減価償却の記帳方法

減価償却の記帳にあたっては，当期の減価償却額を**減価償却費勘定**（費用）の借方に記入するとともに，**減価償却累計額勘定**の貸方に記入します。減価償却累計額勘定は，有形固定資産を表す諸勘定に対する控除勘定（**評価勘定**ともいいます）を意味します。このような減価償却累計額勘定を用いた減価償却の記帳方法を**間接法**といいます。減価償却累計額勘定は，有形固定資産の種類ごとに，たとえば建物減価償却累計額勘定，備品減価償却累計額勘定，車両運搬具減価償却累計額勘定として設定されます。

減価償却費勘定は，各有形固定資産の減価償却費を一括して計上するので，有形固定資産ごとの区別は行いません。

減価償却費を計上するつど，減価償却累計額勘定の金額は増加していきますが，間接法による記帳方法では，有形固定資産の諸勘定は取得原価のままとなります。たとえば，建物について減価償却費¥100,000を計上したときの仕訳は，次のとおりです。

（借）　減 価 償 却 費 　　100,000　（貸）　建物減価償却累計額 100,000

有形固定資産の帳簿価額は，次のように各有形固定資産の勘定の借方金額（取得原価）からその有形固定資産の減価償却累計額勘定の貸方合計金額を差し引いて求めます。

> 有形固定資産の帳簿価額　＝　取得原価　－　減価償却累計額

なお，資本的支出によって取得原価が増加した場合には，その部分も含めて残りの耐用年数（残存耐用年数）にわたり減価償却を行います。

★**取得原価・帳簿価額**：有形固定資産にかかる簿記では，取得原価・帳簿価額などの似たような用語が用いられています。これらの意味はそれぞれ次のとおりです。
取得原価…有形固定資産の購入価額と付随費用の合計金額。
帳簿価額…取得原価から減価償却累計額を差し引いた価額。

次の取引について仕訳しなさい。

① 決算（年1回）にあたり，当期首に取得した建物（取得原価¥3,000,000, 耐用年数20年，残存価額ゼロ）について定額法により減価償却を行う（間接法によること）。

② 決算（年1回）にあたり，前期首に取得した備品（取得原価¥350,000, 耐用年数5年，残存価額は取得原価の10%）について定額法により減価償却を行う（間接法によること）。

③ 決算（年1回）にあたり，当期首より2年前に取得した車両運搬具（取得原価¥500,000, 耐用年数10年，残存価額ゼロ）について，定額法により減価償却を行う（間接法によること）。なお，当期首において¥100,000の資本的支出を行っている。

😊 解答へのアプローチ

1 減価償却の記帳にあたっては，減価償却費勘定と減価償却累計額勘定を用います。

2 資本的支出の金額は，残存耐用年数にわたり減価償却します。

3 減価償却費の計算は，次のとおりです。

① 減価償却費 $= \dfrac{¥3,000,000 - ¥0}{20年} = ¥150,000$

② 減価償却費 $= \dfrac{¥350,000 - ¥350,000 \times 0.1}{5年} = ¥63,000$

③ 2年前取得分： $\dfrac{¥500,000 - ¥0}{10年} = ¥50,000$

　　資本的支出分： $\dfrac{¥100,000 - ¥0}{8年} = ¥12,500$

　　合　　　計：¥50,000 + ¥12,500 = ¥62,500

[解　答]‥‥‥‥‥‥‥‥‥‥‥‥‥‥‥‥‥‥‥‥‥‥‥‥‥‥‥‥‥‥‥‥‥‥

① （借）　減 価 償 却 費　　150,000　（貸）　建物減価償却累計額 150,000

② （借）　減 価 償 却 費　　 63,000　（貸）　備品減価償却累計額　63,000

③ （借）　減 価 償 却 費　　 62,500　（貸）　車両運搬具減価償却累計額　62,500

例題10−3

次の取引について仕訳しなさい。

決算（3月31日）にあたり，備品¥350,000につき定額法（耐用年数10年，残存価額はゼロ）により減価償却を行う（間接法で記帳）。なお，¥350,000のうち¥200,000については前年度期首に購入したものであるが，¥150,000は今年度の3月1日に購入し，使用しているもので，今年度購入分については月割りで減価償却費を計上する。

😊**解答へのアプローチ**

前年度取得分については1年分の減価償却費，今年度取得分については月割りにより使用期間1カ月分の減価償却費をそれぞれ求めます。

前年度取得分： $\dfrac{¥200,000 - ¥0}{10年} = ¥20,000$

今年度取得分： $\dfrac{¥150,000 - ¥0}{10年} \times \dfrac{1カ月}{12カ月} = ¥1,250$

前年度取得分と今年度取得分の減価償却費の合計額が，今年度の決算で計上する減価償却費になります。

[解　答]……………………………………………………………………………………

（借）減　価　償　却　費　21,250　（貸）備品減価償却累計額　21,250

練習問題 10−2

次の取引を間接法で仕訳しなさい。

① 決算（年1回）にあたり，当期首に取得したトラック1台（取得原価¥1,500,000，耐用年数5年，残存価額は取得原価の10％）の減価償却を定額法により行う。

② 決算（X7年3月31日）にあたり，X7年1月1日に取得した備品（取得原価¥600,000，耐用年数5年，残存価額ゼロ）の減価償却を定額法で行う。なお，減価償却費は月割計算する。

➡ 解答は272ページ

3 有形固定資産の売却 ……………………………………

　有形固定資産が不用になると，売却されることがあります。その有形固定資産の売却価額と帳簿価額（取得原価から減価償却累計額を控除した額）とが一致しない場合には，売却による売却益または売却損が発生します。売却価額が帳簿価額より高い場合には，貸方にその有形固定資産の勘定の取得原価を，借方に減価償却累計額を記入すると同時に，売却価額と帳簿価額との差額を**固定資産売却益勘定**（収益）の貸方に記入します。反対に，売却価額が帳簿価額より低い場合には，貸方にその有形固定資産の勘定の取得原価を，借方に減価償却累計額を記入すると同時に，売却価額と帳簿価額との差額を**固定資産売却損勘定**（費用）の借方に記入します。

　有形固定資産を期中に売却したときは，期首から売却日までの減価償却費を月割りで計上します。この場合，売却時における帳簿価額は，次のようになります。

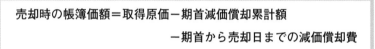

売却時の帳簿価額＝取得原価－期首減価償却累計額

　　　　　　　　　－期首から売却日までの減価償却費

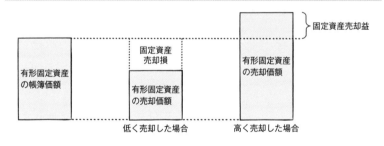

　　　　　　　　低く売却した場合　　　高く売却した場合

例題10－4

　次の取引について仕訳しなさい。

①　店舗用地1,500㎡を 1 ㎡当たり¥6,000で購入し，代金は，整地費用，仲介手数料など¥450,000とともに小切手を振り出して支払った。

②　上記①の店舗用地のうち500㎡を 1 ㎡当たり¥8,000で取引先に売却し，代金は取引先振出しの小切手で受け取った。

③ 取得原価¥250,000，減価償却累計額¥135,000の備品（間接法で記帳）を¥100,000で売却し，代金は月末に受け取ることにした。

④ X7年６月30日に，備品（取得原価¥360,000，残存価額ゼロ，耐用年数６年，期首減価償却累計額¥240,000，減価償却は定額法，間接法で記帳）を¥80,000で売却し，代金は現金で受け取った。なお，当期はX7年４月１日からX8年３月31日までであり，減価償却費は月割計算で計上し，減価償却累計額勘定を経由せずに直接計上すること。

😊 解答へのアプローチ

1 ②は，売却した土地の１㎡当たりの原価を計算し，１㎡当たりの売価から１㎡当たりの原価を引き，これに売却した土地の広さを乗じて売却益を計算します。１㎡当たりの原価の計算において，付随費用を加算することを忘れないようにしましょう。

2 固定資産売却損益の金額は，備品の帳簿価額（取得原価から減価償却累計額を控除した額）から受け取る代金を差し引いて求めます。③の場合には，帳簿価額¥115,000の備品を¥100,000で売却したことになります。

3 期中売却の場合には，固定資産売却損益の金額は，備品の帳簿価額（取得原価から減価償却累計額と期首から売却日までの減価償却費を控除した額）から受け取る代金を差し引いて求めます。

[解　答]

①	（借）	土　　　　地	9,450,000	（貸）	当　座　預　金	9,450,000
②	（借）	現　　　　金	4,000,000	（貸）	土　　　　地	3,150,000
					固定資産売却益	850,000
③	（借）	備品減価償却累計額	135,000	（貸）	備　　　　品	250,000
		未　収　入　金	100,000			
		固定資産売却損	15,000			
④	（借）	備品減価償却累計額	240,000	（貸）	備　　　　品	360,000
		減　価　償　却　費	15,000			
		現　　　　金	80,000			
		固定資産売却損	25,000			

参考までに減価償却累計額を経由する方法は，次のようになります。

（借）	減 価 償 却 費	15,000	（貸）	備品減価償却累計額	15,000
（借）	備品減価償却累計額	255,000	（貸）	備　　　　　品	360,000
	現　　　　　金	80,000			
	固定資産売却損	25,000			

練習問題 10-3

次の取引について仕訳しなさい。なお，減価償却はすべて間接法で記帳されている。

① 備品（取得原価¥600,000，減価償却累計額¥420,000）を¥190,000で売却し，代金は月末に受け取ることにした。

② 取得原価¥500,000，減価償却累計額¥320,000の備品を売却し，代金¥140,000は相手先振出しの小切手で受け取った。

③ X7年8月31日に，備品（取得原価¥900,000，期首減価償却累計額¥600,000）を¥100,000で売却し，代金は現金で受け取った。この備品は耐用年数6年，残存価額ゼロとする定額法で減価償却を行い，間接法で記帳している。なお，当期はX7年4月1日からX8年3月31日までであり，減価償却費は月割計算で計上し，減価償却累計額勘定を経由せずに直接計上すること。

➡ 解答は272ページ

4 固定資産台帳

有形固定資産については，その取得・売却および減価償却に関する明細を記録するため，補助簿（補助元帳）として，**固定資産台帳**が用いられます。

固定資産台帳には，資産の種類，用途，面積・数量，取得年月日，取得価額，耐用年数，残存価額，償却方法などの事項を記入するとともに，取得原価，減価償却累計額，残高（帳簿価額）の動きを記入します。

固定資産台帳の形式にはさまざまなものがありますが，大別すると，固定資産を1件ごとに記録する形式と固定資産の種類ごとに記録する形式があり

ます。

まず，固定資産を1件ごとに記録する形式を示すと，次のとおりです。

なお，決算日は毎年3月31日（1年決算）です。

固 定 資 産 台 帳

種類	建物	取得価額	¥3,000,000
用途	店舗用	耐用年数	20年
面積・数量	120㎡	残存価額	ゼロ
取得年月日	X2年4月1日	償却方法	定額法

年月日			摘　　要	取得原価	減価償却額	残　　高
X2	4	1	当座預金払いで購入	3,000,000		3,000,000
X3	3	31	減 価 償 却 費		150,000	2,850,000
X4	3	31	減 価 償 却 費		150,000	2,700,000

また，固定資産の種類ごとに記録する形式を示すと，次のとおりです。

固 定 資 産 台 帳

取得年月日			種類・用途	耐用年数	期首取得原価	減価償却累計額			期末帳簿価額
						期首残高	当期増減高	期末残高	
X1	4	1	備品A	5年	3,000,000	1,200,000	600,000	1,800,000	1,200,000
X2	4	1	備品B	4年	1,000,000	250,000	250,000	500,000	500,000
X3	10	1	備品C	5年	2,500,000		250,000	250,000	2,250,000

例題10-5

次の固定資産台帳を完成させ，各日付における仕訳を示しなさい。減価償却の記帳は，間接法によること。なお，当社の決算日は，各年3月31日である。

固 定 資 産 台 帳

種類	備品	取得価額	¥900,000
用途	店舗陳列棚	耐用年数	5年
面積・数量	1台	残存価額	ゼロ
取得年月日	X1年7月1日	償却方法	定額法

年月日		摘　　要	取 得 原 価	減価償却額	残　　　高
X1	7	1	普通預金払いで購入	900,000		900,000
X2	3	31	減 価 償 却 費		( )	( )
X3	3	31	減 価 償 却 費		( )	( )

☺ 解答へのアプローチ

　年度の途中に購入した有形固定資産の減価償却費の計算は，年額の減価償却費を月割計算することによって行います。

　各年度の減価償却費は，次のとおりです。

X1年度の減価償却費

$$¥900,000 ÷ 5 年 × \frac{9 カ月（X1/7/1～X2/3/31）}{12 カ月} = ¥135,000$$

X2年度の減価償却費

　¥900,000 ÷ 5 年 = ¥180,000

固定資産台帳は，次のようになります。

固 定 資 産 台 帳

年月日		摘　　要	取 得 原 価	減価償却額	残　　　高
X1	7	1	普通預金払いで購入	900,000		900,000
X2	3	31	減 価 償 却 費		(135,000)	(765,000)
X3	3	31	減 価 償 却 費		(180,000)	(585,000)

［解　答］……………………………………………………

X1/7/ 1 （借）備　　　　　品 900,000 　（貸）普 通 預 金 900,000

X2/ 3 /31 （借）減 価 償 却 費 135,000 　（貸）備品減価償却累計額 135,000

X3/ 3 /31 （借）減 価 償 却 費 180,000 　（貸）備品減価償却累計額 180,000

練習問題 10−4

　次の固定資産台帳にもとづいて，①X2年 3 月31日およびX2年 4 月 1 日における仕訳を示しなさい。また，②X3年 3 月31日に，この建物を¥1,600,000で売却し，現金を受け取った場合の仕訳を示しなさい。なお，資本的支出にかかる減価償却は残存耐用年数により行うこと。当社の決

算日は，各年3月31日である。

固 定 資 産 台 帳

種類	建物	取得価額	¥2,000,000
用途	営業所用	耐用年数	10年
面積・数量	60㎡	残存価額	ゼロ
取得年月日	X1年4月1日	償却方法	定額法

年月日			摘　　要	取 得 原 価	減価償却額	残　　　高
X1	4	1	普通預金払いで購入	2,000,000		2,000,000
X2	3	31	減 価 償 却 費		(　　　　)	(　　　　)
X2	4	1	普通預金払いで資本的支出	270,000		(　　　　)
X3	3	31	減 価 償 却 費		(　　　　)	(　　　　)

➡ 解答は273ページ

5 年次決算と月次決算 ···

　有形固定資産の減価償却の手続は，決算整理手続として行われますが，通常，①年度ごとに決算日の日付で行う方法（年次決算）と②月次ごとに月末の日付で行う方法（月次決算）があります。

　たとえば，X1年度（X1年4月1日～X2年3月31日）の期首に取得した，取得原価¥1,200,000，残存価額ゼロ，耐用年数5年の備品について減価償却を行うものとします。各年度の減価償却費は，次のように計算されます。

　　各年度の減価償却費＝¥1,200,000÷5年＝¥240,000

① 年次決算による場合

　減価償却費は，決算日の日付（各年3月31日）で年1回計上されるので，次のように仕訳されます。

X2/3/31 （借）減価償却費　240,000　　（貸）備品減価償却累計額　240,000

② 月次決算による場合

　各月次の減価償却費は，次のように計算されます。

　　各月次の減価償却費＝¥240,000÷12カ月＝¥20,000

　減価償却費は，各月末の日付で年12回計上されるので，次のように仕訳さ

れます。

| X1/ 4 /30 | （借）減価償却費 | 20,000 | （貸）備品減価償却累計額 | 20,000 |
| 5 /31 | （借）減価償却費 | 20,000 | （貸）備品減価償却累計額 | 20,000 |

⋮

| X2/ 3 /31 | （借）減価償却費 | 20,000 | （貸）備品減価償却累計額 | 20,000 |

　多くの企業では，毎月の経営状態を把握するために，月次決算を行っています。減価償却費を経営上把握しておくことは重要ですので，月次決算を行っている場合は，減価償却費の計上も毎月行う必要があります。

例題10－6

　X2年1月1日において，備品¥1,800,000を購入し，代金は小切手を振り出して支払った。①年次決算を行う場合と②月次決算を行う場合とに分けて，当期（X1年4月1日～X2年3月31日）における減価償却費の計上に関する仕訳を示しなさい（間接法によること）。なお，この備品の減価償却は，残存価額ゼロ，耐用年数8年とする定額法による。

😊**解答へのアプローチ）**

　年次決算では，年度末において当年度分の減価償却費をまとめて計上します。月次決算では，毎月末において1カ月分の減価償却費を計上します。

[解　答]‥‥‥‥‥‥‥‥‥‥‥‥‥‥‥‥‥‥‥‥‥‥‥‥‥‥‥‥‥‥‥‥‥‥‥

① 　年次決算を行う場合

| X2/ 3 /31 | （借）減 価 償 却 費 | 56,250 | （貸）備品減価償却累計額 | 56,250 |

当年度の減価償却費（3カ月分）＝¥1,800,000÷8年×$\frac{3カ月}{12カ月}$＝¥56,250

② 　月次決算を行う場合

| X2/ 1 /31 | （借）減 価 償 却 費 | 18,750 | （貸）備品減価償却累計額 | 18,750 |

当月次の減価償却費（1カ月分）＝¥1,800,000÷8年×$\frac{1カ月}{12カ月}$＝¥18,750

| X2/ 2 /28 | （借）減 価 償 却 費 | 18,750 | （貸）備品減価償却累計額 | 18,750 |
| X2/ 3 /31 | （借）減 価 償 却 費 | 18,750 | （貸）備品減価償却累計額 | 18,750 |

第11章
11
貸倒損失と貸倒引当金

学習のポイント

1. 得意先の倒産などにより，売掛金などの債権が回収できなくなることを貸倒れといいます。

2. 貸倒引当金が設定されていない債権が貸倒れになったときには，貸倒損失勘定の借方に記入します。

3. 決算においては，保有する債権につき，過去の貸倒実績率などにもとづいて貸倒引当金を設定します。

4. 貸倒引当金が設定されている債権が貸倒れになったときには，貸倒引当金を取り崩すとともに債権を減額します。

5. 決算において貸倒引当金を設定する場合，以前に設定した貸倒引当金に残高があるときは差額補充法により処理します。貸倒見積額が貸倒引当金勘定の残高より多い場合には貸倒引当金繰入勘定で，貸倒見積額が貸倒引当金勘定の残高より少ない場合には貸倒引当金戻入勘定で処理します。

6. 過年度において貸倒れとして処理した売掛金などの一部または全部を回収したときは，回収額を償却債権取立益勘定で処理します。

1 貸倒れと貸倒損失

❶ 貸倒れの意義

得意先の倒産などによって，売掛金，受取手形，電子記録債権などの債権を回収できなくなることを**貸倒れ**といいます。

167

❷ 貸倒損失勘定

　たとえば，売掛金¥60,000が貸倒れになったときは，その金額を**貸倒損失勘定**（費用）の借方に記入するとともに，売掛金勘定の貸方に記入して売掛金を減額します。仕訳を示すと，次のようになります。

| （借） | 貸　倒　損　失 | 60,000 | （貸） | 売　　掛　　金 | 60,000 |

② 貸倒れの見積もりと貸倒引当金の設定 ……………

❶ 貸倒れの見積もり

　売掛金などの債権には，貸倒れになる危険性があるので，決算にあたっては，過去の貸倒実績率などにもとづいてその貸倒れの予想額を見積もり，**貸倒引当金**を設定します。売掛金の場合を想定すると，決算時において，売掛金はまだ貸倒れになっていないので，売掛金を直接減額することはできません。そこで，とりあえず，貸倒引当金を設けておき，その後，実際に貸倒れが発生したときに，貸倒引当金を取り崩すとともに売掛金を減額する処理を行います。

★**引当金**：将来の費用または損失の発生に備えてあらかじめ計上される貸方科目のことをいいます。

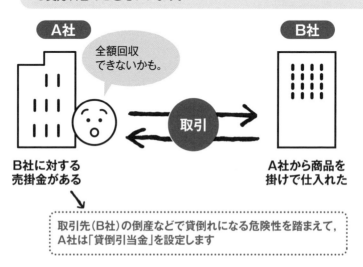

168

決算で貸倒引当金を設定するのは，次期以降に生じるおそれのある貸倒れの原因が，すでに当期に生じていると考えるためです。したがって，将来の貸倒れの費用を当期の費用として認識するべく，**貸倒引当金繰入勘定**（費用）を設けてその借方に見積額を記入するとともに，**貸倒引当金勘定**の貸方に同額を記入して貸倒引当金を設定します。貸倒引当金勘定は，売掛金などの債権に対する間接的な控除項目（**評価勘定**といいます）を意味しています。

なお，実際に貸倒れとなった金額が，貸倒引当金勘定の残高を超える場合には，その超える金額は貸倒損失勘定で処理します。

仕訳を示すと，次のようになります。

① 決算において，貸倒れ¥10,000を見積もった場合

| （借） | 貸倒引当金繰入 | 10,000 | （貸） | 貸倒引当金 | 10,000 |

② 翌期において，売掛金¥7,000が実際に貸し倒れた場合（貸倒れになった金額が貸倒引当金勘定残高¥10,000を超えない場合）

| （借） | 貸倒引当金 | 7,000 | （貸） | 売掛金 | 7,000 |

③ 翌期において，売掛金¥12,000が実際に貸し倒れた場合（貸倒引当金勘定残高¥10,000を超える金額の売掛金が貸倒れになった場合）

| （借） | 貸倒引当金 | 10,000 | （貸） | 売掛金 | 12,000 |
| | 貸倒損失 | 2,000 | | | |

❷ 差額補充法

決算において貸倒引当金を設定するに際して，以前に設定した貸倒引当金に残高がある場合には，期末における貸倒れの見積額と貸倒引当金勘定の残高との差額のみを，新たに貸倒引当金繰入勘定の借方と貸倒引当金勘定の貸方に計上します。この処理方法を**差額補充法**といいます。

なお，決算の時点で，貸倒れの見積額よりも貸倒引当金勘定の残高のほうがすでに多い場合には，貸倒引当金が過大に設定されていることになるので，貸倒引当金勘定の残高が貸倒れの見積額を超える額だけ貸倒引当金を減額するとともに，**貸倒引当金戻入勘定**（収益）の貸方に記入します（貸倒引当金繰入勘定の貸方に記入する方法もあります）。たとえば，戻入¥3,000が生じた場合の仕訳を示すと，次のようになります。

（借）	貸 倒 引 当 金	3,000	（貸）	貸倒引当金戻入	3,000

❸ 償却債権取立益勘定

　過年度に貸倒れとして処理した売掛金などの一部または全部が，当期になって回収される場合があります。この場合には，回収額を**償却債権取立益勘定**（収益）の貸方に記入します。たとえば，現金で¥20,000回収された場合の仕訳を示すと，次のようになります。

（借）	現　　　　　金	20,000	（貸）	償却債権取立益	20,000

例題11-1

　次の取引について仕訳しなさい。

① 得意先に対する当期発生の売掛金¥100,000が貸倒れとなった。

② 第1期の決算にあたり，売掛金残高¥300,000に対して，過去の貸倒実績率にもとづき，5％の貸倒れを見積もった。

③ 得意先に対する売掛金¥9,000が貸倒れとなった。ただし，貸倒引当金勘定の残高が¥15,000ある。

④ 第2期の決算にあたり，売掛金残高¥200,000に対して，過去の貸倒実績率にもとづき，10％の貸倒れを見積もった。ただし，貸倒引当金勘定の残高が¥6,000ある。

⑤ 得意先に対する売掛金¥24,000が貸倒れとなった。ただし，貸倒引当金勘定の残高が¥20,000ある。

⑥ 前期に貸倒れとして処理した売掛金¥9,000のうち，¥7,000を現金で回収した。

解答へのアプローチ

1　貸倒引当金が設定されていない場合に貸倒れが発生したときは，全額を貸倒損失勘定で処理します。

2　貸倒れの見積額が貸倒引当金勘定の残高を上回る場合には，その超過分だけ貸倒引当金を増額します。これにより，結果的には貸倒見積額に相当する貸倒引当金が設定されることになります。

3　貸倒れになった額が，貸倒引当金勘定の残高を上回る場合には，その超過額は貸倒損失勘定で処理します。この超過額の処理は，貸倒引当金が設定されていない場合（上記1）の処理と同じです。

　　貸倒引当金繰入の金額は，次のように求めます。

　②　¥300,000×5％＝¥15,000

　④　¥200,000×10％－貸倒引当金勘定の残高¥6,000（＝¥15,000－¥9,000）
　　＝¥14,000

［解　答］

①	(借)	貸　倒　損　失	100,000	(貸)	売　　掛　　金	100,000
②	(借)	貸倒引当金繰入	15,000	(貸)	貸　倒　引　当　金	15,000
③	(借)	貸　倒　引　当　金	9,000	(貸)	売　　掛　　金	9,000
④	(借)	貸倒引当金繰入	14,000	(貸)	貸　倒　引　当　金	14,000
⑤	(借)	貸　倒　引　当　金	20,000	(貸)	売　　掛　　金	24,000
		貸　倒　損　失	4,000			
⑥	(借)	現　　　　　金	7,000	(貸)	償却債権取立益	7,000

次の連続する取引について仕訳しなさい。

① X1年度の決算にあたって，売掛金残高¥2,800,000に対して3％の貸倒れを見積もった。ただし，貸倒引当金勘定の残高が¥90,000ある。

② X2年度になって，得意先が倒産し，前期から繰り越された売掛金¥75,000が回収不能となった。

③ X2年度の決算にあたって，売掛金残高¥3,100,000に対して3％の貸倒れを見積もった。

④ X3年度になって，得意先が倒産し，前期から繰り越された売掛金¥120,000が回収不能となった。

⑤ X2年度に貸倒れとして処理した売掛金¥75,000のうち，¥55,000を現金で回収した。

⇒ 解答は274ページ

第12章 資本

1. 株式を発行した場合には，株主からの払込額を資本金勘定に計上します。

2. 当期純利益または当期純損失は，損益勘定から繰越利益剰余金勘定に振り替えます。当期純利益は繰越利益剰余金勘定の貸方に，当期純損失は繰越利益剰余金勘定の借方に記入します。

3. 会社が株主総会で配当決議を行った場合には，繰越利益剰余金勘定の借方と未払配当金勘定の貸方に記入します。

4. 会社は，配当を行う場合には，その10分の1に相当する金額を利益準備金として計上します。利益準備金の計上は，繰越利益剰余金勘定の借方と利益準備金勘定の貸方に記入します。

1 株式会社の設立と株式の発行

　株式会社を設立する場合，株主となる者に株式を発行し，金銭等の財産を払い込んでもらいます。株主からの払込額は，**資本金勘定**（資本）を用いて処理します。

　また，株式会社を設立した後においても，新たに資金を調達するために株式を発行する場合（**増資**）があります。この場合においても，株主からの払込額は，資本金勘定を用いて処理します。

　このように，資本金は，株主からの払込額を表しています。資本金の金額は，会社において維持すべき財産の額を表しているので，会社法の定めに従

って，例外的な場合を除き，将来にわたって維持されていきます。

★**株式**：株式とは，株式会社における株主としての地位を表す権利をいいます。株式会社において，株式は，均一に細分化された単位とされます。このことは，株式の流通を容易にしています。株式については，従来，株券という有価証券が発行されていました。現在では，電子化が進み，会社法上も，株券の不発行が原則とされています。

★**会社法**：株式会社は，会社法によって規制されています。とくに，株式会社の資本については，資本金と準備金（資本準備金（2級で学習）と利益準備金）の額を定めることによって，株式会社が株主に対して行う配当などに関する規制が行われています。会社法は，株主に対して支払うことのできる配当の上限（分配可能額）を規制することによって，債権者を保護することを重要な目的の1つとしています。

例題12-1

次の取引について仕訳しなさい。

① 千代田商事株式会社を設立し，株式1,000株を1株当たり¥5,000で発行し，株主からの払込金が普通預金口座に振り込まれた。

② 千代田商事株式会社は，新たに株式300株を1株当たり¥7,000で発行し，株主からの払込金が当座預金口座に振り込まれた。

😊解答へのアプローチ

株主からの払込金は，資本金勘定を用いて処理します。

[解 答]……………………………………………………………………………

①	（借）普 通 預 金	5,000,000	（貸）資 本 金	5,000,000
②	（借）当 座 預 金	2,100,000	（貸）資 本 金	2,100,000

　当期首（X3年4月1日）における資本金勘定を示すと，次のとおりである。

資　本　金	
	X3/4/1　前期繰越　2,000,000

　当期中（X3年10月1日）において，新たに株式500株を1株当たり¥2,000で発行し，株主からの払込金は普通預金とした。

　以上の資料にもとづいて，資本金勘定に記入し，締め切りなさい。決算日はX4年3月31日である。

➡ 解答は275ページ

2　繰越利益剰余金 ·······································

　株式会社は，決算において，収益に属する勘定と費用に属する勘定の金額をすべて損益勘定に振り替えます（損益振替手続）。損益勘定においては，集められた収益と費用の差額として，当期純利益（または当期純損失）が計算されます。

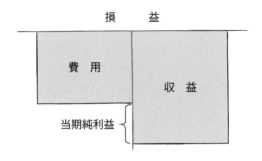

　この当期純利益（または当期純損失）は，決算において，貸借対照表における資本の勘定に振り替えられ，翌期に繰り越されます。この手続は，株式

会社においては，損益勘定における差額としての当期純利益（または当期純損失）を**繰越利益剰余金勘定**（資本）に振り替えることによって行われます（資本振替手続）。

　繰越利益剰余金は，資本金と区別されることによって，企業の経済活動から獲得された成果である各期の当期純利益の合計額を意味しています。繰越利益剰余金は，**3**で述べる配当の源泉となります。

❶ 当期純利益を繰越利益剰余金勘定に振り替える場合

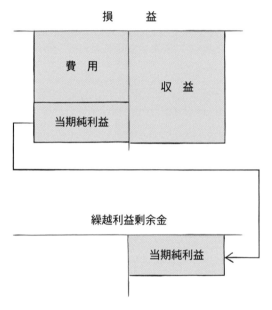

　たとえば，損益勘定に振り替えられた収益の総額が¥3,000,000，費用の総額が¥2,400,000であったとすると，当期純利益の額は¥3,000,000－¥2,400,000＝¥600,000になります。資本振替手続の仕訳（資本振替仕訳）は，次のようになります。

| （借）損 | 益 | 600,000 | （貸）繰越利益剰余金 | 600,000 |

❷ 当期純損失を繰越利益剰余金勘定に振り替える場合

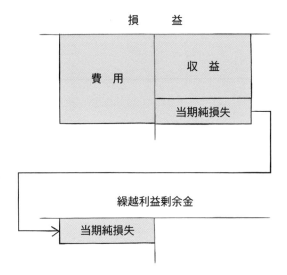

逆に，収益よりも費用が大きくなって，たとえば当期純損失が¥400,000生じた場合には，損益勘定から繰越利益剰余金勘定への資本振替仕訳は，次のようになります。

| （借） | 繰越利益剰余金 | 400,000 | （貸） | 損 | 益 | 400,000 |

例題12-2

次の振替手続きについて仕訳しなさい。

① 株式会社A社は，決算の結果，収益¥2,000,000と費用¥1,200,000をそれぞれ計上した。当期純利益を繰越利益剰余金勘定に振り替える。

② 株式会社B社は，決算の結果，収益¥2,000,000と費用¥2,200,000をそれぞれ計上した。当期純損失を繰越利益剰余金勘定に振り替える。

練習問題 12-2

　損益振替仕訳を行った後の損益勘定と繰越利益剰余金勘定は，次のとおりであった。

		損	益			
X4/3/31	仕　　　入	300,000	X4/3/31	売　　　上	700,000
〃	広告宣伝費	100,000	〃	受取地代	50,000
〃	支払家賃	120,000			

	繰越利益剰余金			
		X3/4/1	前期繰越	200,000

　上記の資料にもとづいて，①資本振替仕訳を示し，②損益勘定と繰越利益剰余金勘定に転記して，締め切りなさい。

➡ 解答は275ページ

3　配　当 ‥‥‥‥‥‥‥‥‥‥‥‥‥‥‥‥‥‥‥‥‥‥‥‥‥‥‥‥‥‥‥

❶ 配当の決議

　株式会社は，獲得した繰越利益剰余金の中から，一部を株主に**配当**の形で分配することができます。

会社法は，債権者を保護する観点から，株主へ支払う配当の額を規制しています。基本的に，配当は，会社が過去に計上した当期純利益（または当期純損失）の累計額である繰越利益剰余金から行う必要があります。

　配当は，通常，株主総会の決議によって行われます。株主総会において配当に関する決議が行われたときは，繰越利益剰余金を減額し，同額を**未払配当金勘定**（負債）に計上します。未払配当金は，後日，その額が預金口座から引き落とされることによって決済されます。

❷ 利益準備金の計上

　会社法は，配当を行うごとに，その額の10分の1を**利益準備金**として計上することを要求しています。利益準備金も，資本金と同様，原則として配当の源泉とすることはできません。会社法は，会社が配当を行うごとに利益準備金の計上を要求することによって，会社財産の過度の流出が生じないようにしています。

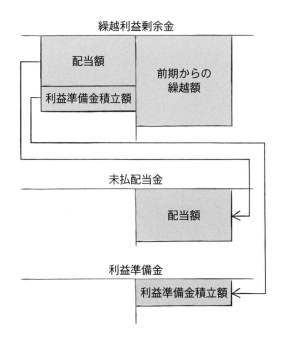

たとえば，繰越利益剰余金から¥300,000の配当決議を行った場合，¥30,000を利益準備金として計上しなければなりません。この仕訳は，次のようになります。

（借）	繰越利益剰余金	330,000	（貸）	未 払 配 当 金	300,000
				利 益 準 備 金	30,000

　なお，配当が普通預金口座から支払われたときの仕訳は，次のようになります。

（借）	未 払 配 当 金	300,000	（貸）	普 通 預 金	300,000

配当を行うごとに
その額の$\frac{1}{10}$を計上

配当に関する決議

株主総会

（借）繰越利益剰余金	330,000	（貸）未払配当金	300,000
		利益準備金	30,000

例題12-3

　次の連続する取引について仕訳しなさい。

① 株式会社C社は，株主総会において¥2,000,000の配当決議を行った。また，配当決議にともなって¥200,000を利益準備金として計上する。なお，C社には，繰越利益剰余金が¥5,000,000あった。

② 株主総会の翌日，C社は，上記①の配当について当座預金からの支払いを行った。

😊 解答へのアプローチ

　配当の決議を行った場合，未払配当金を計上します。同時に，配当の10分の1に相当する額を利益準備金として計上します。

[解　答]

①	（借）	繰越利益剰余金	2,200,000	（貸）	未 払 配 当 金	2,000,000
					利 益 準 備 金	200,000
②	（借）	未 払 配 当 金	2,000,000	（貸）	当 座 預 金	2,000,000

次の連続する取引について仕訳しなさい。

① 株式会社D社は，決算の結果，当期純利益¥300,000を計上した。なお，繰越利益剰余金勘定には，貸方残高が¥700,000あった。

② D社は，株主総会を開催し，繰越利益剰余金勘定のうち¥500,000を配当する決議を行った。また，¥50,000を利益準備金として計上した。

③ D社は，株主総会の翌日において，上記②の配当金を当座預金口座から支払った。

➡ 解答は276ページ

12

資

本

第 13 章

収益と費用

学習のポイント

1. 収益と費用の種類には，主たる営業取引に関連するもの，営業外の取引に関連するもの，その他臨時的なものなどがあります。

2. 固定資産税，自動車税などの費用となる税金は，租税公課勘定で処理します。

3. 収益および費用の未収・未払いと前受け・前払いは，決算日において次のように処理します。

   (1) 収益の未収：未計上の収益を追加計上し，未収収益を資産に計上します。

   (2) 費用の未払い：未計上の費用を追加計上し，未払費用を負債に計上します。

   (3) 収益の前受け：計上済みの収益の一部を取り消し，前受収益を負債に計上します。

   (4) 費用の前払い：計上済みの費用の一部を取り消し，前払費用を資産に計上します。

4. 消耗品は，すべて購入時に消耗品費勘定に計上します。

5. 商工会や商工会議所などの団体へ支払う加盟料や年会費などは，諸会費勘定を用いて処理します。

1 収益と費用 ··

　収益と費用に属する勘定には，次のようなものがあります。これらには，商品売買などの主たる営業取引に関連するもの，資金の貸し借りなどの営業外の取引に関連するもの，その他臨時的なものなどがあります。

	費　　用		収　　益
営業取引に関連するもの	仕入（または売上原価） 発送費 保管費 貸倒引当金繰入 貸倒損失 減価償却費 給料 法定福利費 広告宣伝費 保険料 支払家賃	支払地代 支払手数料 消耗品費 修繕費 租税公課 諸会費 通信費 旅費交通費 水道光熱費 雑費	売上
営業外の取引に関連するもの	支払利息 雑損		受取手数料 受取家賃 受取地代 受取利息 雑益 貸倒引当金戻入 償却債権取立益 ｝注
その他臨時的なもの	固定資産売却損		固定資産売却益

（注）3級では，商品売買業を前提としているため，営業外の取引に関連するものに分類した。

2 収益・費用の未収・未払いと前受け・前払い ·······

　収益および費用には，次のように，財または用役の提供が一度の取引で完了するものもあれば，契約により一定期間にわたり用役の授受が継続的に行われるものもあります。
　① 財または用役の提供が一度の取引で完了する収益・費用の例
　　　売上　受取手数料　仕入　支払手数料
　② 契約により一定期間にわたり用役の授受が継続的に行われる収益・費用の例

受取家賃　受取利息　受取手数料　支払家賃　支払利息　給料

保険料　支払手数料

なお，受取手数料と支払手数料は，①の場合も②の場合も考えられます。

> ★**財と用役**：企業が顧客に対して，商品などの形のあるものを提供する場合は財を，運送や不動産賃貸などの形のないものを提供する場合は用役（サービス）を提供するといいます。

　契約により，一定期間にわたり用役の授受が継続的に行われる収益や費用に係る対価の受払いは，契約によって定められた期日に行われます。しかし，その受取額・支払額は，必ずしも当期に計上すべき収益・費用の金額を表しているわけではありません。そこで，決算において，当期に計上すべき収益・費用の金額を正しく表し，当期純利益を正しく計算するための手続が行われます。この手続を収益および費用の**未収・未払い**と**前受け・前払い**といい，以下の4つのパターンがあります。

---

① 収益の未収（未収収益の計上）　③ 収益の前受け（前受収益の計上）

② 費用の未払い（未払費用の計上）　④ 費用の前払い（前払費用の計上）

　これらの手続を行うことによって，未収収益・未払費用・前受収益・前払費用に属する勘定が生じます。これらを総称して**経過勘定項目**といいます。

❶ 収益の未収（未収収益の計上）

　収益の未収は，決算日現在においてすでに用役の提供を行ったが，その対価の受取日が到来していないため，未収となっている場合に必要となる手続です。

　たとえば，7月1日に貸し付けた貸付金について，12月31日に7月から12月までの半年分の利息¥6,000を受け取り，翌年1月から6月までの半年分の利息¥6,000は翌年の6月30日に受け取る予定である場合を考えてみましょう。この場合，12月31日に受取利息¥6,000が計上されていますが，この受取利息

¥6,000は７月１日から12月31日までのものであり，決算日（３月31日）におい
いて残りの当期分３カ月分（¥3,000）は計上されていません。

　そのため，決算日において，次のように，決算整理仕訳としてこの３カ月
分（¥3,000）を受取利息として追加計上し，同額を**未収収益**の一種である未
収利息勘定（資産）の借方に記入します。未収利息は，次期に受け取る対価
を意味しており，資産として次期に繰り越されます。

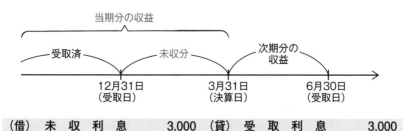

| （借） | 未 収 利 息 | 3,000 | （貸） | 受 取 利 息 | 3,000 |

　この仕訳を行った後の受取利息勘定と未収利息勘定を示すと，次のとおり
です。

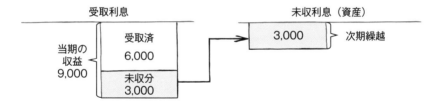

　なお，翌期首（４月１日）には，前期の収益の未収として行った決算整理
仕訳を再び元に戻すために**再振替仕訳**（または再修正仕訳といいます）を行
います。次のように再振替仕訳を行うことによって，６月30日に受け取る半
年分の利息¥6,000のうち未収利息の再振替分¥3,000を差し引いた¥3,000が翌
期の収益として計上されることになります。

| （借） | 受 取 利 息 | 3,000 | （貸） | 未 収 利 息 | 3,000 |

❷ 費用の未払い（未払費用の計上）

　費用の未払いは，決算日現在においてすでに用役の提供を受けたが，その
対価の支払日が到来していないため，未払いとなっている場合に必要となる

手続です。

　たとえば，7月1日に借り入れた借入金について，12月31日に7月から12月までの半年分の利息¥6,000を支払い，翌年1月から6月までの半年分の利息¥6,000は翌年の6月30日に支払う予定である場合を考えてみましょう。この場合，12月31日に支払利息¥6,000が計上されていますが，この支払利息¥6,000は7月1日から12月31日までのものであり，決算日（3月31日）において残りの当期分3カ月分（¥3,000）は計上されていません。

　そのため，決算日において，次のように，決算整理仕訳としてこの3カ月分（¥3,000）を支払利息として追加計上し，同額を**未払費用**の一種である未払利息勘定（負債）の貸方に記入します。未払利息は，次期に支払われる対価を意味しており，負債として次期に繰り越されます。

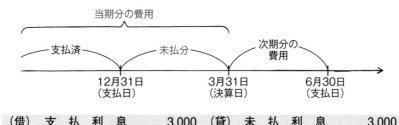

（借）	支 払 利 息	3,000	（貸）	未 払 利 息	3,000

　この仕訳を行った後の支払利息勘定と未払利息勘定を示すと，次のとおりです。

　なお，翌期首（4月1日）には，次のように，前期の費用の未払い計上のために行った決算整理仕訳を再び元に戻すために再振替仕訳を行います。

（借）	未 払 利 息	3,000	（貸）	支 払 利 息	3,000

❸ 収益の前受け（前受収益の計上）

収益の前受けは，決算日現在において，すでに用役の対価を受け取っているが，その用役の提供を次期以降に行う場合に必要となる手続です。

たとえば，土地を賃貸し，12月1日に12月から翌年11月までの1年分の地代¥12,000を受け取ったとしましょう。この場合，12月1日に受取地代¥12,000が計上されていますが，当期分は4カ月分（¥4,000）のみで，残りの8カ月分（¥8,000）は次期の分となります。

そのため，決算日（3月31日）において，次のように，決算整理仕訳としてこの8カ月分（¥8,000）を受取地代から控除し，同額を**前受収益**の一種である前受地代勘定（負債）の貸方に記入します。前受地代は，次期以降の収益となるものについて前受けした対価を意味しており，負債として次期に繰り越されます。

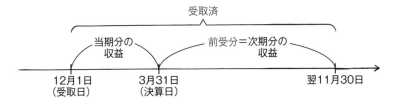

（借）受 取 地 代	8,000	（貸）前 受 地 代	8,000

この仕訳を行った後の受取地代勘定と前受地代勘定を示すと，次のとおりです。

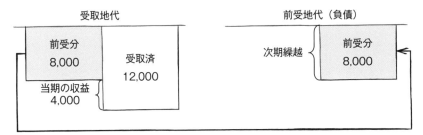

なお，翌期首（4月1日）には，次のように，前期の収益の前受け計上のために行った決算整理仕訳を再び元に戻すために再振替仕訳を行います。

（借）前 受 地 代	8,000	（貸）受 取 地 代	8,000

❹ 費用の前払い（前払費用の計上）

　費用の前払いは，決算日現在において，すでに用役の対価を支払ったが，その用役の提供を次期以降に受ける場合に必要となる手続です。

　たとえば，土地を賃借し，12月1日に12月から翌年11月までの1年分の地代¥12,000を支払ったとしましょう。この場合，12月1日に支払地代¥12,000が計上されていますが，当期分は4カ月分（¥4,000）のみで，残りの8カ月分（¥8,000）は次期の分となります。

　そのため，決算日（3月31日）において，次のように，決算整理仕訳としてこの8カ月分（¥8,000）を支払地代から控除し，同額を**前払費用**の一種である前払地代勘定（資産）の借方に記入します。前払地代は，次期以降の費用となるものについて前払いした対価を意味しており，資産として次期に繰り越されます。

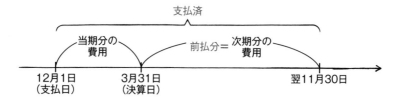

（借）　前　払　地　代	8,000	（貸）　支　払　地　代	8,000

　この仕訳を行った後の支払地代勘定と前払地代勘定を示すと，次のとおりです。

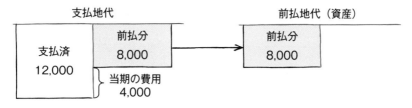

　なお，翌期首（4月1日）には，次のように，前期の費用の前払い計上のために行った決算整理仕訳を再び元に戻すために再振替仕訳を行います。

（借）　支　払　地　代	8,000	（貸）　前　払　地　代	8,000

次の決算整理事項について，決算整理仕訳を行いなさい。

① 利息の未収分¥4,000を計上する。

② 給料の未払分¥9,000を計上する。

③ 受取地代のうち，次期にかかる前受分¥2,000を計上する。

④ 保険料のうち，次期にかかる前払分¥14,000を計上する。

⑤ 法定福利費の未払分¥7,000を計上する。

☺ 解答へのアプローチ

以下のいずれに該当するのかを判断することが重要です。

・収益・費用の追加計上（未収・未払い）

・収益・費用の一部取消（前受け・前払い）

また，以下に注意しましょう。

・未収収益・前払費用→資産（借方）

・前受収益・未払費用→負債（貸方）

[解　答]

① （借）　未 収 利 息　4,000　（貸）　受 取 利 息　4,000

② （借）　給　　　料　9,000　（貸）　未 払 給 料　9,000

③ （借）　受 取 地 代　2,000　（貸）　前 受 地 代　2,000

④ （借）　前 払 保 険 料　14,000　（貸）　保　険　料　14,000

⑤ （借）　法 定 福 利 費　7,000　（貸）　未払法定福利費　7,000

　次の取引について仕訳しなさい。なお，当社の会計期間は3月31日を決算日とする1年である。

①　受取手数料の前受額¥28,000を計上する。

②　利息の未収分¥5,000を計上する。

③　自動車保険の保険料については，毎年11月1日に向こう1年分¥12,000（月額¥1,000）を一括して支払っている。決算にあたり，保険料の前払分を月割計算で計上する。

④　借入金¥1,000,000に係る利息を，年利4％，利払日である毎年6月および12月の各末日にそれぞれ6カ月分支払っている。決算にあたり，利息の未払分を月割計算で計上する。

⇒ 解答は276ページ

3 消耗品費と貯蔵品の処理 ……………………………………

　消耗品とは，事務用品などの比較的金額が小さく，短期的に消費される物品をいいます。消耗品については，通常，その購入額を**消耗品費勘定**（費用）で処理します。たとえば，文房具などの消耗品¥500を現金で購入したときは，次の仕訳を行います。

（借）消　耗　品　費	500	（貸）現　　　　金	500

　実務においては，たとえ期末に消耗品が未使用のまま残っていても資産へ振り替えないのが一般的です。

　これに対して，郵便切手や収入印紙などは，購入時にそれぞれ通信費（費用）と租税公課（費用）として処理しますが，未消費分については決算において**貯蔵品勘定**（資産）に振り替えます。郵便切手や収入印紙は，換金性が高く金額的にも重要となる可能性があるためです。

　たとえば，郵便切手¥1,000を現金で購入したときは，次の仕訳を行います。

（借）通　信　費	1,000	（貸）現　　　　金	1,000

　決算において，未使用分¥300があったときは，次の仕訳のように，未使用分¥300を貯蔵品勘定に振り替えます。

（借）貯　蔵　品　　　300　（貸）通　信　費　　　300

以上の仕訳を勘定に記入すると，次のようになります。

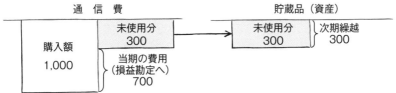

この結果，郵便切手のうち当期の使用分¥700は損益計算書において費用（通信費）として記載され，未使用分¥300は貸借対照表において資産（貯蔵品）として計上されることになります。

なお，翌期首には，次のように，前期に貯蔵品に振り替えた決算整理仕訳を再び元に戻すための仕訳を行います。

（借）通　信　費　　　300　（貸）貯　蔵　品　　　300

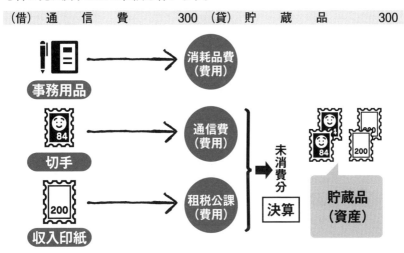

4 諸会費 ....

企業は，商工会や商工会議所への加盟料・年会費などを負担することがあります。一般的に，これらの費用は**諸会費勘定**（費用）を用いて処理します。

次の取引について仕訳しなさい。

① 事務用の消耗品¥4,000を購入し，代金は現金で支払った。

② 郵便切手¥3,500と収入印紙¥5,000を購入し，代金は現金で支払った。

③ 決算に際し，貯蔵品の棚卸しをしたところ，郵便切手の未使用分が¥1,000，収入印紙の未使用分が¥2,000あることが判明した。

④ 商工会議所の年会費¥6,000を現金で支払った。

😊 解答へのアプローチ

消耗品は，原則として，購入時にすべて費用として処理します。郵便切手と収入印紙の未使用分は，貯蔵品勘定を用いて処理します。

商工会議所の年会費は，諸会費勘定で処理します。

[解答]……………………………………………………………………………………

①	(借)	消 耗 品 費	4,000	(貸)	現　　　金	4,000
②	(借)	通 信 費	3,500	(貸)	現　　　金	8,500
		租 税 公 課	5,000			
③	(借)	貯 蔵 品	3,000	(貸)	通 信 費	1,000
					租 税 公 課	2,000
④	(借)	諸 会 費	6,000	(貸)	現　　　金	6,000

練習問題 13-2

次の取引について仕訳しなさい。

① 事務用消耗品¥6,000および郵便切手¥10,000を購入し，代金は現金で支払った。

② 決算日現在，上記①の郵便切手の未使用分が¥7,000あった。

③ 地元商店会の年会費¥20,000を現金で支払った。

➡ 解答は277ページ

第 14 章

税　　金

学習のポイント

1. 税金には，利益の金額にもとづいて課される税金と利益以外の金額にもとづいて課される税金とがあります。

2. 利益以外の金額にもとづいて課される税金には，固定資産税，自動車税，印紙税等があります。これらの税金は，租税公課勘定を用いて処理します。

3. 利益の金額にもとづいて課される税金には，法人税，住民税及び事業税があります。これらの税金は，決算時に法人税，住民税及び事業税（または法人税等）勘定を用いて処理し，その支払義務は，未払法人税等勘定を用いて処理します。また，期中に中間納付において支払った税金は，仮払法人税等勘定を用いて処理し，未払法人税等を計上する際に控除されます。

4. 商品を販売し，またはサービスを提供した場合，企業（事業者）は，顧客（消費者）が負担すべき消費税を受け取り，顧客に代わって納税します。企業が顧客から受け取った消費税は，仮受消費税勘定を用いて処理します。また，企業が商品等の仕入れに際して支払った消費税は，仮払消費税勘定を用いて処理します。企業は，決算において，仮受消費税と仮払消費税を相殺し，差額を未払消費税勘定に計上します。

1 租税公課 ··

　株式会社に課される税金には，利益にもとづいて課される税金と利益以外の金額にもとづいて課される税金とがあります。

　このうち，利益以外の金額にもとづいて課される税金には，固定資産税，自動車税，印紙税などがあります。固定資産税は，毎年1月1日時点で所有している土地・建物・機械などの固定資産に対して課される税金です。固定資産税は，原則として，4月・7月・12月・翌年2月の4期に分けてまたは一括して納付されます。

　固定資産税のように，利益以外の金額にもとづいて課される税金は，費用として処理されるので，納付したときに**租税公課勘定（費用）**の借方に記入します。たとえば，固定資産税¥35,000を現金で納付したときは，次の仕訳を行います。

（借）租税公課	35,000	（貸）現　　金	35,000

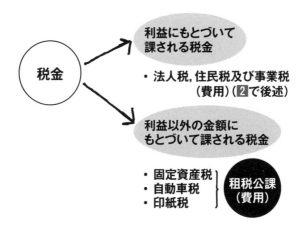

例題14-1

次の取引について仕訳しなさい。

① 固定資産税の第1期分¥20,000を現金で納付した。

② 当年度の自動車税¥30,000を現金で納付した。

③ 収入印紙¥3,000を購入し，代金は現金で支払った。

④ 建物と土地に対する固定資産税¥10,000の納税通知書を受け取り，全額を現金で納付した。

解答へのアプローチ

土地・建物などの固定資産税については，租税公課勘定で処理します。

[解 答]……………………………………………………………………

① （借）租 税 公 課 20,000 （貸）現 金 20,000

② （借）租 税 公 課 30,000 （貸）現 金 30,000

③ （借）租 税 公 課 3,000 （貸）現 金 3,000

④ （借）租 税 公 課 10,000 （貸）現 金 10,000

練習問題14-1

次の取引について仕訳しなさい。

① 固定資産税の全期分¥300,000を普通預金から納付した。

② 収入印紙¥80,000を現金で購入し，費用処理した。

③ 決算において，上記②の収入印紙のうち¥23,000が未使用であることが判明した。

➡ 解答は277ページ

2 法人税，住民税及び事業税 ………………………………

　株式会社は，当期に計上した税引前の当期純利益にもとづいて算定される法人税を支払わなければなりません。また，法人税（国税）の額が算定されると，これに連動して地方税である住民税と事業税の額が決まります。簿記では，このような税引前の当期純利益にもとづいて課税される種類の税金を，まとめて**法人税，住民税及び事業税**（または**法人税等**）という勘定（費用）を用いて処理します。

　法人税，住民税及び事業税は，決算において，収益総額から費用総額を差し引いて計算された「税引前当期純利益」に，これらの税金として定められた税率を乗ずることによって計算されます。法人税，住民税及び事業税は決算において計上されますが，実際の支払いは決算日後の翌期になって行う確定申告の際になります。このため，決算において，税金の支払義務は**未払法人税等勘定**（負債）を用いて処理します。

税引前当期純利益＝収益－費用（法人税，住民税及び事業税を除く）

法人税，住民税及び事業税＝税引前当期純利益×税率

★**課税所得**：法人税，住民税及び事業税は，厳密には，税法上の課税所得に税率を乗じることによって計算されます。課税所得は，税引前当期純利益を基礎として算定されますが，実際には，一部の収益および費用を減算したり，逆に特定の収益および費用を加算したりしますので，課税所得と税引前当期純利益は，通常，同一の金額とはなりません。

例題14-2

　次の【資料】にもとづいて，決算における法人税，住民税及び事業税の計上に関する仕訳をしなさい。

【資料】···

　1．決算日における収益と費用（法人税，住民税及び事業税を除く）の総額

　　収益総額　￥3,000,000　　　　　費用総額　￥2,400,000

　2．税引前当期純利益に対する法人税，住民税及び事業税の税率　30％

解答へのアプローチ

　税引前当期純利益を計算して，これに税率を乗じて法人税，住民税及び事業税の税額を求めます。

　税引前当期純利益＝￥3,000,000－￥2,400,000＝￥600,000

　法人税，住民税及び事業税＝￥600,000×30％＝￥180,000

［解　答］···

（借）法人税,住民税及び事業税　180,000　　（貸）未 払 法 人 税 等　180,000

　法人税,住民税及び事業税の税額は，決算日後2カ月以内に確定申告を行って納付しなければなりません。

　また，株式会社は，法人税,住民税及び事業税の前年の税額が一定額以上である場合，中間納付を行わなければなりません。中間納付は，前年度の決算日から6カ月を経過する日後2カ月以内に，中間申告にもとづいて行い，その税額は**仮払法人税等勘定**（資産）を用いて処理します。この仮払法人税等の額は，当期の決算において計上される法人税，住民税及び事業税のうち，支払義務となる金額から控除されます。

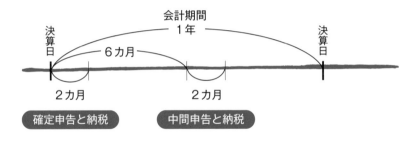

次の連続する取引について仕訳しなさい。

① X1年度の決算（決算日：X2年3月31日）において，法人税，住民税及び事業税¥400,000を計上した。

② X2年5月25日に確定申告を行い，法人税，住民税及び事業税¥400,000を現金で納付した。

③ X2年11月20日に中間申告を行い，法人税，住民税及び事業税¥200,000を普通預金から納付した。

④ X2年度の決算（決算日：X3年3月31日）において，法人税，住民税及び事業税¥350,000を計上した。

☺ 解答へのアプローチ

　決算において計上した法人税等の支払義務は，未払法人税等勘定を用いて処理します。

　中間申告において納付した法人税等の支払額は，仮払法人税等勘定を用いて処理します。この金額は，次の決算において計上する法人税等の納付すべき額から控除されます。

[解　答]……………………………………………………………………………

① （借）法人税, 住民税及び事業税　400,000　　（貸）未 払 法 人 税 等　400,000

② （借）未 払 法 人 税 等　400,000　　（貸）現　　　　　　金　400,000

③ （借）仮 払 法 人 税 等　200,000　　（貸）普 通 預 金　200,000

④ （借）法人税, 住民税及び事業税　350,000　　（貸）仮 払 法 人 税 等　200,000

　　　　　　　　　　　　　　　　　　　　　　　未 払 法 人 税 等　150,000

練習問題 14-2

次の連続する取引について仕訳しなさい。

① 次の資料にもとづいて，X4年度の決算（決算日：X5年3月31日）において，法人税，住民税及び事業税を計上する。なお，X4年度中において中間申告を行い，¥80,000の税額を納付している。

・収益総額¥3,000,000

・費用総額¥2,500,000（法人税，住民税及び事業税を除く）

・税引前当期純利益に対する税率30％

② X5年5月25日に確定申告を行い，納付すべき税金の額を現金で納付した。

③ X5年11月20日に中間申告を行い，上記①で計算した法人税，住民税及び事業税の半分の額を普通預金から納付した。

➡ 解答は278ページ

3 消費税 ....

　企業は，商品を販売したり，サービスを提供した場合，商品等の価格に消費税を加算して代金を受け取ります。消費税は，最終的には消費者が負担すべき税金ですが，商品等を売り上げた事業者である企業が納税義務者となります。企業が消費税を納付するには，企業自身が材料や商品の仕入に際して支払った消費税は，納付すべき消費税の額から差し引かれます。

　たとえば，企業が¥100,000の商品を仕入れて，消費税¥10,000と合わせて¥110,000を支払い，その商品を¥150,000で売り上げて，消費税¥15,000と合わせて¥165,000を受け取ったとします。このとき，企業は，¥10,000の消費税を仮払いし，さらに¥15,000の消費税を仮受けしたことになります。最終的には，仮受けした消費税と仮払いした消費税の差額¥5,000が事業者として納付すべき消費税の額になります。

　消費税は，通常，**税抜方式**とよばれる方式によって記帳されます。商品等の仕入時に支払う消費税は，**仮払消費税勘定**（資産）を用いて処理します。また，商品等の売上時に受け取る消費税は，**仮受消費税勘定**（負債）を用いて

処理します。決算に際しては，仮受消費税の額と仮払消費税の額を相殺して，差額を**未払消費税勘定**（負債）に計上します。未払消費税の額は，決算日後に行われる消費税の確定申告のときに支払われます。

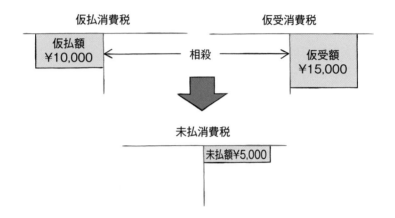

　次の連続する取引について仕訳しなさい。

① 商品¥300,000を仕入れ，代金は消費税¥30,000とともに小切手を振り出して支払った。

② 上記①の商品を¥400,000で売り上げ，代金は消費税¥40,000とともに掛けとした。

③ 決算に際して，納付すべき消費税の額を未払消費税として計上した。

④ 消費税の確定申告を行い，上記③の未払消費税を普通預金から支払った。

😊解答へのアプローチ）

　消費税は，仕入時と売上時には，それぞれ仮払消費税勘定と仮受消費税勘定を用いて処理します。

練習問題 14-3

　次の連続する取引について仕訳しなさい。なお，消費税率は10％とする。

① 商品¥500,000を仕入れ，代金は消費税とともに小切手を振り出して支払った。

② 上記①の商品を¥800,000で売り上げ，代金は消費税とともに掛けとした。

③ 決算に際して，納付すべき消費税の額を未払消費税として計上した。

④ 消費税の確定申告を行い，上記③の未払消費税を普通預金から納付した。

➡ 解答は278ページ

14
税

金

第 **15** 章

伝　票

学習のポイント

1. 仕訳帳に行う仕訳に代えて，伝票を利用して取引の内容を記入する
ことができます。

2. 3伝票制では，入金伝票，出金伝票および振替伝票が利用されます。

3. 一部振替取引を記入する方法には，取引を分解する方法と取引を擬
制する方法があります。

4. 仕訳集計表を作成して，一定期間ごとに伝票の集計を行う方法があ
ります。この方法では，仕訳集計表から総勘定元帳へ合計転記が行
われます。

1 仕訳帳と伝票

　これまでは，取引を仕訳帳に記入することを前提として勉強してきました。
しかし，実務では**伝票**を用いて取引の記入を行うこともあります。コンピュ
ータの発展により，コンピュータ画面上で伝票記入をすると後の手続が自動
的に行われるようになりました。そのしくみは，**伝票会計制度**にもとづいて
います。ここでは，その伝票会計制度について学んでいきます。

　伝票会計制度では，まず，伝票に取引の記入を行います。これを**起票**とい
います。そして，この伝票記入にもとづいて総勘定元帳に転記します。

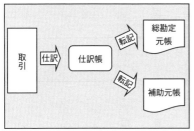

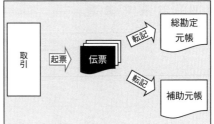

| 仕訳帳に記入する場合 | 伝票に記入する場合 |

2 3伝票制

❶ 3伝票制の基本

3伝票制では，伝票は**入金伝票**，**出金伝票**および**振替伝票**の3つの種類に分けられています。それぞれ以下に示したような取引が記入される伝票です。

入金伝票	現金の受入れ（入金取引）を記入する伝票
出金伝票	現金の支払い（出金取引）を記入する伝票
振替伝票	入出金以外（入金取引・出金取引以外）の取引を記入する伝票

各伝票の記入例は，次のとおりです。それぞれ仕訳を行ったときと，それを伝票に記入したときとを対応させています。

① 入金伝票の記入方法

| （借） | 現 | 金 | 800 | （貸） | 売 | 掛 | 金 | 800 |

借方は必ず現金なので，貸方科目のみを記入します

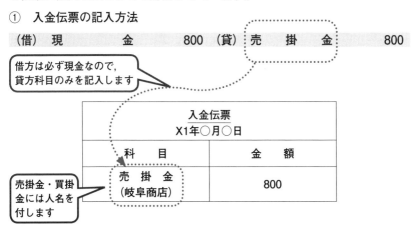

売掛金・買掛金には人名を付します

入金伝票	
X1年○月○日	
科　目	金　額
売　掛　金 （岐阜商店）	800

15
伝

票

② 出金伝票の記入方法

（借）旅費交通費　　　　800　（貸）現　　　　金　　　　800

貸方は必ず現金なので，
借方科目のみを記入します

出金伝票	
X1年○月○日	
科　　目	金　　額
旅費交通費	800

③ 振替伝票の記入方法

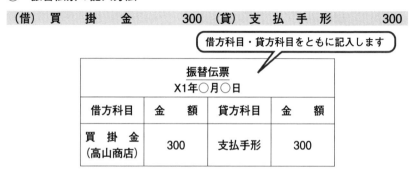

（借）買　　掛　　金　　　300　（貸）支　払　手　形　　　300

借方科目・貸方科目をともに記入します

振替伝票			
X1年○月○日			
借方科目	金　　額	貸方科目	金　　額
買　掛　金 （高山商店）	300	支払手形	300

例題15-1

次の各伝票に記入されている取引について，仕訳しなさい。

①

入金伝票	
X1年4月5日	
売掛金 （東京商店）	5,000

②

出金伝票	
X1年4月10日	
旅費交通費	4,000

③

振替伝票			
X1年4月15日			
受取手形	10,000	売 掛 金 （栃木商店）	10,000

(^_^) 解答へのアプローチ)

1　入金伝票は，借方が現金となる取引を記入します。

2　出金伝票は，貸方が現金となる取引を記入します。

3　振替伝票は，伝票の記入事項をそのまま仕訳します。

[解　答]……………………………………………………………………………………

① （借）現　　　金　　5,000　（貸）売　掛　金　　5,000

② （借）旅費交通費　　4,000　（貸）現　　　金　　4,000

③ （借）受 取 手 形　10,000　（貸）売　掛　金　10,000

❷ 一部振替取引

3伝票制において，1つの取引が入出金取引と入出金取引以外の取引の2つからなる場合があります。このような取引を，**一部振替取引**といいます。

たとえば，商品¥500を売り上げ，代金のうち¥200を現金で受け取り，残額を掛けとしたときの仕訳は次のとおりです。

（借）現　　　　金	200	（貸）売　　　　上	500
売　掛　金	300		

　この取引は入金取引と入出金取引以外の取引からなることがわかります。これが，一部振替取引です。

　伝票会計では，取引を貸借それぞれ１つずつの勘定科目を用いて起票するのが原則です。そのため，この取引を２つの取引に分けて考える必要があります。この取引を伝票に記入する方法は，①**取引を分解する方法**と②**取引を擬制する方法**の２つの方法があります。

① 取引を分解する方法

　この方法では，次のように取引を分解したうえで，入金額のみを入金伝票で起票し，残額を掛取引として振替伝票で起票します。

② 取引を擬制する方法

　この方法では，売上取引をいったん全額掛売上として（これを擬制といいます）振替伝票で起票し，売掛金の一部を現金で受け取ったものとして入金伝票で起票します。

例題15－2

1．商品を仕入れ，代金¥5,000のうち¥1,000を現金で支払い，残額を掛けとした取引について，出金伝票を以下のように作成したとき，振替伝票の記入を示しなさい。

出金伝票
仕　入　　1,000

2．商品を売り上げ，代金¥11,000のうち¥1,000を現金で受け取り，残額を掛けとした取引について，入金伝票を以下のように作成したとき，振替伝票の記入を示しなさい。

入金伝票
売掛金　　1,000

😊解答へのアプローチ

1　この取引は，次のように分解されています。

（借）仕　入	5,000	（貸）現　金	1,000
		買掛金	4,000

↓ 取引の分解

（借）仕　入	1,000	（貸）現　金	1,000→出金伝票
（借）仕　入	4,000	（貸）買掛金	4,000→振替伝票

2　この取引は，次のように擬制されています。

（借）売掛金	10,000	（貸）売　上	11,000
現　金	1,000		

↓ 取引の擬制

（借）売掛金	11,000	（貸）売　上	11,000→振替伝票
（借）現　金	1,000	（貸）売掛金	1,000→入金伝票

[解 答]..

1

振替伝票			
借方科目	金 額	貸方科目	金 額
仕 入	4,000	買 掛 金	4,000

2

振替伝票			
借方科目	金 額	貸方科目	金 額
売 掛 金	11,000	売 上	11,000

3 伝票から帳簿への記入 ··································

　伝票が起票されると，その記入内容にもとづいて伝票から総勘定元帳および補助元帳への転記が行われます。伝票からの転記の方法は，総勘定元帳における各勘定の摘要欄および補助元帳の各人名勘定の摘要欄には各伝票名を記入します。

例題15－3

　次の諸伝票にもとづいて，現金勘定，売掛金勘定および横浜商店勘定へ転記しなさい。

入金伝票
10月4日
売掛金（横浜商店）　　100,000

出金伝票
10月6日
買掛金（千葉商店）　　50,000

振替伝票
10月2日
売掛金 80,000　売　上 80,000
（横浜商店）

振替伝票
10月5日
受取手形 30,000 売掛金 30,000
（横浜商店）

現　　金

10/1 前月繰越 120,000

売　掛　金

10/1 前月繰越 150,000

<table>
<tr><td colspan="2" align="center">横　浜　商　店</td></tr>
<tr><td>10/1 前月繰越 100,000</td><td></td></tr>
</table>

1　それぞれの伝票が意味している取引を推定して，転記します。

2　入金伝票に記入された取引は現金勘定の借方に，出金伝票に記入された取引は現金勘定の貸方にそれぞれ転記されることに注意しましょう。

［解　答］……………………………………………………………………

現　　　金		
10/1 前月繰越 120,000	10/6 出金伝票 50,000	
4 入金伝票 100,000		

売　掛　金		
10/1 前月繰越 150,000	10/4 入金伝票 100,000	
2 振替伝票 80,000	5 振替伝票 30,000	

横　浜　商　店		
10/1 前月繰越 100,000	10/4 入金伝票 100,000	
2 振替伝票 80,000	5 振替伝票 30,000	

15
伝

票

4　伝票の集計 ……………………………………………………………

❶　仕訳集計表の作成と総勘定元帳への転記

　伝票から総勘定元帳への転記は，伝票が起票されるごとに行う方法（**個別転記**といいます）のほかにも，毎日または毎週末などの一定期間ごとに行う方法（**合計転記**といいます）があります。合計転記を行う場合，伝票の記入内容を，一定期間ごとに**仕訳集計表**に集計して，そこからまとめて総勘定元帳に転記します。なお，仕訳集計表は，伝票を毎日集計する場合には**仕訳日計表**，毎週集計する場合には**仕訳週計表**などとよばれています。

　3伝票制においては，入金伝票と出金伝票においてそれぞれ現金収入と現金支出をともなう取引がまとめられているので，入金伝票と出金伝票の総額は，それぞれ仕訳集計表における現金勘定の借方と貸方の欄に集計します。

　次に，出金伝票の摘要欄に記入されている勘定科目と振替伝票の借方側に

記入されている勘定科目については，勘定科目ごとに集計して仕訳集計表におけるそれぞれの勘定の借方に記入します。一方，入金伝票の摘要欄に記入されている勘定科目と振替伝票の貸方側に記入されている勘定科目については，勘定科目ごとに集計して仕訳集計表における当該勘定の貸方に記入します。

　1月2日から6日の5営業日からなる1週間の伝票記録について作成した仕訳週計表の例を示すと，次のとおりです。

　次に，仕訳週計表から総勘定元帳の各勘定へ合計転記します。このとき，各勘定の摘要欄には転記元の「仕訳週計表」と記入し，仕丁欄には仕訳週計表のページ数を記入します。同時に，仕訳週計表の元丁欄には，転記先の各勘定に付された元帳上の番号を記入します。

　総勘定元帳への転記を示すと，次のとおりです（資産・負債・資本の各勘定には，前期繰越の金額が記入されています）。

転記元の仕訳週計表と書きます

総 勘 定 元 帳
現　　金 　　　　　　　1

X1年		摘　　　要	仕丁	借　　　方	貸　　　方	借/貸	残　　　高
1	1	前 期 繰 越	✓	10,000		借	10,000
	6	仕 訳 週 計 表	1	1,200		〃	11,200
	〃	〃	〃		900	〃	10,300

売　掛　金　　　　2

X1年		摘　　　　　要	仕丁	借　　方	貸　　方	借/貸	残　　高
1	1	前 期 繰 越	✓	8,000		借	8,000
	6	仕 訳 週 計 表	1	1,500		〃	9,500
〃	〃	〃	〃		1,200	〃	8,300

買　掛　金　　　　5

X1年		摘　　　　　要	仕丁	借　　方	貸　　方	借/貸	残　　高
1	1	前 期 繰 越	✓		5,000	貸	5,000
	6	仕 訳 週 計 表	1		2,000	〃	7,000
〃	〃	〃	〃	600		〃	6,400

売　　上　　　　8

X1年		摘　　　　　要	仕丁	借　　方	貸　　方	借/貸	残　　高
1	6	仕 訳 週 計 表	1		1,500	貸	1,500

仕　　入　　　　11

X1年		摘　　　　　要	仕丁	借　　方	貸　　方	借/貸	残　　高
1	6	仕 訳 週 計 表	1	2,000		借	2,000

消　耗　品　費　　　　14

X1年		摘　　　　　要	仕丁	借　　方	貸　　方	借/貸	残　　高
1	6	仕 訳 週 計 表	1	100		借	100

通　信　費　　　　15

X1年		摘　　　　　要	仕丁	借　　方	貸　　方	借/貸	残　　高
1	6	仕 訳 週 計 表	1	200		借	200

❷ 補助元帳への転記

　仕訳週計表を作成して総勘定元帳に合計転記をする場合でも，補助元帳へは，それぞれの伝票から直接に個別転記されます。たとえば，売掛金元帳（または得意先元帳）や買掛金元帳（または仕入先元帳）には，人名勘定が設定されていますが，これらの人名勘定には，仕訳集計表からではなく伝票から直接に個別転記されることになります。補助元帳は，勘定記録の明細を記入する帳簿ですから，内部管理目的上，取引ごとの詳細な記入が必要となるためです。

　上記の❶の例において，補助元帳に関係のある伝票の記入が以下のようであった場合を考えてみましょう。

	入金伝票 No.101			出金伝票 No.201	
	X1年1月2日			X1年1月3日	
売 掛 金		800	買 掛 金		600
(秋田商店)			(宮城商店)	

	入金伝票 No.102	
	X1年1月5日	
売 掛 金		400
(岩手商店)		

	振替伝票			No.301	
	X1年1月3日				
売 掛 金	500		売	上	500
(岩手商店)					

	振替伝票			No.302	
	X1年1月4日				
売 掛 金	1,000		売	上	1,000
(秋田商店)					

	振替伝票			No.303	
	X1年1月5日				
仕 入	2,000		買 掛 金		2,000
			(宮城商店)		

　この場合，補助元帳への転記は，次のようになります（各人名勘定には，前期繰越の金額が記入されています）。仕訳集計表を作成する場合，補助元帳の転記元を明らかにするため，摘要欄には伝票の名称が，仕丁欄には伝票番号が記入されることに注意しましょう。

補 助 元 帳
売 掛 金 元 帳
秋 田 商 店　　　　　　　　　　　　　得1

転記元の伝票名を書きます
伝票番号を書きます

X1年		摘要	仕丁	借　方	貸　方	借/貸	残　高
1	1	前 期 繰 越	✓	6,000		借	6,000
	2	入 金 伝 票	101		800	〃	5,200
	4	振 替 伝 票	302	1,000		〃	6,200

岩 手 商 店 得2

X1年		摘 要	仕丁	借 方	貸 方	借/貸	残 高
1	1	前 期 繰 越	✓	2,000		借	2,000
	3	振 替 伝 票	301	500		〃	2,500
	5	入 金 伝 票	102		400	〃	2,100

買 掛 金 元 帳
宮 城 商 店 仕1

X1年		摘 要	仕丁	借 方	貸 方	借/貸	残 高
1	1	前 期 繰 越	✓		5,000	貸	5,000
	3	出 金 伝 票	201	600		〃	4,400
	5	振 替 伝 票	303		2,000	〃	6,400

　以上のような伝票から総勘定元帳・補助元帳への転記のしくみを図示すると，次のようになります。

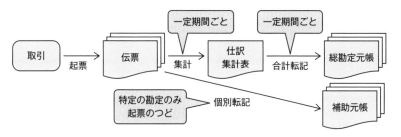

■ 例題15－4

　株式会社東京商店は，毎日の取引を入金伝票，出金伝票，および振替伝票に記入し，これを1日分ずつ集計して仕訳日計表を作成している。同社のX1年10月1日の取引に関して作成された以下の各伝票（略式）にもとづいて，仕訳日計表（元丁欄の記入は不要である）を作成し，総勘定元帳（現金勘定と売掛金勘定）と補助元帳（買掛金元帳）における各勘定へ転記しなさい。

入 金 伝 票　No.101	
売 掛 金	5,000
（千葉商店）	

入 金 伝 票　No.102	
売 掛 金	4,000
（茨城商店）	

出 金 伝 票　No.201	
買 掛 金	8,000
（埼玉商店）	

出 金 伝 票　No.202	
買 掛 金	6,000
（栃木商店）	

213

出金伝票 No.203		出金伝票 No.204	
消耗品費	2,000	通 信 費	1,200

振替伝票		No.301	
売 掛 金 （千葉商店）	7,000	売　　上	7,000

振替伝票		No.302	
備　　品	10,000	未 払 金	10,000

振替伝票		No.303	
仕　　入	9,000	買 掛 金 （栃木商店）	9,000

振替伝票		No.304	
買 掛 金 （埼玉商店）	7,500	支払手形	7,500

仕 訳 日 計 表
X1年10月1日　　　　271

借　　方	元丁	勘 定 科 目	元丁	貸　　方
	1	現　　　　　金	1	
	3	売　掛　金	3	
		備　　　　　品		
		支 払 手 形		
		買　掛　金		
		未　払　金		
		売　　　　　上		
		仕　　　　　入		
		消 耗 品 費		
		通　信　費		

総 勘 定 元 帳
現　　金　　　　　　　　1

X1年		摘　　　要	仕丁	借　　方	貸　　方	借/貸	残　　高
10	1	前 月 繰 越	✓	50,000		借	50,000

214

売　掛　金

3

X1年		摘　　　　要	仕丁	借　　　方	貸　　　方	借/貸	残　　　高
10	1	前　月　繰　越	✓	38,000		借	38,000

補　助　元　帳
買　掛　金　元　帳
埼　玉　商　店

仕1

X1年		摘　　　　要	仕丁	借　　　方	貸　　　方	借/貸	残　　　高
10	1	前　月　繰　越	✓		30,000	貸	30,000

栃　木　商　店

仕2

X1年		摘　　　　要	仕丁	借　　　方	貸　　　方	借/貸	残　　　高
10	1	前　月　繰　越	✓		25,000	貸	25,000

15

伝

票

☺ 解答へのアプローチ

1　仕訳日計表には，まず，入金伝票と出金伝票の合計額を現金勘定の借方と
貸方に記入します。次いで，出金伝票の摘要欄の勘定科目（相手勘定科目）
と振替伝票の借方科目について勘定科目別に集計し，仕訳日計表の借方に記
入します。同様に，入金伝票の相手勘定科目と振替伝票の貸方科目について
勘定科目別に集計し，仕訳日計表の貸方に記入します。

2　仕訳日計表から総勘定元帳へは合計転記します。補助元帳である買掛金元
帳へは，各伝票から個別転記します。

仕　訳　日　計　表

X1年10月1日　　　271

借　方	元丁	勘定科目	元丁	貸　方
9,000	1	現　　　金	1	17,200
7,000	3	売　掛　金	3	9,000
10,000		備　　　品		
		支　払手形		7,500
21,500		買　掛　金		9,000
		未　払　金		10,000
		売　　　上		7,000
9,000		仕　　　入		
2,000		消耗品費		
1,200		通　信　費		
59,700				59,700

総　勘　定　元　帳

現　　金　　　　　1

X1年		摘　　　　　　要	仕丁	借　　　　方	貸　　　　方	借／貸	残　　　　高
10	1	前　月　繰　越	✓	50,000		借	50,000
	〃	仕　訳　日　計　表	271	9,000		〃	59,000
	〃	〃	〃		17,200	〃	41,800

売　　掛　　金　　　　　3

X1年		摘　　　　　　要	仕丁	借　　　　方	貸　　　　方	借／貸	残　　　　高
10	1	前　月　繰　越	✓	38,000		借	38,000
	〃	仕　訳　日　計　表	271	7,000		〃	45,000
	〃	〃	〃		9,000	〃	36,000

補　助　元　帳

買　掛　金　元　帳

埼　玉　商　店　　　　　仕1

X1年		摘　　　　　　要	仕丁	借　　　　方	貸　　　　方	借／貸	残　　　　高
10	1	前　月　繰　越	✓		30,000	貸	30,000
	〃	出　金　伝　票	201	8,000		〃	22,000
	〃	振　替　伝　票	304	7,500		〃	14,500

栃　木　商　店　　　　　仕2

X1年		摘　　　　　　要	仕丁	借　　　　方	貸　　　　方	借／貸	残　　　　高
10	1	前　月　繰　越	✓		25,000	貸	25,000
	〃	振　替　伝　票	303		9,000	〃	34,000
	〃	出　金　伝　票	202	6,000		〃	28,000

練習問題 15-1

次の問に答えなさい。

(1) 商品¥500,000を仕入れ，代金のうち¥100,000を現金で支払い，残額を掛けとした取引について，出金伝票を以下のように作成したとき，振替伝票の記入を示しなさい。

出金伝票			
買 掛 金 100,000			

振 替 伝 票			
借方科目	金 額	貸方科目	金 額

(2) 商品¥200,000を売り上げ，代金のうち¥80,000は現金で受け取り，残額は掛けとした取引について，入金伝票を以下のように作成したとき，振替伝票の記入を示しなさい。

入金伝票			
売 上 80,000			

振 替 伝 票			
借方科目	金 額	貸方科目	金 額

➡ 解答は279ページ

練習問題 15-2

株式会社大阪商店は，毎日の取引を入金伝票，出金伝票，および振替伝票に記入し，これを1日分ずつ集計して仕訳日計表を作成している。同社のX1年6月1日の取引に関して作成された以下の各伝票（略式）にもとづいて，仕訳日計表を作成し，総勘定元帳と補助元帳における各勘定へ転記しなさい。なお，期首（4月1日）から5月31日までの転記額については，「諸口」として総額を示している。

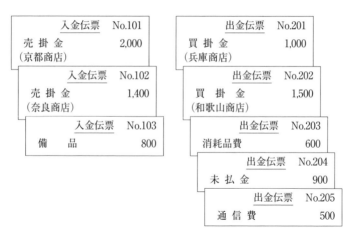

入金伝票		No.101
売 掛 金		2,000
（京都商店）		

入金伝票		No.102
売 掛 金		1,400
（奈良商店）		

入金伝票		No.103
備　　品		800

出金伝票		No.201
買 掛 金		1,000
（兵庫商店）		

出金伝票		No.202
買 掛 金		1,500
（和歌山商店）		

出金伝票		No.203
消耗品費		600

出金伝票		No.204
未 払 金		900

出金伝票		No.205
通 信 費		500

振替伝票			No.301
売 掛 金	2,300	売　　上	2,300
（奈良商店）			

振替伝票			No.302
固定資産売却損	200	備　　品	200

振替伝票			No.303
仕　　入	1,800	買 掛 金	1,800
		（兵庫商店）	

振替伝票			No.304
買 掛 金	1,250	支 払 手 形	1,250
（和歌山商店）			

仕 訳 日 計 表
X1年6月1日

借　　方	勘定科目	貸　　方
	現　　　　金	
	売　掛　金	
	備　　品	
	支 払 手 形	
	買　掛　金	
	未　払　金	
	売　　上	
	仕　　入	
	消 耗 品 費	
	通　信　費	
	固定資産売却損	

218

総 勘 定 元 帳

現 金

諸	口	30,000	諸	口	26,000

売 掛 金

諸	口	26,000	諸	口	20,000

備 品

諸	口	15,000			

通 信 費

補 助 元 帳

売 掛 金 元 帳

京 都 商 店

諸	口	20,000	諸	口	16,000

奈 良 商 店

諸	口	6,000	諸	口	4,000

買 掛 金 元 帳

兵 庫 商 店

諸	口	10,000	諸	口	14,000

和歌山商店

諸	口	6,500	諸	口	9,250

➡ 解答は280ページ

15
伝

票

219

財 務 諸 表

1. 決算とは，日常の取引記録を一定期間ごとに整理し，帳簿を締め切るとともに，財務諸表を作成する手続です。

2. 決算では，財政状態と経営成績を正しく表示できるように，期中の記録を修正します（決算整理手続）。

3. 決算手続の概要を把握するために，決算整理事項を含んだ8桁精算表を作成します。

4. 貸借対照表と損益計算書は，一定のルールに従って表示されます。

1 決算と決算手続

　決算とは，日常の取引記録を一定期間ごとに整理し，帳簿を締め切るとともに，最終的に財務諸表を作成する手続です。

　第4章において，基本的な決算手続については学んでいます。本章では，決算整理手続と8桁精算表，そして財務諸表の作成について取り上げます。財務諸表の作成については第4章において簡単に学びましたが，本章では，より具体的な作成方法について学びます。

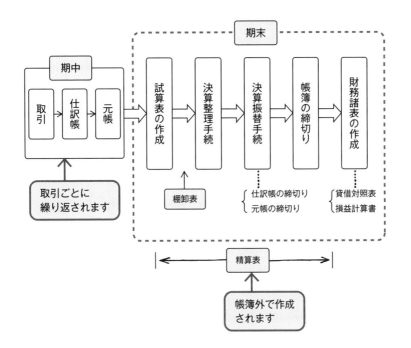

2 試算表の作成 ……………………………………………………

　試算表の基本的なしくみについては，第4章ですでに学びました。ここで
は，第5章から第14章までで学んだ期中取引の資料を用いて試算表を作成し
ます。

★**商品と繰越商品勘定**：商品に関する勘定科目は，元帳と試算表まで
は「繰越商品」勘定で処理します。しかし，貸借対照表では「商品」
として表示するので注意します。

次の（A）前期末貸借対照表と（B）期中取引高の資料にもとづいて，期中取引の仕訳をするとともに，期末の合計残高試算表を作成しなさい。

[資　料]‥‥‥‥‥‥‥‥‥‥‥‥‥‥‥‥‥‥‥‥‥‥‥‥‥‥‥‥‥‥‥‥‥‥‥‥‥‥‥

（A）前期末貸借対照表

貸 借 対 照 表
X1年3月31日

資　　産	金　　額	負債および純資産	金　　額
現　　　　　金	130,500	支　払　手　形	155,000
当　座　預　金	200,500	買　　掛　　金	162,000
受　取　手　形	85,000	借　　入　　金	140,000
売　　掛　　金	115,000	貸　倒　引　当　金	4,000
商　　　　　品	100,000	備品減価償却累計額	90,000
備　　　　　品	200,000	資　　本　　金	200,000
		繰越利益剰余金	80,000
	831,000		831,000

（B）期中取引高

①　商品¥30,000を売り上げ，現金を受け取った。

②　売掛金¥80,000を現金で回収した。

③　当座預金口座から現金¥30,000を引き出した。

④　商品¥50,000を仕入れ，現金で支払った。

⑤　給料¥62,000を現金で支払った。

⑥　広告宣伝費¥18,000を現金で支払った。

⑦　売掛金¥180,000が当座預金口座に振り込まれた。

⑧　受取手形¥105,000が決済され，当座預金口座に振り込まれた。

⑨　買掛金¥96,000を，小切手を振り出して支払った。

⑩　支払手形¥80,000が決済され，当座預金口座から引き落とされた。

⑪　借入金¥60,000と利息¥1,500を当座預金口座から返済した。

⑫　商品¥70,000を仕入れ，小切手を振り出した。

⑬　家賃¥30,000が当座預金口座から引き落とされた。

⑭　商品¥284,000を仕入れ，掛けとした。

⑮　商品¥365,000を売り上げ，掛けとした。

⑯　買掛金¥73,000の支払いとして，約束手形を振り出した。

⑰　商品¥88,000を仕入れ，約束手形を振り出した。

⑱　売掛金¥60,000の回収として，当社宛ての約束手形を受け取った。

⑲　商品¥110,000を売り上げ，当社宛ての約束手形を受け取った。

⑳　前期に発生した売掛金¥3,000が貸し倒れた。

㉑　備品¥40,000を購入し，代金は来月末に支払うこととした。

合計残高試算表
X2年3月31日

借方残高	借方合計	勘定科目	貸方合計	貸方残高
		現　　　　　金		
		当 座 預 金		
		受 取 手 形		
		売 　掛　 金		
		繰 越 商 品		
		備　　　　　品		
		支 払 手 形		
		買 　掛　 金		
		未 　払　 金		
		借 　入　 金		
		貸 倒 引 当 金		
		備品減価償却累計額		
		資 　本　 金		
		繰越利益剰余金		
		売　　　　　上		
		仕　　　　　入		
		給　　　　　料		
		支 払 家 賃		
		広 告 宣 伝 費		
		支 払 利 息		

😊解答へのアプローチ

1　前期末貸借対照表の金額に期中取引高を合算して，合計残高試算表を作成します。

[解　答]⋯⋯⋯⋯⋯⋯⋯⋯⋯⋯⋯⋯⋯⋯⋯⋯⋯⋯⋯⋯⋯⋯

期中取引の仕訳

①	（借）現　　　　金	30,000	（貸）売　　　　上	30,000
②	（借）現　　　　金	80,000	（貸）売　掛　金	80,000
③	（借）現　　　　金	30,000	（貸）当 座 預 金	30,000
④	（借）仕　　　　入	50,000	（貸）現　　　　金	50,000

223

⑤	（借）	給 料	62,000	（貸）	現 金	62,000
⑥	（借）	広告宣伝費	18,000	（貸）	現 金	18,000
⑦	（借）	当 座 預 金	180,000	（貸）	売 掛 金	180,000
⑧	（借）	当 座 預 金	105,000	（貸）	受 取 手 形	105,000
⑨	（借）	買 掛 金	96,000	（貸）	当 座 預 金	96,000
⑩	（借）	支 払 手 形	80,000	（貸）	当 座 預 金	80,000
⑪	（借）	借 入 金	60,000	（貸）	当 座 預 金	61,500
		支 払 利 息	1,500			
⑫	（借）	仕 入	70,000	（貸）	当 座 預 金	70,000
⑬	（借）	支 払 家 賃	30,000	（貸）	当 座 預 金	30,000
⑭	（借）	仕 入	284,000	（貸）	買 掛 金	284,000
⑮	（借）	売 掛 金	365,000	（貸）	売 上	365,000
⑯	（借）	買 掛 金	73,000	（貸）	支 払 手 形	73,000
⑰	（借）	仕 入	88,000	（貸）	支 払 手 形	88,000
⑱	（借）	受 取 手 形	60,000	（貸）	売 掛 金	60,000
⑲	（借）	受 取 手 形	110,000	（貸）	売 上	110,000
⑳	（借）	貸倒引当金	3,000	（貸）	売 掛 金	3,000
㉑	（借）	備 品	40,000	（貸）	未 払 金	40,000

合計残高試算表

X2年3月31日

借方残高	借方合計	勘定科目	貸方合計	貸方残高
140,500	270,500	現　　　　金	130,000	
118,000	485,500	当 座 預 金	367,500	
150,000	255,000	受 取 手 形	105,000	
157,000	480,000	売 　掛 　金	323,000	
100,000	100,000	繰 越 商 品		
240,000	240,000	備　　　　品		
	80,000	支 払 手 形	316,000	236,000
	169,000	買 　掛 　金	446,000	277,000
		未 　払 　金	40,000	40,000
	60,000	借 　入 　金	140,000	80,000
	3,000	貸 倒 引 当 金	4,000	1,000
		備品減価償却累計額	90,000	90,000
		資 　本 　金	200,000	200,000
		繰越利益剰余金	80,000	80,000
		売　　　　上	505,000	505,000
492,000	492,000	仕　　　　入		
62,000	62,000	給　　　料		
30,000	30,000	支 払 家 賃		
18,000	18,000	広 告 宣 伝 費		
1,500	1,500	支 払 利 息		
1,509,000	2,746,500		2,746,500	1,509,000

3 棚卸表の作成と決算整理事項……………………………………

　第4章では〔試算表→帳簿の締切り→財務諸表の作成〕という手順で，決算手続を行いました。しかし，実際には，帳簿の締切りの前に，期中に行った記録を修正する決算整理手続を行う必要があります。つまり，〔試算表→決算整理手続→帳簿の締切り→財務諸表の作成〕という手順で，決算手続を行います。期中の取引をそのまま記録しただけでは，正しい財政状態と経営成績を表す財務諸表の作成はできませんので，決算整理手続を行って期中の記録を修正する必要があります。

　決算整理手続を行うためには，次のように，あらかじめ決算整理事項をもれなく列挙した**棚卸表**を作成する必要があります。

棚　卸　表
X1年○月○日

決算整理事項	摘　要	金　額
繰 越 商 品		×××
貸倒引当金繰入		×××
減 価 償 却 費		×××
前 払 保 険 料		×××
		×××

　本書で学習する主な決算整理事項は，以下のとおりです。これらについて
の仕訳である決算整理仕訳は，すでに第5章から第14章までで学んでいます。

- 現金過不足の処理（第5章）
- 当座借越の処理（第5章）
- 仮払金・仮受金などの処理（第8章）
- 商品の棚卸し（3分法における売上原価の計算など）（第6章）
- 貸倒引当金の設定（第11章）
- 有形固定資産にかかる減価償却費の計上（第10章）
- 未収収益・未払費用・前受収益・前払費用の計上（第13章）
- 貯蔵品の処理（第13章）
- 法人税，住民税及び事業税の計上（第14章）
- 未払消費税の計上（第14章）

　決算整理仕訳を行った後の試算表は，**決算整理後残高試算表**といいます。
決算整理後残高試算表は，貸借対照表と損益計算書作成の基礎となる重要な
ものです。

例題16-2

　次の（A）決算整理前残高試算表と（B）決算整理事項にもとづいて，⑴決
算整理仕訳を行い，⑵決算整理後残高試算表を作成しなさい。

（A）決算整理前残高試算表

決算整理前残高試算表
X1年3月31日

借　　方	勘定科目	貸　　方
727,000	現　　　　　金	
500,000	売　掛　金	
300,000	貸　付　金	
480,000	繰　越　商　品	
200,000	備　　　　品	
	買　掛　金	450,000
	貸　倒　引　当　金	7,000
	備品減価償却累計額	50,000
	資　　本　　金	1,000,000
	繰越利益剰余金	550,000
	売　　　　　上	1,810,000
	受　取　利　息	20,000
1,275,000	仕　　　　　入	
330,000	支　払　家　賃	
75,000	保　険　料	
3,887,000		3,887,000

（B）決算整理事項

① 売掛金の期末残高に対して2％の貸倒引当金を差額補充法で設定する。

② 期末商品棚卸高は¥550,000である。

③ 備品について，耐用年数4年，残存価額ゼロとした定額法で減価償却を行う。

④ 保険料の前払分が¥15,000ある。

⑤ 家賃の未払分が¥30,000ある。

⑥ 受取利息の未収分が¥5,000ある。

(2) 決算整理後残高試算表

決算整理後残高試算表
X1年3月31日

借　方	勘定科目	貸　方
727,000	現　　　　金	
500,000	売　掛　金	
300,000	貸　付　金	
(　　　　　)	繰　越　商　品	
200,000	備　　　品	
	買　掛　金	450,000
	貸　倒　引　当　金	(　　　　　)
	備品減価償却累計額	(　　　　　)
	資　本　金	1,000,000
	繰　越　利　益　剰　余　金	550,000
	売　　　　上	1,810,000
	受　取　利　息	(　　　　　)
(　　　　　)	仕　　　入	
(　　　　　)	支　払　家　賃	
(　　　　　)	保　険　料	
(　　　　　)	貸倒引当金繰入	
(　　　　　)	減　価　償　却　費	
(　　　　　)	前　払　保　険　料	
	未　払　家　賃	(　　　　　)
(　　　　　)	未　収　利　息	
3,975,000		3,975,000

☺ 解答へのアプローチ

　決算整理事項の仕訳を行い，これを決算整理後残高試算表に反映させます。

228

[解　答]……………………………………………………………………………

(1)　決算整理仕訳

① （借）貸 倒 引 当 金 繰 入　　3,000　　（貸）貸 倒 引 当 金　3,000

② （借）仕　　　　　　　入　480,000　　（貸）繰 越 商 品　480,000

　　（借）繰 越 商 品　550,000　　（貸）仕　　　　　　入　550,000

③ （借）減 価 償 却 費　50,000　　（貸）備品減価償却累計額　50,000

④ （借）前 払 保 険 料　15,000　　（貸）保　　険　　料　15,000

⑤ （借）支 払 家 賃　30,000　　（貸）未 払 家 賃　30,000

⑥ （借）未 収 利 息　　5,000　　（貸）受 取 利 息　5,000

(2)　決算整理後残高試算表

決算整理後残高試算表
X1年 3 月31日

借　　方	勘定科目	貸　　方
727,000	現　　　　　　金	
500,000	売 　掛 　金	
300,000	貸 　付 　金	
（ 550,000）	繰 越 商 品	
200,000	備　　　　品	
	買 　掛 　金	450,000
	貸 倒 引 当 金	（ 10,000）
	備品減価償却累計額	（ 100,000）
	資 　本 　金	1,000,000
	繰 越 利 益 剰 余 金	550,000
	売　　　　上	1,810,000
	受 取 利 息	（ 25,000）
（1,205,000）	仕 　入	
（ 360,000）	支 払 家 賃	
（ 60,000）	保 　険 　料	
（ 3,000）	貸 倒 引 当 金 繰 入	
（ 50,000）	減 価 償 却 費	
（ 15,000）	前 払 保 険 料	
	未 払 家 賃	（ 30,000）
（ 5,000）	未 収 利 息	
3,975,000		3,975,000

　以下の【資料1】と【資料2】にもとづいて，(1)決算整理後残高試算表を作成し，(2)当期純利益を答えなさい。当期はX7年4月1日からX8年3月31日までの1年間である。

【資料1】

決算整理前残高試算表

借　　方	勘定科目	貸　　方
76,000	現　　　　　金	
3,000	現 金 過 不 足	
849,000	当 座 預 金	
190,000	売 　 掛 　 金	
65,000	仮 払 消 費 税	
240,000	仮 　 払 　 金	
56,000	繰 越 商 品	
1,800,000	建 　 　 　 物	
440,000	備 　 　 　 品	
980,000	土 　 　 　 地	
	買 　 掛 　 金	144,000
	借 　 入 　 金	400,000
	仮 受 消 費 税	128,000
	貸 倒 引 当 金	2,000
	建物減価償却累計額	486,000
	備品減価償却累計額	120,000
	資 　 本 　 金	2,000,000
	繰越利益剰余金	1,000,000
	売 　 　 　 上	1,280,000
	受 取 手 数 料	6,000
650,000	仕 　 　 　 入	
148,000	給 　 　 　 料	
12,000	通 　 信 　 費	
37,000	水 道 光 熱 費	
20,000	支 払 利 息	
5,566,000		5,566,000

【資料２】 決算整理事項

① 現金過不足の原因を調査したら，水道光熱費¥2,000の記帳漏れが判明した。しかし，残額は原因不明のため雑損または雑益とする。

② 仮払金は備品取得に係るものである。この備品はX8年１月１日に納品されて使用している。納品に伴う備品勘定への振替が未処理である。

③ 売掛金¥20,000が当座預金口座に振り込まれていたが，この取引が未処理である。

④ 期末商品棚卸高は¥46,000である。

⑤ 売掛金の期末残高に対して４％の貸倒引当金を差額補充法により設定する。

⑥ 建物および備品について定額法で減価償却を行う。X8年１月１日に取得した備品（上記②を参照）については，月割で減価償却費を計上する。

　　建物：残存価額０　耐用年数30年
　　備品：残存価額０　耐用年数５年

⑦ 借入金は，X7年８月１日に借入期間１年，利率年1.2％，利息は元本返済時に一括で支払う条件で借り入れたものである。したがって，すでに発生している利息を月割で計上する。

⑧ 受取手数料について，未収分が¥4,000ある。

⑨ 費用処理した郵便切手のうち未使用分¥5,000を貯蔵品勘定に振り替える。

⑩ 消費税の処理を税抜方式で行う。

⑪ 法人税，住民税及び事業税¥72,000を計上する。なお，中間申告納付は行っていない。

(1)

決算整理後残高試算表
X8年3月31日

借　　　方	勘定科目	貸　　　方
	現　　　　　金	
	当　座　預　金	
	売　　掛　　金	
	繰　越　商　品	
	貯　　蔵　　品	
	未　収　手　数　料	
	建　　　　　物	
	備　　　　　品	
	土　　　　　地	
	買　　掛　　金	
	借　　入　　金	
	（　　　）利　息	
	未　払　消　費　税	
	未　払　法　人　税　等	
	貸　倒　引　当　金	
	建物減価償却累計額	
	備品減価償却累計額	
	資　　本　　金	
	繰　越　利　益　剰　余　金	
	売　　　　　上	
	受　取　手　数　料	
	仕　　　　　入	
	給　　　　　料	
	通　　信　　費	
	水　道　光　熱　費	
	支　払　利　息	
	雑　　（　　　　）	
	貸　倒　引　当　金　繰　入	
	減　価　償　却　費	
	法人税, 住民税及び事業税	

(2)　当期純利益　¥（　　　　　　　　　）

➡ 解答は282ページ

4 精算表の作成 ··········

第4章では，6桁精算表について学びました。ここでは，**8桁精算表**について学びます。8桁精算表の基本的な形は6桁精算表と同じですが，8桁精算表では，決算整理手続を反映するために，残高試算表欄と損益計算書欄・貸借対照表欄の間に**修正記入欄**（または**整理記入欄**）が設けられます。

精　算　表

勘定科目	残高試算表		修正記入		損益計算書		貸借対照表	
	借方	貸方	借方	貸方	借方	貸方	借方	貸方

例題16-3

　次の決算整理事項にもとづいて，精算表を作成しなさい。ただし，会計期間はX1年4月1日からX2年3月31日までの1年間である。

① 現金の実際手許有高は¥74,000であった。帳簿有高との不一致の原因は不明である。

② 受取手形および売掛金の期末残高に対して2％の貸倒れを見積もる。貸倒引当金の設定は差額補充法による。

③ 期末商品棚卸高は¥31,600であった。売上原価は「仕入」の行で計算すること。

④ 通信費に計上されている郵便切手の未使用高は¥800であった。

⑤ 備品については残存価額ゼロ，耐用年数6年の定額法によって減価償却を行う。残高試算表には，すでに11カ月分の減価償却費が計上されており，3月の分を追加計上する。

⑥ 支払利息の未払分が¥120あった。

⑦ 受取利息の未収分が¥500あった。

⑧ 保険料の前払分が¥180あった。

⑨ 法人税，住民税及び事業税¥3,180を計上する。

精 算 表

> 8桁精算表では，修正記入欄が追加されます

勘定科目	残高試算表 借方	残高試算表 貸方	修正記入 借方	修正記入 貸方	損益計算書 借方	損益計算書 貸方	貸借対照表 借方	貸借対照表 貸方
現　　　　金	74,800							
受 取 手 形	45,200							
売 掛 金	32,800							
貸 付 金	48,000							
繰 越 商 品	28,800							
備　　　　品	72,000							
支 払 手 形		10,800						
買 掛 金		6,000						
借 入 金		40,000						
貸 倒 引 当 金		400						
備品減価償却累計額		35,000						
資 本 金		150,000						
繰越利益剰余金		50,000						
売　　　　上		158,000						
受 取 利 息		960						
仕　　　　入	104,160							
給　　　　料	25,400							
減 価 償 却 費	11,000							
支 払 家 賃	4,800							
通 信 費	3,000							
保 険 料	720							
支 払 利 息	480							
	451,160	451,160						
雑（　　　）								
貸倒引当金繰入								
貯 蔵 品								
未 払 利 息								
（　　　）利息								
（　　　）保険料								
法人税，住民税及び事業税								
未払法人税等								
当期純（　　）								

😊 解答へのアプローチ

1　修正記入欄に記載する決算整理仕訳は，次のとおりです。

① （借）雑　　　　　損　　　800　（貸）現　　　　　　金　　　800

② （借）貸 倒 引 当 金 繰 入　1,160　（貸）貸 倒 引 当 金　1,160

③ （借）仕　　　　　入　28,800　（貸）繰 越 商 品　28,800

　　（借）繰 越 商 品　31,600　（貸）仕　　　　　入　31,600

④ （借）貯 蔵 品　　　800　（貸）通 信 費　　　800

⑤	（借）減　価　償　却　費	1,000	（貸）備品減価償却累計額	1,000
⑥	（借）支　払　利　息	120	（貸）未　払　利　息	120
⑦	（借）未　収　利　息	500	（貸）受　取　利　息	500
⑧	（借）前　払　保　険　料	180	（貸）保　　険　　料	180
⑨	（借）法　人　税，住　民　税 　　　及　び　事　業　税	3,180	（貸）未　払　法　人　税　等	3,180

2　残高試算表において借方残高の科目については，修正記入欄の借方はプラス，貸方はマイナスの計算をします。逆に貸方残高の科目は，修正記入欄の借方はマイナス，貸方はプラスの計算をします。

3　残高試算表における各勘定の残高に修正記入を加減した金額により，損益計算書と貸借対照表を作成します。

4　収益・費用は損益計算書に，資産・負債・資本は貸借対照表に移記します。

5　損益計算書欄の借方差額が当期純利益（貸方差額のときは当期純損失）であり，貸借対照表欄の貸方（当期純損失のときは借方）に同じ金額を記入し，貸借がすべて平均することを確認してください。

6　減価償却費は，月次決算によって計上されているので，すでに11カ月分は計上済みであるため，残り1カ月分のみを追加計上します。

精 算 表

勘定科目	残高試算表 借方	残高試算表 貸方	修正記入 借方	修正記入 貸方	損益計算書 借方	損益計算書 貸方	貸借対照表 借方	貸借対照表 貸方
現 金	⊕74,800			⊝①800			74,000	
受 取 手 形	45,200						45,200	
売 掛 金	32,800						32,800	
貸 付 金	48,000						48,000	
繰 越 商 品	⊕28,800		⊕③31,600	⊝③28,800			31,600	
備 品	72,000						72,000	
支 払 手 形		10,800						10,800
買 掛 金		6,000						6,000
借 入 金		40,000						40,000
貸 倒 引 当 金		⊕400		⊕②1,160				1,560
備品減価償却累計額		⊕35,000		⊕⑤1,000				36,000
資 本 金		150,000						150,000
繰越利益剰余金		50,000						50,000
売 上		158,000				158,000		
受 取 利 息		⊕960		⊕⑦500		1,460		
仕 入	⊕104,160		⊕③28,800	⊝③31,600	101,360			
給 料	25,400				25,400			
減 価 償 却 費	⊕11,000		⊕⑤1,000		12,000			
支 払 家 賃	4,800				4,800			
通 信 費	⊕3,000			⊝④800	2,200			
保 険 料	⊕720			⊝⑧180	540			
支 払 利 息	⊕480		⊕⑥120		600			
	451,160	451,160						
雑 (損)			①800		800			
貸倒引当金繰入			②1,160		1,160			
貯 蔵 品			④800				800	
未 払 利 息				⑥120				120
(未収)利息			⑦500				500	
(前払)保険料			⑧180				180	
法人税,住民税及び事業税			⑨3,180		3,180			
未払法人税等				⑨3,180				3,180
当期純(利益)					7,420			7,420
			68,140	68,140	159,460	159,460	305,080	305,080

　次の決算整理事項等にもとづいて，精算表を作成しなさい。なお，会計期間はX1年4月1日からX2年3月31日までの1年間である。

【決算整理事項等】

① 買掛金¥32,000を当座預金口座から支払った取引が未記帳であった。

② 売掛金¥19,000が当座預金口座に振り込まれていた取引が未記帳であった。

③ 現金過不足のうち¥2,000は広告宣伝費の記入漏れであることが判明した。しかし，残額については原因が不明であるので，雑損または雑益として処理する。

④ 売掛金の期末残高に対して4％の貸倒れを見積もる。貸倒引当金の設定は差額補充法による。

⑤ 期末商品棚卸高は¥183,000である。売上原価は「仕入」の行で計算する。

⑥ 備品（耐用年数5年，残存価額0）について，定額法により減価償却を行う。

⑦ 手数料の未収分が¥5,400ある。

⑧ 保険料は全額当期の8月1日に向こう1年分を支払ったものである。したがって，前払分を月割で計上する。

⑨ 通信費のなかに郵便切手の未使用分が¥1,900あったので，これを貯蔵品勘定に振り替える。

精 算 表

勘定科目	残高試算表		修正記入		損益計算書		貸借対照表	
	借方	貸方	借方	貸方	借方	貸方	借方	貸方
現 金	380,000							
現 金 過 不 足	3,000							
当 座 預 金	2,382,000							
売 掛 金	369,000							
繰 越 商 品	135,000							
備 品	800,000							
買 掛 金		779,000						
貸 倒 引 当 金		12,000						
備品減価償却累計額		480,000						
資 本 金		1,300,000						
繰越利益剰余金		764,000						
売 上		3,100,000						
受 取 手 数 料		74,000						
仕 入	1,650,000							
支 払 家 賃	600,000							
広 告 宣 伝 費	128,000							
通 信 費	38,000							
保 険 料	24,000							
	6,509,000	6,509,000						
雑 （ ）								
貸倒引当金繰入								
減 価 償 却 費								
（ ）手数料								
（ ）保険料								
貯 蔵 品								
当期純（ ）								

⇒ 解答は284ページ

5 財務諸表の作成 ……………………………………………………

　財務諸表には貸借対照表と損益計算書があり，これらの様式には，勘定式と報告式があります。以下では，勘定式を説明します。

勘定式	T字型の様式。
	貸借対照表：左側に資産，右側に負債および純資産を記載。なお，純資産の部には，資本を記載します。
	損益計算書：左側に費用，右側に収益を記載。
報告式	上から下に項目を記載する様式。
	貸借対照表：資産，負債，純資産の順に記載。
	損益計算書：収益から費用を控除する形で記載。
	＊報告式の損益計算書は，収益および費用の種類別に区分した区分損益計算書によることが多いです。

●勘定式

●報告式

　財務諸表に使用される表示科目名は，企業外部の利用者にとってわかりやすいものとされていますので，必ずしも勘定科目名と同じではありません。

　また，貸借対照表については，資産の評価項目（貸倒引当金・減価償却累計額）の記載にも注意をしてください。これらは，総勘定元帳上の勘定では貸方残高となりますが，貸借対照表では資産から控除する形式のため借方に記載されます。

　損益計算書と貸借対照表の作成にあたって留意すべき事項をまとめると，次のとおりです。

●損益計算書

勘定科目	損益計算書上の表示科目
仕　入	売上原価
売　上	売上高

●貸借対照表

勘定科目	貸借対照表上の表示科目
繰越商品	商品

＊　前払保険料・前払家賃などのような同種の経過勘定項目は，前払費用，前受収益，未収収益，未払費用の各科目に統合されて表示されることが多いです。

＊　繰越利益剰余金の金額は，残高試算表上の金額に当期純利益を加算して（当期純損失を減算して）表示します。

●資産の評価項目の記載

・貸倒引当金→売上債権（売掛金・受取手形など）から控除する形式で記載

・減価償却累計額→有形固定資産（建物・備品など）から控除する形式で記載

次のX2年3月31日現在の決算整理後の勘定残高にもとづいて，損益計算書と貸借対照表を作成しなさい。

（決算整理後の勘定残高）

現　　　　金	800	当 座 預 金	1,800
売　掛　金	1,200	貸　付　金	950
繰 越 商 品	970	建　　　物	2,000
備　　　品	800	土　　　地	1,000
買　掛　金	900	未 払 法 人 税 等	515
貸 倒 引 当 金	25	建物減価償却累計額	860
備品減価償却累計額	200	資　本　金	5,000
繰越利益剰余金	1,300	売　　　上	6,995
受 取 利 息	360	仕　　　入	3,650
給　　　料	800	支 払 家 賃	700
保　険　料	580	貸倒引当金繰入	20
減 価 償 却 費	290	法人税，住民税及び事業税	515
未 払 家 賃	180	前 払 保 険 料	200
未 収 利 息	60		

損 益 計 算 書

X1年4月1日からX2年3月31日まで

費　　用	金　額	収　　益	金　額
（　　　　　　　　）	（　　　　　）	（　　　　　　　　）	（　　　　　）
給　　　料	（　　　　　）	受 取 利 息	（　　　　　）
支 払 家 賃	（　　　　　）		
保　険　料	（　　　　　）		
貸倒引当金繰入	（　　　　　）		
減 価 償 却 費	（　　　　　）		
法人税，住民税及び事業税	（　　　　　）		
当期（　　　）	（　　　　　）		
	（　　　　　）		（　　　　　）

貸 借 対 照 表

X2年3月31日

資　産	内訳	金　額	負債および純資産	金　額
現　　　　　金		（　　　　　）	買　掛　金	（　　　　　）
当　座　預　金		（　　　　　）	未 払 法 人 税 等	（　　　　　）
売　掛　金	（　　　　）		未　払　費　用	（　　　　　）
（　　　　　）	△（　　　）	（　　　　　）	資　本　金	（　　　　　）
貸　付　金		（　　　　　）	繰越利益剰余金	（　　　　　）
（　　　　　）		（　　　　　）		
前　払　費　用		（　　　　　）		
未　収　収　益		（　　　　　）		
建　　　　　物	（　　　　）			
（　　　　　）	△（　　　）	（　　　　　）		
備　　　　　品	（　　　　）			
（　　　　　）	△（　　　）	（　　　　　）		
土　　　　　地		（　　　　　）		
		（　　　　　）		（　　　　　）

😊解答へのアプローチ

　決算整理後の勘定残高を資産・負債・純資産と収益・費用に分けて，それぞれから貸借対照表と損益計算書を作成します。その際に，勘定科目名と財務諸表上の表示科目名との違いに気をつけてください。

　当期純利益は，貸借対照表上は繰越利益剰余金に加算して表示します。

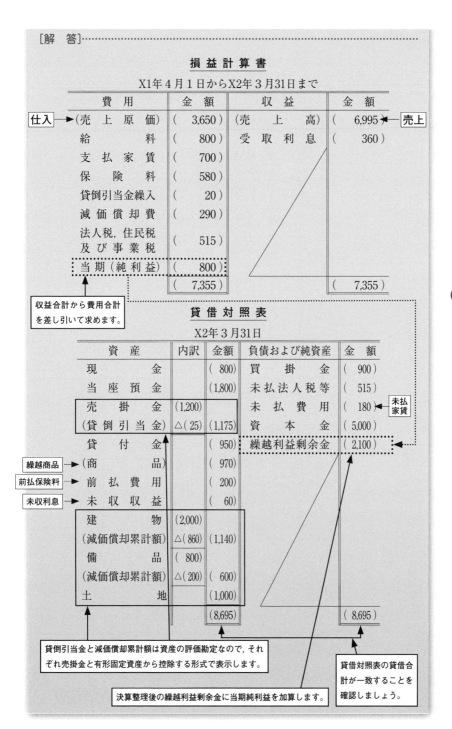

[解 答]

損 益 計 算 書

X1年4月1日からX2年3月31日まで

費　用	金　額	収　益	金　額
仕入 →（売 上 原 価）	（　3,650）	（売　上　高）	（　6,995）← 売上
給　　　料	（　800）	受 取 利 息	（　360）
支 払 家 賃	（　700）		
保 険 料	（　580）		
貸倒引当金繰入	（　20）		
減 価 償 却 費	（　290）		
法人税, 住民税及 び 事 業 税	（　515）		
当 期（純利益）	（　800）		
	（　7,355）		（　7,355）

収益合計から費用合計
を差し引いて求めます。

貸 借 対 照 表

X2年3月31日

資　産	内訳	金額	負債および純資産	金　額
現　　　金		（　800）	買　掛　金	（　900）
当 座 預 金		（1,800）	未払法人税等	（　515）
売　掛　金	（1,200）		未　払　費　用	（　180）← 未払家賃
（貸倒引当金）	△（ 25）	（1,175）	資　本　金	（5,000）
貸　付　金		（　950）	繰越利益剰余金	（2,100）
繰越商品 →（商　　　品）		（　970）		
前払保険料 → 前 払 費 用		（　200）		
未収利息 → 未 収 収 益		（　60）		
建　　　物	（2,000）			
（減価償却累計額）	△（860）	（1,140）		
備　　　品	（　800）			
（減価償却累計額）	△（200）	（　600）		
土　　　地		（1,000）		
		（8,695）		（8,695）

貸倒引当金と減価償却累計額は資産の評価勘定なので, それ
ぞれ売掛金と有形固定資産から控除する形式で表示します。

決算整理後の繰越利益剰余金に当期純利益を加算します。

貸借対照表の貸借合
計が一致することを
確認しましょう。

次の（A）決算整理前残高試算表および（B）決算整理事項にもとづいて決算整理仕訳を行い，損益計算書および貸借対照表を作成しなさい。

（A）決算整理前残高試算表

残 高 試 算 表
X2年3月31日

借　方	勘定科目	貸　方
8,000	現　　　　　金	
18,000	当 座 預 金	
20,000	受 取 手 形	
15,000	売 　掛 　金	
7,800	繰 越 商 品	
400	仮 払 金	
10,000	備　　　　　品	
8,000	差 入 保 証 金	
	支 払 手 形	12,500
	買 　掛 　金	15,400
	所 得 税 預 り 金	1,000
	借 　入 　金	25,000
	仮 　受 　金	2,000
	貸 倒 引 当 金	300
	備品減価償却累計額	2,000
	資 　本 　金	20,000
	繰越利益剰余金	6,000
	売 　　　　上	39,000
	受 取 利 息	800
26,500	仕 　　　　入	
3,000	給 　　　　料	
3,800	支 払 家 賃	
2,000	保 険 料	
1,500	支 払 利 息	
124,000		124,000

（B）決算整理事項

① 期末商品棚卸高は¥8,600であった。

② 仮受金¥2,000は，得意先からの掛代金の振込みであった。

③ 受取手形および売掛金の期末残高に対し，2％の貸倒引当金を設定

する。なお，差額補充法によること。

④ 備品の減価償却費を残存価額ゼロ，耐用年数5年の定額法によって
計上する。

⑤ 仮払金¥400は，従業員の所得税源泉徴収税額を国庫に納付したもの
であった。

⑥ 受取利息の未収分が¥80あった。

⑦ 家賃および保険料の前払分が，それぞれ¥200，¥60あった。

⑧ 給料の未払分が¥100あった。

⑨ 税引前当期純利益の30％を法人税，住民税及び事業税として計上す
る。

損 益 計 算 書
X1年4月1日からX2年3月31日まで

費　　用	．　金　　額	収　　益	金　　額
売 上 原 価	(　　　　　)	売　　上　　高	(　　　　　)
給　　　　料	(　　　　　)	受　取　利　息	(　　　　　)
支 払 家 賃	(　　　　　)		
保　険　料	(　　　　　)		
貸倒引当金繰入	(　　　　　)		
減 価 償 却 費	(　　　　　)		
支 払 利 息	(　　　　　)		
法人税，住民税及び事業税	(　　　　　)		
当 期 純 利 益	(　　　　　)		
	(　　　　)		(　　　　　)

245

貸　借　対　照　表

X2年3月31日

資　産	内　訳	金　額	負債および純資産	金　額
現　　　　　金		(　　　　　)	支　払　手　形	(　　　　　)
当　座　預　金		(　　　　　)	買　　掛　　金	(　　　　　)
受　取　手　形	(　　　　)		借　　入　　金	(　　　　　)
貸 倒 引 当 金	△(　　　　)	(　　　　　)	所 得 税 預 り 金	(　　　　　)
売　　掛　　金	(　　　　)		未 払 法 人 税 等	(　　　　　)
貸 倒 引 当 金	△(　　　　)	(　　　　　)	未　払　費　用	(　　　　　)
商　　　　　品		(　　　　　)	資　　本　　金	(　　　　　)
前　払　費　用		(　　　　　)	繰越利益剰余金	(　　　　　)
未　収　収　益		(　　　　　)		
備　　　　　品	(　　　　)	(　　　　　)		
減価償却累計額	△(　　　　)			
差　入　保　証　金		(　　　　　)		
		(　　　　　)		(　　　　　)

246

3級　商業簿記
練習問題 解答・解説

資産総額　¥305,000　　負債総額　¥140,000　　資本の額　¥165,000

練習問題 1-2

貸 借 対 照 表

㈱名古屋商店　　　　　　　　X1年4月1日

資　　　産	金　　　額	負債および純資産	金　　　額
現　　　　　　　金	60,000	買　　掛　　金	48,000
普　通　預　金	50,000	借　　入　　金	200,000
売　　掛　　金	68,000	資　　本　　金	180,000
建　　　　　　物	150,000		
土　　　　　　地	100,000		
	428,000		428,000

解　説

　貸借対照表は，資産＝負債＋資本の等式からなり，資本は資本金で表示します。貸借対照表において，資本は純資産として表示します。

練習問題 1-3

損 益 計 算 書

㈱大阪商店　　　　　X1年4月1日からX2年3月31日まで

費　　　用	金　　　額	収　　　益	金　　　額
仕　　　　　　入	136,000	売　　　　　　上	200,000
給　　　　　　料	30,000	受　取　手　数　料	4,000
広　告　宣　伝　費	10,000	受　取　利　息	2,000
旅　費　交　通　費	8,000		
消　耗　品　費	9,000		
雑　　　　　　費	1,000		
支　払　利　息	3,000		
当　期　純　利　益	9,000		
	206,000		206,000

練習問題 **1-4**

損 益 計 算 書

㈱福岡商店　　　　　X1年4月1日からX2年3月31日まで

費　　　用	金　　額	収　　　益	金　　額
仕　　　　　　入	259,000	売　　　　　上	500,000
給　　　　　料	160,000	受 取 手 数 料	23,000
支　払　家　賃	40,000		
旅　費　交　通　費	22,000		
通　　信　　費	6,000		
水　道　光　熱　費	2,000		
消　耗　品　費	3,000		
雑　　　　　費	1,000		
当　期　純　利　益	30,000		
	523,000		523,000

貸 借 対 照 表

㈱福岡商店　　　　　X2年3月31日

資　　　産	金　　額	負債および純資産	金　　額
現　　　　　金	60,000	買　　掛　　金	30,000
普　通　預　金	30,000	借　　入　　金	60,000
売　　掛　　金	50,000	資　　本　　金	100,000
備　　　　　品	70,000	繰 越 利 益 剰 余 金	30,000
貸　付　金	10,000		
	220,000		220,000

解　説

　期末資本の金額は，資本金と繰越利益剰余金の合計額です。表示は別々に示します。

練習問題 **2-1**

(1)　交換取引　備品（資産）の増加と現金（資産）の減少

(2)　損益取引　広告宣伝費（費用）の発生と現金（資産）の減少

(3)　混合取引　借入金（負債）の減少および支払利息（費用）の発生と現金（資産）の減少

借入金の元金¥50,000の返済は交換取引ですが，利息¥500の支払いは損益取引であり，これらが1つの取引で混合して生じていると考えます。

練習問題 2-2

(1) ○　　(2) ×　　(3) ×　　(4) ○　　(5) ×

解　説

取引要素の結合関係は，借方要素と貸方要素の間で成立します。借方要素同士，貸方要素同士では成立しません。(4)は，配当の支払いなどの取引が該当します。詳しくは第12章で説明します。

練習問題 2-3

4月3日　（借）仕　　　　　入　　10,000　（貸）買　　掛　　金　　10,000
　　　　　商品¥10,000を掛けで仕入れた。

　　6日　（借）現　　　　　金　　12,000　（貸）売　　掛　　金　　12,000
　　　　　売掛金¥12,000を現金で回収した。

　　10日　（借）借　　入　　金　　20,000　（貸）現　　　　　金　　20,000
　　　　　借入金¥20,000を現金で返済した。

　　20日　（借）支　払　家　賃　　　400　（貸）現　　　　　金　　　400
　　　　　家賃¥400を現金で支払った。

解　説

簿記の手順は，取引→仕訳→勘定記入の順に行われます。本問は逆の手順で，勘定記入から仕訳および取引の内容を推定させる問題です。

練習問題 2-4

4月1日　（借）現　　　　　金　150,000　（貸）資　　本　　金　200,000
　　　　　　　　備　　　　　品　　50,000

　　4日　（借）現　　　　　金　100,000　（貸）借　　入　　金　100,000

　　6日　（借）仕　　　　　入　　32,000　（貸）現　　　　　金　　32,000

　　7日　（借）車　両　運　搬　具　40,000　（貸）現　　　　　金　　40,000

10日	（借）消 耗 品 費	1,500	（貸）現	金	1,500
13日	（借）現	金	20,000	（貸）売	上	20,000
15日	（借）広 告 宣 伝 費	400	（貸）現	金	400
17日	（借）現	金	16,000	（貸）売	上	25,000
	売 掛 金	9,000
20日	（借）給 料	7,000	（貸）現	金	7,650
	支 払 家 賃	500
	雑 費	150
25日	（借）現	金	6,000	（貸）売 掛 金	6,000
30日	（借）借 入 金	10,000	（貸）現	金	10,200
	支 払 利 息	200

現　　　金

4/ 1	資　本　金	150,000	4/ 6	仕　　　入	32,000
4	借　入　金	100,000	7	車両運搬具	40,000
13	売　　　上	20,000	10	消 耗 品 費	1,500
17	売　　　上	16,000	15	広告宣伝費	400
25	売　掛　金	6,000	20	諸　　　口	7,650
			30	諸　　　口	10,200

売　掛　金

4/17 売　上	9,000	4/25 現　金	6,000

備　　　品

4/ 1 資本金	50,000

車両運搬具

4/ 7 現　金	40,000

借　入　金

4/30 現　金	10,000	4/ 4 現　金	100,000

資　本　金

	4/ 1 諸　口 200,000

売　　　上

	4/13 現　金 20,000
	17 諸　口 25,000

仕　　　入

4/ 6 現　金	32,000

消 耗 品 費

4/10 現　金	1,500

広告宣伝費

4/15 現　金	400

給　　　料

4/20 現　金	7,000

支 払 家 賃

4/20 現　金	500

雑　　　費

4/20 現　金	150

251

支 払 利 息

4/30 現 金 200	

解 説

現金以外の備品のような資産による出資を現物出資といいます。

練習問題 3-1

総 勘 定 元 帳

現　　金　　　　　　　　　　　1

X1年		摘　　要	仕丁	借　方	X1年		摘　　要	仕丁	貸　方
9	4	借　入　金	4	150,000	9	8	仕　　　入	4	124,000
	10	売　　　上	〃	80,000		15	支 払 地 代	〃	1,200
	18	売　掛　金	〃	30,000		25	給　　　料	〃	16,000

売　掛　金　　　　　　　　　　2

X1年		摘　　要	仕丁	借　方	X1年		摘　　要	仕丁	貸　方
9	10	売　　　上	4	50,000	9	18	現　　　金	4	30,000

借　入　金　　　　　　　　　　6

X1年		摘　　要	仕丁	借　方	X1年		摘　　要	仕丁	貸　方
					9	4	現　　　金	4	150,000

売　　　上　　　　　　　　　　8

X1年		摘　　要	仕丁	借　方	X1年		摘　　要	仕丁	貸　方
					9	10	諸　　　口	4	130,000

仕　　　入　　　　　　　　　　9

X1年		摘　　要	仕丁	借　方	X1年		摘　　要	仕丁	貸　方
9	8	現　　　金	4	124,000					

給　　　料　　　　　　　　　　10

X1年		摘　　要	仕丁	借　方	X1年		摘　　要	仕丁	貸　方
9	25	現　　　金	4	16,000					

支 払 地 代　　　　　　　　　　11

X1年		摘　　要	仕丁	借　方	X1年		摘　　要	仕丁	貸　方
9	15	現　　　金	4	1,200					

　仕訳帳から総勘定元帳への転記は機械的な作業ですが，ミスのないよう慎重に行いましょう。元丁欄・仕丁欄への記入を忘れないようにしましょう。

練習問題 4 − 1

残 高 試 算 表

X1年 3 月31日

借　方	勘 定 科 目	貸　方
160,000	現　　　金	
200,000	売　掛　金	
82,000	貸　付　金	
45,000	備　　　品	
	買　掛　金	132,000
	借　入　金	120,000
	資　本　金	200,000
	繰越利益剰余金	100,000
	売　　　上	322,000
	受 取 手 数 料	6,000
285,000	仕　　　入	
75,000	給　　　料	
6,000	支 払 家 賃	
14,000	広 告 宣 伝 費	
8,000	支 払 利 息	
5,000	雑　　　費	
880,000		880,000

解 説

　各勘定科目がどの要素に属するかを見きわめ，残高は借方・貸方のいずれに計上されるかを判断します。

(1)	(借) 売　　　　　上	1,000,000	(貸) 損　　　　　益	1,040,000
	受 取 手 数 料	40,000		
(2)	(借) 損　　　　　益	1,070,000	(貸) 仕　　　　　入	400,000
			給　　　　料	450,000
			消 耗 品 費	50,000
			支 払 地 代	80,000
			雑　　　　費	90,000
(3)	(借) 繰越利益剰余金	30,000	(貸) 損　　　　　益	30,000

解 説

　本問では，当期純損失が¥30,000（収益合計¥1,040,000－費用合計¥1,070,000）生じます。損益勘定から繰越利益剰余金勘定への振替えは，当期純利益が生じる場合と逆の仕訳となりますので，繰越利益剰余金を当期純損失分だけ減少させます。

3月31日	(借) 売　　　　　上	100,000	(貸) 損　　　　　益	170,000
	受 取 手 数 料	70,000		
	(借) 損　　　　　益	155,000	(貸) 仕　　　　　入	85,000
			給　　　　料	45,000
			旅 費 交 通 費	14,000
			広 告 宣 伝 費	9,000
			雑　　　　費	2,000
	(借) 損　　　　　益	15,000	(貸) 繰越利益剰余金	15,000

解 説

　決算仕訳は，決算整理仕訳と決算振替仕訳からなります。本章での決算仕訳は振替仕訳のみになります。

　本問では，当期純利益が¥15,000（収益合計¥170,000－費用合計¥155,000）生じます。したがって，繰越利益剰余金を当期純利益分だけ増加させます。

練習問題 **4-4**

精 算 表

勘 定 科 目	残高試算表 借 方	残高試算表 貸 方	損益計算書 借 方	損益計算書 貸 方	貸借対照表 借 方	貸借対照表 貸 方
現 金	555,000				555,000	
売 掛 金	230,000				230,000	
備 品	370,000				370,000	
買 掛 金		190,000				190,000
借 入 金		100,000				100,000
資 本 金		500,000				500,000
繰越利益剰余金		300,000				300,000
売 上		1,000,000		1,000,000		
受 取 手 数 料		35,000		35,000		
仕 入	644,000		644,000			
給 料	175,000		175,000			
支 払 家 賃	120,000		120,000			
雑 費	25,000		25,000			
支 払 利 息	6,000		6,000			
当 期 純 利 益			65,000			65,000
	2,125,000	2,125,000	1,035,000	1,035,000	1,155,000	1,155,000

解 説

　資産・負債・資本に属する勘定から貸借対照表を作成し，収益・費用に属する勘定から損益計算書を作成します。当期純利益は，損益計算書の借方と貸借対照表の貸方に記入します。

練習問題 **5-1**

7月3日	（借）現 金	120,000	（貸）売 掛 金	120,000
5日	（借）現 金	160,000	（貸）売 上	160,000
7日	（借）仕 入	190,000	（貸）現 金	160,000
			買 掛 金	30,000
19日	（借）現 金	40,000	（貸）受 取 手 数 料	40,000
25日	（借）通 信 費	8,000	（貸）現 金	8,000
31日	（借）給 料	145,000	（貸）現 金	145,000

現金出納帳

X1年		摘　要	収　入	支　出	残　高
7	1	前月繰越	92,000		92,000
	3	香川商店から売掛金回収	120,000		212,000
	5	福井商店へ売上　小切手受領	160,000		372,000
	7	高知商店から仕入　他店振出小切手で支払い		160,000	212,000
	19	島根商店から仲介手数料　普通為替証書受領	40,000		252,000
	25	郵便切手・はがき購入		8,000	244,000
	31	本月分の給料支払い		145,000	99,000
	〃	次月繰越		99,000	
			412,000	412,000	
8	1	前月繰越	99,000		99,000

解 説

1　送金小切手，他人振出小切手，普通為替証書を受け取ったときは，通貨の場合と同様，現金の増加として処理します。

2　他人振出小切手を商品の仕入代金などの支払いにあてたときは，現金の減少として処理します。

練習問題 5-2

①	(借)	現 金 過 不 足	7,000	(貸)	現　　　　金	7,000
②	(借)	水 道 光 熱 費	6,500	(貸)	現 金 過 不 足	7,000
		雑　　　　損	500			
③	(借)	現 金 過 不 足	6,000	(貸)	受 取 手 数 料	5,000
					雑　　　　益	1,000
④	(借)	現 金 過 不 足	8,500	(貸)	売　　掛　　金	10,000
		雑　　　　損	1,500			
⑤	(借)	旅 費 交 通 費	18,000	(貸)	現 金 過 不 足	45,000
		通　信　費	14,000		受 取 手 数 料	4,000
		雑　　　　損	17,000			

（解　説）

③　貸方計上していた現金過不足は，決算時に借方に振り替えます。

④　現金の超過額は，現金過不足勘定の貸方に記入されていたので，決算時に借方に振り替えます。調査の結果，逆に現金の不足額が¥1,500あることが判明したことになります。

⑤　現金の不足額は，現金過不足勘定の借方に記入されていたので，決算時に貸方に振り替えます。原因が判明した現金の減少分は¥28,000（¥18,000＋¥14,000－¥4,000）です。したがって，雑損とすべき金額は¥45,000－¥28,000＝¥17,000になります。

練習問題 5−3

①	（借）仕	入	350,000	（貸）当 座 預 金	350,000
②	（借）当 座 預 金	220,000	（貸）当 座 借 越	220,000

（解　説）

決算日において，当座預金勘定の貸方残高を当座借越勘定（負債）または借入金勘定（負債）の貸方に振り替えます。

練習問題 5−4

8/ 8	（借）買 掛 金	80,000	（貸）普通預金X銀行	80,000
18	（借）当座預金Y銀行	50,000	（貸）売 掛 金	50,000
20	（借）水 道 光 熱 費	25,000	（貸）普通預金X銀行	25,000
25	（借）備 品	120,000	（貸）当座預金Y銀行	120,000
31	（借）普通預金X銀行	100	（貸）受 取 利 息	100
〃	（借）当座預金Y銀行	70,000	（貸）普通預金X銀行	70,200
	支 払 手 数 料	200		

普通預金X銀行

8/ 1 前 月 繰 越	600,000	8/ 8 買 掛 金	80,000
31 受 取 利 息	100	20 水 道 光 熱 費	25,000
		31 諸 口	70,200

257

当座預金Y銀行

8/ 1 前 月 繰 越	350,000	8/25 備　　　　品	120,000
18 売　　掛　　金	50,000		
31 普通預金X銀行	70,000		

練習問題 5-5

(借) 通　信　費	18,000		(貸) 小 口 現 金	43,000
消 耗 品 費	25,000			
(借) 小 口 現 金	43,000		(貸) 当 座 預 金	43,000

※次のように仕訳してもかまいません。

(借) 通　信　費	18,000		(貸) 当 座 預 金	43,000
消 耗 品 費	25,000			

解説

　小口現金係に小口現金を渡したときに「(借) 小口現金」として処理しているので，支払いの報告を受けたときは「(貸) 小口現金」とすると同時に借方に支払った費用を計上します。補給される金額は，小口現金係が支払った額と同額になります。

練習問題 6-1

問1

① 　仕入勘定を用いる場合

(借) 仕　　　　入	69,000		(貸) 繰 越 商 品	69,000
(借) 繰 越 商 品	88,000		(貸) 仕　　　　入	88,000

② 　売上原価勘定を用いる場合

(借) 売 上 原 価	69,000		(貸) 繰 越 商 品	69,000
(借) 売 上 原 価	314,000		(貸) 仕　　　　入	314,000
(借) 繰 越 商 品	88,000		(貸) 売 上 原 価	88,000

問2　　売上総利益　¥（　137,000　）

売上原価＝期首商品棚卸高￥69,000＋仕入高￥314,000－期末商品棚卸高￥88,000

　　　　＝￥295,000

売上総利益＝売上高￥432,000－売上原価￥295,000＝￥137,000

練習問題 6−2

①	（借）買	掛	金	30,000	（貸）仕		入	30,000
②	（借）仕		入	126,000	（貸）買	掛	金	120,000
					現		金	6,000
③	（借）売	掛	金	250,000	（貸）売		上	250,000
	（借）発	送	費	4,000	（貸）現		金	4,000
④	（借）現		金	50,000	（貸）仕		入	50,000
⑤	（借）売	掛	金	84,200	（貸）売		上	84,200
	（借）発	送	費	2,200	（貸）現		金	2,200

解 説

1　返品の場合，通常は①のように買掛金から差し引きますが，④のような

　場合もあるので注意しましょう。

2　商品を仕入れた場合，買い手が負担する運賃は商品の仕入原価に含めま

　す。

3　商品を売り渡した場合，売り手（当社）が支払う発送運賃は発送費勘定

　を用いて処理します（③）。買い手（先方）が負担する送料を支払った場合

　には，発送費で処理するとともに，送料分を売上と売掛金に含めます（⑤）。

売　上　帳

X1年		摘　　　　　要		内　　訳	金　　額
4	2	滋賀商店	掛		
		紳士靴（20足）	（@¥9,000）	（　　180,000）	
		婦人靴（20足）	（@¥7,000）	（　　140,000）	（　　320,000）
	11	京都商店	掛		
		婦人靴（20足）	（@¥7,000）		（　　140,000）
	13	京都商店	掛戻り		
		婦人靴（５足）	（@¥7,000）		（　　 35,000）
	26	群馬商店	現金・掛		
		紳士靴（30足）	（@¥9,000）	（　　270,000）	
		婦人靴（10足）	（@¥7,000）	（　　 70,000）	（　　340,000）
	30	総　売　上　高			（　　800,000）
	〃	（売　上　戻　り　高）			（　　 35,000）
		（純　売　上　高）			（　　765,000）

解　説

1　摘要欄には数量と単価を記入します。

2　１つの取引で異なる種類の商品を売り上げたときは，内訳欄に種類ごと
　の小計を記入します。１つの取引で１種類の商品のみを売り上げたときは，
　内訳欄への記入は不要です。

3　総売上高の計算においては，戻り分は考慮しません。

4　総売上高の下に戻り分を「売上戻り高」として記入します。

5　総売上高から売上戻り高を差し引いた額を「純売上高」として記入します。

練習問題 6−4

仕 入 帳

X1年		摘　　　　要	内　　訳	金　　額
11	4	大分商店　　　　　　　　　　　　　　掛		
		A商品　50個　@¥4,000	200,000	
		B商品　30個　@¥5,500	165,000	365,000
	6	大分商店　　　　　　　　　　　　掛戻し		
		A商品　5個　@¥4,000		20,000
	11	宮崎商店　　　　　　　　　　　　　　掛		
		C商品　30個　@¥2,500	75,000	
		引取運賃現金払い	2,000	77,000
	22	長崎商店　　　　　　　　　　　小切手・掛		
		B商品　50個　@¥5,300	265,000	
		D商品　40個　@¥1,500	60,000	325,000
	30	総　仕　入　高		767,000
	〃	仕　入　戻　し　高		20,000
		純　仕　入　高		747,000

解 説

1　1つの取引で異なる種類の商品を仕入れたときは，内訳欄に種類ごとの小計を記入します。1つの取引で1種類の商品のみを仕入れたときは，内訳欄への記入は不要です。

2　仕入諸掛がある場合には，摘要欄にその旨，内訳欄に金額を記入します。

3　総仕入高の計算においては，戻し分は考慮しません。

4　総仕入高の下に戻し分を「仕入戻し高」として記入します。

5　総仕入高から仕入戻し高を差し引いた額を「純仕入高」として記入します。

商　品　有　高　帳

① 先入先出法　　　　　　　ネクタイ

X1年		摘　　要	受　　入			払　　出			残　　高		
			数量	単価	金額	数量	単価	金額	数量	単価	金額
9	1	前 月 繰 越	10	6,000	60,000				10	6,000	60,000
	6	仕　　　　入	20	5,000	100,000				{10	6,000	60,000
									20	5,000	100,000
	8	売　　　　上				{10	6,000	60,000			
						5	5,000	25,000	15	5,000	75,000
	21	仕　　　　入	25	4,500	112,500				{15	5,000	75,000
									25	4,500	112,500
	29	売　　　　上				{15	5,000	75,000			
						5	4,500	22,500	20	4,500	90,000

② 売上総利益の計算

売　上　高　¥260,000

売　上　原　価　¥182,500

売 上 総 利 益　¥ 77,500

（解　説）

　売上高は売上帳の金額欄の合計金額，売上原価は商品有高帳の払出欄の合計金額です。売上高から売上原価を差し引いて売上総利益を求めます。

練習問題 **6-6**

① 移動平均法

商 品 有 高 帳

X1年		摘　要	受　入			払　出			残　高		
			数量	単価	金額	数量	単価	金額	数量	単価	金額
5	1	前月繰越	50	100	5,000				50	100	5,000
	10	仕　　入	200	150	30,000				250	140	35,000
	15	売　　上				100	140	14,000	150	140	21,000
	20	仕　　入	150	160	24,000				300	150	45,000
	25	売　　上				150	150	22,500	150	150	22,500
	31	次月繰越				150	150	22,500			
			400		59,000	400		59,000			
6	1		150	150	22,500				150	150	22,500

② 売上総利益の計算

売　上　高　￥90,000

売　上　原　価　￥36,500

売上総利益　￥53,500

（**解　説**）

$$5月10日の平均単価￥140 = \frac{￥5,000 + ￥30,000}{50個 + 200個}$$

$$5月20日の平均単価￥150 = \frac{￥21,000 + ￥24,000}{150個 + 150個}$$

売上高￥90,000 = 100個 × @￥300 + 150個 × @￥400

売上原価￥36,500 = ￥14,000 + ￥22,500

売上総利益￥53,500 = 売上高￥90,000 - 売上原価￥36,500

8月1日	（借）売	掛	金	67,000	（貸）売		上	67,000		
	（借）発	送	費	3,500	（貸）現		金	3,500		
4日	（借）仕		入	136,000	（貸）買	掛	金	130,000		
					当 座 預		金	6,000		
6日	（借）買	掛	金	30,000	（貸）仕		入	30,000		
13日	（借）現		金	150,000	（貸）売		上	220,000		
	売	掛	金	70,000						
25日	（借）現		金	70,000	（貸）売	掛	金	70,000		
31日	（借）買	掛	金	100,000	（貸）現		金	100,000		

解 説

1　商品の売上時に売り手が負担する発送費用を支払った場合には，発送費
　勘定で処理します。

2　商品の仕入時に引取費用を支払った場合には，通常，仕入諸掛として商
　品の仕入原価に含めます。

3　返品の場合には，通常，仕入時または売上時に行った仕訳の貸借反対の
　仕訳をして，仕入勘定と買掛金勘定または売上勘定と売掛金勘定をそれぞ
　れ減額させます。

練習問題 **7－2**

買 掛 金 元 帳

横 浜 商 店

X1年		摘　　要	借　方	貸　方	借または貸	残　高
9	1	前 月 繰 越		230,000	貸	230,000
	8	仕　　入		100,000	〃	330,000
	13	仕　　入		130,000	〃	460,000
	14	返　　品	20,000		〃	440,000
	27	支　　払	260,000		〃	180,000
	30	次 月 繰 越	180,000			
			460,000	460,000		
10	1	前 月 繰 越		180,000	貸	180,000

264

解 説

1 問題文では東京商店と横浜商店の資料が与えられていますが，解答で要求されているのは横浜商店のみですので，横浜商店の資料のみを選別して解答します。

2 買掛金の増加は貸方欄に，減少は借方欄に記入します。

3 締め切るときは，月末の日付で次月繰越の金額を借方欄に記入し，借方・貸方の合計金額が一致することを確かめて締め切ります。

4 翌月1日の日付で，前月から繰り越された金額を貸方欄に記入します。

5 買掛金元帳では，貸方に残高が生じるので，「借または貸」欄には「貸」と記入します。

練習問題 7-3

売 掛 金 元 帳

福 井 商 店

X1年		摘　　要	借　　方	貸　　方	借または貸	残　　高
7	1	前 月 繰 越	300,000		借	300,000
	11	売　　　上	200,000		〃	500,000
	21	〃	150,000		〃	650,000
	26	返　　品		20,000	〃	630,000
	30	入　　金		400,000	〃	230,000
	31	次 月 繰 越		230,000		
			650,000	650,000		
8	1	前 月 繰 越	230,000		借	230,000

解 説

1 問題では福井商店と石川商店の資料が与えられていますが，解答で要求されているのは福井商店のみですので，福井商店の資料のみを選別して解答します。

2 売掛金の増加は借方欄に，減少は貸方欄に記入します。

3 締め切るときは，月末の日付で次月繰越の金額を貸方欄に記入し，借方・貸方の合計金額が一致することを確かめて締め切ります。

4 翌月1日の日付で，前月から繰り越された金額を借方欄に記入します。

5　売掛金元帳では，借方に残高が生じるので，「借または貸」欄には「借」
　と記入します。

練習問題 7-4

10/7	（借）	クレジット売掛金	48,500	（貸）	売	上	50,000
		支 払 手 数 料	1,500				
8	（借）	クレジット売掛金	77,600	（貸）	売	上	80,000
		支 払 手 数 料	2,400				
20	（借）	普 通 預 金	126,100	（貸）	クレジット売掛金		126,100

解　説

　信販会社に対する債権は，売掛金勘定ではなく，クレジット売掛金勘定を
用いて処理します。

練習問題 7-5

①	（借）	前 払 金	30,000	（貸）	普 通 預 金	30,000
②	（借）	現 金	20,000	（貸）	前 受 金	20,000
③	（借）	前 受 金	30,000	（貸）	売 上	200,000
		売 掛 金	170,000			
④	（借）	仕 入	300,000	（貸）	前 払 金	60,000
					当 座 預 金	240,000
⑤	（借）	仕 入	400,000	（貸）	前 払 金	80,000
					買 掛 金	320,000

解　説

1　手付金（内金）を支払ったときは前払金勘定，受け取ったときは前受金
　勘定で処理しているので，実際に商品を仕入れたり売り上げたときは，こ
　れらを減少させるとともに，仕入・売上を計上します。
2　手付金（内金）を除いた残額の処理は，③では売掛金，⑤では買掛金と
　なります。商品の売買なので未収入金，未払金とはなりません。

練習問題 8-1

①	（借）貸　付　金	200,000	（貸）受　取　利　息	6,000
			当　座　預　金	194,000
②	（借）当　座　預　金	3,067,500	（貸）貸　付　金	3,000,000
			受　取　利　息	67,500
③	（借）役　員　貸　付　金	300,000	（貸）普　通　預　金	300,000
④	（借）普　通　預　金	310,000	（貸）役　員　貸　付　金	300,000
			受　取　利　息	10,000

解説

1　①は，貸付け時に利息を受け取っていますので，貸付金額から利息分を差し引いた残額を，振り出した小切手の金額とします。

2　②は，当座預金が貸方残高になっていますが，当座預金勘定の借方に記入することで貸方残高が解消し，借方残高になります。利息の計算は，次のようになります。

$$¥3,000,000 \times 4.5\% \times \frac{6\,カ月}{12\,カ月} = ¥67,500$$

3　役員に対する貸付金は，役員貸付金勘定を用いて処理します。

練習問題 8-2

①	（借）現　　　　金	200,000	（貸）未　収　入　金	200,000
②	（借）備　　　　品	300,000	（貸）未　払　金	300,000
③	（借）未　払　金	300,000	（貸）当　座　預　金	300,000

解説

1　①は，売却した時点の仕訳で借方に未収入金を計上しているので，現金を受け取った時点で未収入金を減少させます。

2　②は，月末に支払う約束なので，全額を未払金に計上します。

3　③は，代金を当座預金から支払ったので，未払金を減少させます。

練習問題 8-3

①	（借）現　　　　金	18,000	（貸）従業員立替金	18,000

267

②	（借）給 料	220,000	（貸）所 得 税 預 り 金	10,000
			住 民 税 預 り 金	12,000
			社 会 保 険 料 預 り 金	18,000
			普 通 預 金	180,000
③	（借）社会保険料預り金	18,000	（貸）普 通 預 金	36,000
	法 定 福 利 費	18,000		

（解 説）

1　①は，食事代と生命保険料を立替払いしたときに従業員立替金で処理し
ているので，返済を受けたときには従業員立替金を減少させます。

2　②は，所得税の源泉徴収額，住民税の源泉徴収額と従業員負担の社会保
険料は，それぞれの内容を表す預り金勘定で処理します。

3　③は，従業員負担分は社会保険料預り金，当社負担分は法定福利費で処
理します。

練習問題 8−4

①	（借）仮 払 金	70,000	（貸）現 金	70,000
②	（借）当 座 預 金	1,700,000	（貸）仮 受 金	1,700,000
③	（借）仮 受 金	1,700,000	（貸）売 掛 金	1,600,000
			前 受 金	100,000
④	（借）旅 費 交 通 費	84,000	（貸）仮 払 金	70,000
			現 金	14,000

（解 説）

1　商品注文の手付金は前受金で処理します。

2　社員が出張から戻り，精算したときに旅費交通費勘定に記入します。前
渡しした金額では不足していた場合には，その分，旅費交通費勘定を増加
させるとともに，現金勘定を減少させます（不足分を現金で支払った場合）。

練習問題 8−5

①	（借）当 座 預 金	100,000	（貸）前 受 金	30,000
			仮 受 金	70,000

② （借）普 通 預 金　120,000　（貸）仮　受　金　120,000
③ （借）仮　受　金　120,000　（貸）役 員 借 入 金　120,000

解 説

1　①は，詳細が判明しているものは正しい勘定科目で処理し，判明しないものは仮受金で処理します。
2　②は，役員からの振込みでも，内容が不明なものは仮受金で処理します。

練習問題 8－6

① （借）受 取 商 品 券　20,000　（貸）売　　　　上　19,800
　　　　　　　　　　　　　　　　　　　現　　　　金　　　200
② （借）受 取 商 品 券　30,000　（貸）売　　　　上　70,000
　　　　当 座 預 金　25,000
　　　　売 　掛 　金　15,000
③ （借）普 通 預 金　20,000　（貸）受 取 商 品 券　20,000

解 説

1　①は，商品売却時に受け取った商品券の券面額と商品代金との差額を現金の減少として処理します（おつりを現金で支払った場合）。
2　②は，自己振出小切手を受け入れた場合には現金の増加ではなく，当座預金の増加として処理します。小切手振出時に当座預金の減少として処理しているためです。
3　③は，商品券を決済したので，受取商品券勘定の貸方に記入します。

練習問題 8－7

① （借）差 入 保 証 金　50,000　（貸）普 通 預 金　150,000
　　　　支 払 地 代　80,000
　　　　支 払 手 数 料　20,000
② （借）支 払 地 代　 7,000　（貸）差 入 保 証 金　50,000
　　　　当 座 預 金　43,000

③　（借）修　繕　費　160,000　（貸）差入保証金　400,000

　　　　　普通預金　240,000

（解説）

1　不動産の賃借にあたって支払われる敷金（保証金）は，差入保証金勘定
　　で処理します。

2　駐車場代は，支払地代勘定で処理します。仲介手数料は，支払手数料勘
　　定で処理します。

練習問題 9-1

（大阪商店の仕訳）

①　（借）受　取　手　形　250,000　（貸）売　　　　　上　400,000

　　　　　売　　掛　　金　150,000

　　（借）発　　送　　費　　1,500　（貸）現　　　　　金　　1,500

②　（借）当　座　預　金　250,000　（貸）受　取　手　形　250,000

（秋田商店の仕訳）

①　（借）仕　　　　　入　400,000　（貸）支　払　手　形　250,000

　　　　　　　　　　　　　　　　　　　　買　　掛　　金　150,000

②　（借）支　払　手　形　250,000　（貸）当　座　預　金　250,000

（解説）

1　大阪商店負担の発送運賃¥1,500は発送費勘定を用いて処理します。

2　運賃は，売り手の大阪商店が負担するので，秋田商店はこれを商品の仕
　　入原価に含める必要はありません。

練習問題 9-2

帳簿の名称（受取手形記入帳）

5月15日　（借）受　取　手　形　300,000　（貸）売　　掛　　金　300,000

6月20日　（借）受　取　手　形　450,000　（貸）売　　掛　　金　450,000

8月10日　（借）当　座　預　金　300,000　（貸）受　取　手　形　300,000

（解説）

1　摘要欄に「売掛金」があること，「支払人」の欄があること，さらにてん

末欄の記入から，この帳簿は受取手形記入帳であることがわかります。

2　帳簿に記録されている取引は，次のとおりです。

5月15日　東北商店に対する売掛金のうち¥300,000を同店振出しの約束手
　　　　　形で受け取った。

6月20日　北陸商店に対する売掛金のうち¥450,000を同店振出しの約束手
　　　　　形で受け取った。

8月10日　5月15日に受け取った約束手形が満期日となったので取り立て，
　　　　　当座預金とした。

練習問題 9－3

①　（借）手　形　貸　付　金　　300,000　　（貸）当　座　預　金　　296,000
　　　　　　　　　　　　　　　　　　　　　　　　　受　取　利　息　　　4,000

②　（借）当　座　預　金　2,982,000　　（貸）手　形　借　入　金　3,000,000
　　　　　支　払　利　息　　 18,000

*　①の「手形貸付金」は「貸付金」，②の「手形借入金」は「借入金」とす
ることもできますが，検定試験では問題文の指示に従ってください。

解　説

②の利息の計算は，次のとおりです。

$$¥3,000,000 \times 1\% \times \frac{219日}{365日} = ¥18,000$$

練習問題 9－4

①　（借）電 子 記 録 債 権　　100,000　　（貸）売　　掛　　金　　100,000
②　（借）当　座　預　金　　100,000　　（貸）電 子 記 録 債 権　　100,000
③　（借）買　　掛　　金　　 60,000　　（貸）電 子 記 録 債 務　　 60,000
④　（借）電 子 記 録 債 務　　 60,000　　（貸）当　座　預　金　　 60,000

解　説

1　①と②は，当社が債権者なので，電子記録債権勘定で処理します。

2　③と④は，当社が債務者なので，電子記録債務勘定で処理します。

①	（借）建		物	6,040,000	（貸）当	座	預	金	5,800,000
					現			金	240,000
②	（借）備		品	846,000	（貸）当	座	預	金	420,000
					未	払		金	420,000
					現			金	6,000

解 説

1 仲介手数料，登記料，引取運賃などの付随費用は，有形固定資産の取得原価に含めます。

2 ②は，商品の仕入ではなく備品の購入なので，月末支払分は「買掛金」ではなく「未払金」になります。

練習問題 **10-2**

①	（借）減 価 償 却 費	270,000	（貸）車 両 運 搬 具 減価償却累計額	270,000
②	（借）減 価 償 却 費	30,000	（貸）備品減価償却累計額	30,000

解 説

1 減価償却費の計算は，次のとおりです。

① $¥270,000 = \dfrac{¥1,500,000 - ¥1,500,000 \times 0.1}{5\text{年}}$

② $¥30,000 = \dfrac{¥600,000 - ¥0}{5\text{年}} \times \dfrac{3\text{カ月（X7年1月～X7年3月）}}{12\text{カ月}}$

2 減価償却の記帳（間接法）にあたっては，有形固定資産勘定を直接減額せずに，減価償却累計額勘定を用います。

練習問題 **10-3**

①	（借）備品減価償却累計額	420,000	（貸）備	品	600,000
	未 収 入 金	190,000	固定資産売却益		10,000

②	（借）備品減価償却累計額	320,000	（貸）備 品	500,000
	現 金	140,000		
	固定資産売却損	40,000		
③	（借）備品減価償却累計額	600,000	（貸）備 品	900,000
	減 価 償 却 費	62,500		
	現 金	100,000		
	固定資産売却損	137,500		

解 説

1 ①は，備品の帳簿価額(¥600,000−¥420,000＝¥180,000)と売却価額(¥190,000)との差額が固定資産売却益になります。

2 ②は，備品の帳簿価額(¥500,000−¥320,000＝¥180,000)と売却価額(¥140,000)との差額が固定資産売却損になります。

3 ③は，次のように求めます。

$$期首から売却日までの減価償却費 = \frac{¥900,000−¥0}{6\,年} × \frac{5\,カ月（X7年\,4\,月〜X7年\,8\,月）}{12\,カ月}$$

$$= ¥62,500$$

帳簿価額＝¥900,000−¥600,000−¥62,500＝¥237,500

帳簿価額（¥237,500）と売却価額（¥100,000）との差額が固定資産売却損になります。

練習問題 10−4

①

X2/3/31	（借）減 価 償 却 費	200,000	（貸）建物減価償却累計額	200,000
X2/4/1	（借）建 物	270,000	（貸）普 通 預 金	270,000

②

X3/3/31	（借）建物減価償却累計額	430,000	（貸）建 物	2,270,000
	現 金	1,600,000		
	固定資産売却損	240,000		

解 説

1 固定資産台帳の空欄を埋めると，次のようになります。

固 定 資 産 台 帳

年月日			摘　　要	取 得 原 価	減価償却額	残　　　高
X1	4	1	普通預金から購入	2,000,000		2,000,000
X2	3	31	減 価 償 却 費		(200,000)	(1,800,000)
X2	4	1	普通預金から資本的支出	270,000		(2,070,000)
X3	3	31	減 価 償 却 費		(230,000)	(1,840,000)

X2/ 3 /31の減価償却費＝¥2,000,000÷10年＝¥200,000

X2/ 3 /31　残高分：¥2,000,000－¥200,000＝¥1,800,000

X2/ 4 / 1　資本的支出分：¥270,000

X3/ 3 /31の減価償却費＝（¥1,800,000＋¥270,000）÷残存耐用年数 9 年

$$＝¥230,000$$

2　売却時における計算は，次のようになります。

取得原価＝¥2,000,000＋¥270,000＝¥2,270,000

減価償却累計額＝¥200,000＋¥230,000＝¥430,000

帳簿価額＝取得原価－減価償却累計額＝¥2,270,000－¥430,000＝¥1,840,000

固定資産売却損＝¥1,840,000－¥1,600,000＝¥240,000

練習問題 11－1

①	（借）貸 倒 引 当 金	6,000	（貸）貸倒引当金戻入	6,000
②	（借）貸 倒 引 当 金	75,000	（貸）売 　 掛 　 金	75,000
③	（借）貸倒引当金繰入	84,000	（貸）貸 倒 引 当 金	84,000
④	（借）貸 倒 引 当 金	93,000	（貸）売 　 掛 　 金	120,000
	貸 倒 損 失	27,000		
⑤	（借）現 　 　 　 　 金	55,000	（貸）償却債権取立益	55,000

解 説

1　①は，決算時における貸倒見積額（¥2,800,000× 3 ％＝¥84,000）よりも，すでに設定されている貸倒引当金の残高（¥90,000）のほうが多いため，多い分だけ貸倒引当金を減額して貸倒引当金戻入¥6,000を計上して見積額に合わせます。

2　③は，貸倒見積額は¥3,100,000× 3 ％＝¥93,000になりますが，この時点

における貸倒引当金勘定残高が¥84,000－¥75,000＝¥9,000あるので，新たに貸倒引当金に繰り入れる金額は¥93,000－¥9,000＝¥84,000になります。

3　④は，貸倒引当金勘定残高（¥93,000）を超える金額（¥120,000）が貸倒れとなっているので，この超える金額は貸倒損失として処理します。

4　⑤は，過年度に貸倒れとして処理した債権が回収されたので償却債権取立益として処理します。

練習問題 12-1

資　本　金

X4/3/31	次 期 繰 越	3,000,000	X3/4/1	前 期 繰 越	2,000,000
			10/1	普 通 預 金	1,000,000
		3,000,000			3,000,000
			X4/4/1	前 期 繰 越	3,000,000

解 説

仕訳は次のようになります。

（借）普 通 預 金　1,000,000　（貸）資 本 金　1,000,000

資本金勘定は貸方残高になるので，「次期繰越」の記入は借方に行います。また，翌期首の日付で「前期繰越」の記入を行うことも忘れないようにしてください。

練習問題 12-2

①　（借）損　　　益　230,000　（貸）繰越利益剰余金　230,000

②

損　　　益

X4/3/31	仕　　　入	300,000	X4/3/31	売　　上	700,000
〃	広告宣伝費	100,000	〃	受 取 地 代	50,000
〃	支 払 家 賃	120,000			
〃	繰越利益剰余金	230,000			
		750,000			750,000

275

繰越利益剰余金

X4/3/31	次期繰越	430,000	X3/4/1	前期繰越			200,000
			X4/3/31	損　　益			230,000
		430,000					430,000
			X4/4/1	前期繰越			430,000

解説

　損益勘定において，収益（¥750,000）のほうが費用（¥520,000）よりも大きいので，当期純利益（¥230,000）が生じています。当期純利益は，損益勘定の借方と繰越利益剰余金勘定の貸方に記入を行うことによって，振り替えられます。損益勘定はフローの勘定なので繰越記入は必要ありませんが，繰越利益剰余金はストック（資本）の勘定なので，繰越記入を行って，残高を翌期に繰り越します。

練習問題12-3

①	（借）損　　　　益	300,000	（貸）繰越利益剰余金	300,000
②	（借）繰越利益剰余金	550,000	（貸）未 払 配 当 金	500,000
			利 益 準 備 金	50,000
③	（借）未 払 配 当 金	500,000	（貸）当 座 預 金	500,000

解説

1　①は，当期純利益を損益勘定から繰越利益剰余金勘定に振り替えます。

2　②は，未払配当金を計上するとともに，利益準備金を計上します。

3　③は，未払配当金を支払ったので，これを減少させます。

練習問題13-1

①	（借）受 取 手 数 料	28,000	（貸）前 受 手 数 料	28,000
②	（借）未 収 利 息	5,000	（貸）受 取 利 息	5,000
③	（借）前 払 保 険 料	7,000	（貸）保 　険 　料	7,000
④	（借）支 払 利 息	10,000	（貸）未 払 利 息	10,000

解説

1　③は，7カ月分（翌期の4月～10月）の保険料を前払分として計上します。

前払保険料：¥12,000 × $\dfrac{7カ月}{12カ月}$ ＝¥7,000

2　④は，3カ月分（当期の1月～3月）の利息を未払分として計上します。

未払利息：¥1,000,000 × 4％ × $\dfrac{3カ月}{12カ月}$ ＝¥10,000

練習問題 13-2

①	（借）消 耗 品 費	6,000	（貸）現	金	16,000
	通 信 費	10,000			
②	（借）貯 蔵 品	7,000	（貸）通 信 費	7,000
③	（借）諸 会 費	20,000	（貸）現 金	20,000

解説

1　郵便切手の未使用分は，貯蔵品勘定で処理します。

2　地元商店会の年会費は，諸会費勘定で処理します。

練習問題 14-1

①	（借）租 税 公 課	300,000	（貸）普 通 預 金	300,000
②	（借）租 税 公 課	80,000	（貸）現 金	80,000
③	（借）貯 蔵 品	23,000	（貸）租 税 公 課	23,000

解説

1　固定資産税は，租税公課勘定で処理します。

2　収入印紙（印紙税）は，購入時に費用として処理しますが，租税公課勘定を用います。また，決算において未使用の収入印紙は，貯蔵品勘定に振り替えます。

①	（借）法人税,住民税及び事業税	150,000	（貸）仮 払 法 人 税 等	80,000
			未 払 法 人 税 等	70,000
②	（借）未 払 法 人 税 等	70,000	（貸）現　　　　　金	70,000
③	（借）仮 払 法 人 税 等	75,000	（貸）普 通 預 金	75,000

解　説

1　税引前当期純利益¥500,000（収益総額¥3,000,000－費用総額¥2,500,000）に税率30％を乗じて，当年度の法人税，住民税及び事業税を算定します。

2　中間申告で納税した仮払額は，確定申告時に納付すべき金額（未払額）から控除します。

3　③の中間申告納付額＝¥150,000÷2＝¥75,000

①	（借）仕　　　　　入	500,000	（貸）当 座 預 金	550,000
	仮 払 消 費 税	50,000		
②	（借）売 掛 金	880,000	（貸）売　　　　　上	800,000
			仮 受 消 費 税	80,000
③	（借）仮 受 消 費 税	80,000	（貸）仮 払 消 費 税	50,000
			未 払 消 費 税	30,000
④	（借）未 払 消 費 税	30,000	（貸）普 通 預 金	30,000

解　説

1　消費税は，仕入時と売上時には，それぞれ仮払消費税勘定と仮受消費税勘定を用いて処理します。

2　決算において，仮受消費税と仮払消費税を相殺し，差額を未払消費税勘定に振り替えます。

3　消費税の額は，取引が行われた価格（本体価格）に税率（10％）を乗じて計算します。

練習問題 15-1

(1)

振　替　伝　票			
借　方　科　目	金　　　額	貸　方　科　目	金　　　額
仕　　　　入	500,000	買　掛　金	500,000

(2)

振　替　伝　票			
借　方　科　目	金　　　額	貸　方　科　目	金　　　額
売　掛　金	120,000	売　　　上	120,000

解　説

(1) 取引を分解する方法では，次のように起票されます。

（借）仕　入　100,000　　（貸）現　金　100,000　→　出金伝票

（借）仕　入　400,000　　（貸）買掛金　400,000　→　振替伝票

取引を擬制する方法では，次のように起票されます。

（借）仕　入　500,000　　（貸）買掛金　500,000　→　振替伝票

（借）買掛金　100,000　　（貸）現　金　100,000　→　出金伝票

出金伝票に「買掛金¥100,000」と記入されているので，取引を擬制する方法であることがわかります。したがって，振替伝票には解答のように記入されます。

(2) 取引を分解する方法では，次のように起票されます。

（借）現　金　80,000　　（貸）売　上　80,000　→　入金伝票

（借）売掛金　120,000　　（貸）売　上　120,000　→　振替伝票

取引を擬制する方法では，次のように起票されます。

（借）売掛金　200,000　　（貸）売　上　200,000　→　振替伝票

（借）現　金　80,000　　（貸）売掛金　80,000　→　入金伝票

入金伝票に「売上¥80,000」と記入されているので，取引を分解する方法であることがわかります。したがって，振替伝票には解答のように記入されます。

仕 訳 日 計 表
X1年6月1日

借　方	勘定科目	貸　方
4,200	現　　　　　金	4,500
2,300	売　　掛　　金	3,400
	備　　　　　品	1,000
	支　払　手　形	1,250
3,750	買　　掛　　金	1,800
900	未　　払　　金	
	売　　　　　上	2,300
1,800	仕　　　　　入	
600	消　耗　品　費	
500	通　　信　　費	
200	固定資産売却損	
14,250		14,250

総 勘 定 元 帳

現　　金			
諸　口	30,000	諸　口	26,000
6/1 仕訳日計表	4,200	6/1 仕訳日計表	4,500

売　掛　金			
諸　口	26,000	諸　口	20,000
6/1 仕訳日計表	2,300	6/1 仕訳日計表	3,400

備　　品			
諸　口	15,000	6/1 仕訳日計表	1,000

通　信　費		
6/1 仕訳日計表	500	

補 助 元 帳
売 掛 金 元 帳

京 都 商 店			
諸　口	20,000	諸　口	16,000
		6/1 入金伝票	2,000

奈 良 商 店			
6/1 振替伝票	2,300	諸　口	6,000
		6/1 入金伝票	1,400

注: 奈良商店 — 諸口 6,000／諸口 4,000、6/1 振替伝票 2,300、6/1 入金伝票 1,400

買 掛 金 元 帳

兵 庫 商 店			
諸　口	10,000	諸　口	14,000
6/1 出金伝票	1,000	6/1 振替伝票	1,800

和 歌 山 商 店			
諸　口	6,500	諸　口	9,250
6/1 出金伝票	1,500		
〃 振替伝票	1,250		

解 説

1 仕訳日計表の金額

現金勘定の借方＝入金伝票の合計額＝¥2,000＋¥1,400＋¥800＝¥4,200

現金勘定の貸方＝出金伝票の合計額

$$= ¥1,000 + ¥1,500 + ¥600 + ¥900 + ¥500 = ¥4,500$$

2 総勘定元帳には仕訳日計表から合計転記をするので，総勘定元帳の摘要欄は「仕訳日計表」になります。

3 補助元帳には各伝票から個別転記するので，補助元帳における人名勘定の摘要欄は各伝票名になります。

(1)

決算整理後残高試算表

X8年 3 月31日

借　　方	勘定科目	貸　　方
76,000	現　　　　　金	
869,000	当 座 預 金	
170,000	売 　 掛 　 金	
46,000	繰 越 商 品	
5,000	貯 　 蔵 　 品	
4,000	未 収 手 数 料	
1,800,000	建　　　　　物	
680,000	備　　　　　品	
980,000	土　　　　　地	
	買 　 掛 　 金	144,000
	借 　 入 　 金	400,000
	（ 未 払 ）利 息	3,200
	未 払 消 費 税	63,000
	未 払 法 人 税 等	72,000
	貸 倒 引 当 金	6,800
	建物減価償却累計額	546,000
	備品減価償却累計額	220,000
	資 　 本 　 金	2,000,000
	繰 越 利 益 剰 余 金	1,000,000
	売　　　　　上	1,280,000
	受 取 手 数 料	10,000
660,000	仕　　　　　入	
148,000	給　　　　　料	
7,000	通 　 信 　 費	
39,000	水 道 光 熱 費	
23,200	支 払 利 息	
1,000	雑 　 （ 損 　 ）	
4,800	貸 倒 引 当 金 繰 入	
160,000	減 価 償 却 費	
72,000	法人税,住民税及び事業税	
5,745,000		5,745,000

(2)　当期純利益　¥（　175,000　）

解 説

決算整理事項の仕訳は，次のとおりです。

① （借）水 道 光 熱 費　　2000　　（貸）現 金 過 不 足　　3,000

　　　　雑　　　　　損　　1,000

② （借）備　　　　　品　240,000　　（貸）仮　　払　　金　240,000

③ （借）当 座 預 金　 20,000　　（貸）売　　掛　　金　 20,000

④ （借）仕　　　　　入　 56,000　　（貸）繰 越 商 品　 56,000

　（借）繰 越 商 品　 46,000　　（貸）仕　　　　　入　 46,000

売上原価（仕入勘定の残高）：¥56,000＋¥650,000－¥46,000＝¥660,000

⑤ （借）貸倒引当金繰入　　4,800　　（貸）貸 倒 引 当 金　　4,800

貸倒引当金繰入：（¥190,000－③¥20,000）×4％－¥2,000＝¥4,800

⑥ （借）減 価 償 却 費　160,000　　（貸）建物減価償却累計額　 60,000

　　　　　　　　　　　　　　　　　　備品減価償却累計額　100,000

建　物：¥1,800,000÷30年＝¥60,000

旧備品：¥440,000÷5年＝¥88,000

新備品：$¥240,000 ÷ 5年 × \dfrac{3カ月（1月～3月）}{12カ月} = ¥12,000$

⑦ （借）支 払 利 息　　3,200　　（貸）未 払 利 息　　3,200

未払利息：$¥400,000 × 1.2\% × \dfrac{8カ月（8月～3月）}{12カ月} = ¥3,200$

⑧ （借）未 収 手 数 料　　4,000　　（貸）受 取 手 数 料　　4,000

⑨ （借）貯　　蔵　　品　　5,000　　（貸）通　　信　　費　　5,000

⑩ （借）仮 受 消 費 税　128,000　　（貸）仮 払 消 費 税　 65,000

　　　　　　　　　　　　　　　　　　未 払 消 費 税　 63,000

⑪ （借）法人税，住民税　 72,000　　（貸）未 払 法 人 税 等　 72,000

　　　　及 び 事 業 税

収益合計：売上＋受取手数料＝¥1,290,000

費用合計：仕入，給料，通信費，水道光熱費，支払利息，雑損，貸倒引当金
　　　　　繰入，減価償却費，法人税，住民税及び事業税の合計¥1,115,000

当期純利益：¥1,290,000－¥1,115,000＝¥175,000

精 算 表

勘定科目	残高試算表 借方	残高試算表 貸方	修正記入 借方	修正記入 貸方	損益計算書 借方	損益計算書 貸方	貸借対照表 借方	貸借対照表 貸方
現　　　　金	380,000						380,000	
現 金 過 不 足	3,000			3,000				
当 座 預 金	2,382,000		19,000	32,000			2,369,000	
売　掛　金	369,000			19,000			350,000	
繰 越 商 品	135,000		183,000	135,000			183,000	
備　　　品	800,000						800,000	
買　掛　金		779,000	32,000					747,000
貸 倒 引 当 金		12,000		2,000				14,000
備品減価償却累計額		480,000		160,000				640,000
資　本　金		1,300,000						1,300,000
繰越利益剰余金		764,000						764,000
売　　　上		3,100,000				3,100,000		
受 取 手 数 料		74,000		5,400		79,400		
仕　　　入	1,650,000		135,000	183,000	1,602,000			
支 払 家 賃	600,000				600,000			
広 告 宣 伝 費	128,000		2,000		130,000			
通　信　費	38,000			1,900	36,100			
保　険　料	24,000			8,000	16,000			
	6,509,000	6,509,000						
雑 （ 損 ）			1,000		1,000			
貸倒引当金繰入			2,000		2,000			
減 価 償 却 費			160,000		160,000			
（未収）手数料			5,400				5,400	
（前払）保険料			8,000				8,000	
貯　蔵　品			1,900				1,900	
当期純（利益）					632,300			632,300
			549,300	549,300	3,179,400	3,179,400	4,097,300	4,097,300

解 説

決算整理事項等の仕訳は，次のとおりです。

① （借）買　　掛　　金　32,000　（貸）当　座　預　金　32,000

② （借）当　座　預　金　19,000　（貸）売　　掛　　金　19,000

③ （借）広 告 宣 伝 費　2,000　（貸）現 金 過 不 足　3,000

　　　　 （借）雑　　　　　損　1,000

④ （借）貸倒引当金繰入　2,000　（貸）貸 倒 引 当 金　2,000

貸倒引当金繰入：(¥369,000−上記②¥19,000)×4%−¥12,000(貸倒引当金残高)＝¥2,000

⑤ （借）仕　　　　　入　135,000　（貸）繰　越　商　品　135,000

　　　 （借）繰　越　商　品　183,000　（貸）仕　　　　　入　183,000

⑥（借）減　価　償　却　費　160,000　（貸）備品減価償却累計額　160,000

⑦（借）未　収　手　数　料　5,400　（貸）受　取　手　数　料　5,400

⑧（借）前　払　保　険　料　8,000　（貸）保　　険　　料　8,000

前払保険料　¥24,000 ＝ $\dfrac{4\text{カ月（X2年4月～7月）}}{12\text{カ月}}$ ＝ ¥8,000

⑨（借）貯　　蔵　　品　1,900　（貸）通　　信　　費　1,900

当期純利益は，貸借差額で求めます。

練習問題 16-3

決算整理事項の仕訳は，次のとおりです。

①（借）仕　　　　　入　7,800　（貸）繰　越　商　品　7,800
　（借）繰　越　商　品　8,600　（貸）仕　　　　　入　8,600

②（借）仮　　受　　金　2,000　（貸）売　　掛　　金　2,000

③（借）貸倒引当金繰入　360　（貸）貸　倒　引　当　金　360

④（借）減　価　償　却　費　2,000　（貸）備品減価償却累計額　2,000

⑤（借）所　得　税　預　り　金　400　（貸）仮　　払　　金　400

⑥（借）未　収　利　息　80　（貸）受　取　利　息　80

⑦（借）前　払　家　賃　200　（貸）支　払　家　賃　200
　（借）前　払　保　険　料　60　（貸）保　　険　　料　60

⑧（借）給　　　　　料　100　（貸）未　払　給　料　100

⑨（借）法人税，住民税　504　（貸）未　払　法　人　税　等　504
　　　及び事業税

損 益 計 算 書

X1年4月1日からX2年3月31日まで

費　用	金　額	収　益	金　額
売　上　原　価	(　25,700　)	売　上　高	(　39,000　)
給　　　料	(　3,100　)	受　取　利　息	(　880　)
支　払　家　賃	(　3,600　)		
保　険　料	(　1,940　)		
貸倒引当金繰入	(　360　)		
減　価　償　却　費	(　2,000　)		
支　払　利　息	(　1,500　)		
法人税, 住民税及び事業税	(　504　)		
当　期　純　利　益	(　1,176　)		
	(　39,880　)		(　39,880　)

貸 借 対 照 表

X2年3月31日

資　産	内　訳	金　額	負債および純資産	金　額
現　　　金		(　8,000)	支　払　手　形	(　12,500)
当　座　預　金		(　18,000)	買　掛　金	(　15,400)
受　取　手　形	(20,000)		借　入　金	(　25,000)
貸　倒　引　当　金	△(400)	(　19,600)	所得税預り金	(　600)
売　掛　金	(13,000)		未払法人税等	(　504)
貸　倒　引　当　金	△(260)	(　12,740)	未　払　費　用	(　100)
商　　　品		(　8,600)	資　本　金	(　20,000)
前　払　費　用		(　260)	繰越利益剰余金	(　7,176)
未　収　収　益		(　80)		
備　　　品	(10,000)			
減価償却累計額	△(4,000)	(　6,000)		
差　入　保　証　金		(　8,000)		
		(　81,280)		(　81,280)

286

解 説

1　貸倒引当金繰入360＝｛受取手形20,000＋売掛金15,000－2,000（期末整理
　　　　　　　　　　　　　事項2）｝×2％－300（貸倒引当金残高）

　　※売掛金の期末残高は，残高試算表の金額から期末整理事項2の売掛金
　　の回収分を控除した額となることに注意が必要です。

2　貸倒引当金と減価償却累計額は資産の評価勘定なので，貸倒引当金は受
　取手形と売掛金から控除する形式で表示し，減価償却累計額は備品から控
　除する形式で表示します。

3　税引前当期純利益を損益計算書における収益と費用の差額から求め，こ
　れに税率を乗じて法人税，住民税及び事業税の額を求めます。

　　収益¥39,880－費用¥38,200＝税引前当期純利益¥1,680

　　法人税，住民税及び事業税＝¥1,680×30％＝¥504

4　繰越利益剰余金は，決算整理前の残高¥6,000に当期純利益¥1,176を加算
　して求めます。

5　貸借対照表の貸借合計が一致することを確認します。

付　録 ────────────────────

簿記検定試験　３級／商 業 簿 記
総合模擬問題・解答・解説

────────────────────

* 　ここには日本商工会議所主催の簿記
検定試験に対応した模擬試験問題を収録
しています。統一試験，ネット試験のい
ずれの出題方法にも対応しています。

* 　答案用紙は中央経済社のホームペー
ジにある「ビジネス専門書Online」から無
料ダウンロードできます（https://www.
biz-book.jp）。右の二次元コードから検
定簿記講義シリーズにアクセスできます
ので，ご活用ください。

┌────2024年度簿記検定試験（統一試験）施行予定日────┐
　　第167回簿記検定試験　　2024年６月９日〈１～３級〉
　　第168回簿記検定試験　　2024年11月17日〈１～３級〉
　　第169回簿記検定試験　　2025年２月23日〈２～３級〉
└──────────────────────────────┘

総合模擬問題①

（制限時間　全問で60分）
注：解答はすべて答案用紙に記入して下さい。

第1問（45点）

下記の各取引について仕訳しなさい。ただし，勘定科目は，設問ごとに最も適当と思われるものを選び，記号で解答すること。

① 商品¥180,000を仕入れ，代金のうち¥20,000は注文時に支払った手付金と相殺し，残額は掛けとした。

　　ア　仮払金　　　イ　前受金　　　　　ウ　買掛金
　　エ　前払金　　　オ　差入保証金　　　カ　仕入

② 現金の実際有高が帳簿残高より¥8,800不足していたので，現金過不足勘定で処理しておいたが，原因を調査したところ，同額の消耗品費の支払額が記帳漏れとなっていることが判明した。

　　ア　雑損　　　　イ　消耗品費　　　　ウ　現金過不足
　　エ　現金　　　　オ　雑益　　　　　　カ　仮払金

③ 広告宣伝費¥280,000を普通預金口座から支払った。その際に，振込手数料¥500がかかり，同口座から差し引かれた。

　　ア　広告宣伝費　　イ　受取手数料　　　ウ　支払利息
　　エ　支払手数料　　オ　普通預金　　　　カ　仮払金

④ 商品販売の代金として受け取っていた関西株式会社振出しの約束手形¥700,000が決済され，同額が当座預金口座に振り込まれた。

　　ア　普通預金　　　イ　支払手形　　　　ウ　受取手形
　　エ　当座預金　　　オ　売上　　　　　　カ　仕入

⑤ 期首に，不用になった備品（取得原価¥800,000，減価償却累計額¥720,000，間接法で記帳）を¥3,000で売却し，売却代金は現金で受け取った。

　　ア　備品　　　　　　　イ　現金　　　　　　　ウ　備品減価償却累計額
　　エ　固定資産売却損　　オ　固定資産売却益　　カ　減価償却費

⑥ 博多商会株式会社に商品を売り上げ，品物とともに次の納品書兼請求書を発送し，代金は掛けとした。なお，消費税は税抜方式で処理する。

　　ア　仮受消費税　　イ　仮払消費税　　　ウ　売上
　　エ　租税公課　　　オ　買掛金　　　　　カ　売掛金

290

納品書　兼　請求書

博多商会株式会社　御中

X7年11月22日
薩摩株式会社

ご請求金額　¥　566,500

品　　名	数量	単価	金額
X商品	300	650	195,000
Y商品	400	800	320,000
	小　計		515,000
	消費税		51,500
	合　計		566,500

X7年12月31日までに合計代金を下記口座にお振り込みください。

○○銀行　薩摩支店　普通　6666666　サツマ　（カ

⑦　消費税の確定申告を行い，前期末に未払い計上していた消費税¥248,000を普通預金口座から納付した。

　　　ア　未払消費税　　　イ　仮受消費税　　　ウ　仮払消費税
　　　エ　普通預金　　　　オ　租税公課　　　　カ　貯蔵品

⑧　電子記録債権¥500,000が決済され，同額が当座預金口座に振り込まれた。

　　　ア　電子記録債務　　イ　受取手形　　　　ウ　当座預金
　　　エ　普通預金　　　　オ　電子記録債権　　カ　支払手形

⑨　郵便局で，郵便切手¥820を現金で購入するとともに，店舗の固定資産税¥84,000を現金で納付した。郵便切手はすぐに使用した。

　　　ア　租税公課　　　　イ　支払手数料　　　ウ　現金
　　　エ　普通預金　　　　オ　建物　　　　　　カ　通信費

⑩　長野株式会社に対する貸付金¥2,000,000の満期日になったため，元利合計が普通預金口座に振り込まれた。なお，貸付けの年利率は1.8%，貸付期間は9カ月間であり，利息は月割計算する。

　　　ア　受取利息　　　　イ　普通預金　　　　ウ　支払利息
　　　エ　貸付金　　　　　オ　受取手数料　　　カ　借入金

⑪　得意先に対する売掛金（前期販売分）¥450,000が貸し倒れた。なお，貸倒引当金の残高は¥390,000である。

　　　ア　売掛金　　　　　イ　貸倒引当金　　　ウ　貸倒損失
　　　エ　貸倒引当金繰入　オ　雑損　　　　　　カ　現金過不足

⑫　社会保険料について，かねて給料から差し引いて徴収した従業員負担分¥80,000と当社負担分¥80,000の合計額を普通預金口座から納付した。

ア　従業員立替金　　イ　普通預金　　　　ウ　給料

エ　法定福利費　　オ　所得税預り金　　カ　社会保険料預り金

⑬　建物の賃貸借契約を解約し，契約時に支払っていた保証金（敷金）¥500,000から修繕に要した¥149,000を差し引かれた残額が普通預金口座に振り込まれた。

ア　修繕費　　　　イ　支払手数料　　ウ　普通預金

エ　差入保証金　　オ　仮払金　　　　カ　支払家賃

⑭　事務用に使用するコピー機¥800,000を購入し，代金は配送運賃¥4,000を含めて来月末に支払うこととした。当社では，単価¥100,000以上の物品は備品として処理している。

ア　備品　　　　　イ　消耗品費　　　ウ　買掛金

エ　発送費　　　　オ　未収入金　　　カ　未払金

⑮　株主総会において，繰越利益剰余金¥4,800,000から株主配当¥900,000を行うことが決議された。また，この決議にともなって，利益準備金¥90,000を積み立てることとした。

ア　未払配当金　　　イ　損益　　　　ウ　利益準備金

エ　繰越利益剰余金　オ　借入金　　　カ　資本金

〔答案用紙〕

	借方科目	金額	貸方科目	金額
①				
②				
③				
④				
⑤				
⑥				
⑦				
⑧				
⑨				
⑩				

⑪			
⑫			
⑬			
⑭			
⑮			

第2問（20点）

(1) 以下の【資料】にもとづいて，支払家賃勘定と前払家賃勘定の空欄①～⑤に入る適切な語句または金額を記入しなさい。当期はX7年4月1日からX8年3月31日までである。

【資料】

X7年4月1日　建物Aについて，前期末に計上した前払家賃2カ月分の再振替仕訳を行った。なお，建物Aの家賃は月額￥65,000である。

X7年6月1日　建物Aについて，向こう半年分の家賃を普通預金口座から支払った。

X7年12月1日　建物Aについて，向こう半年分の家賃を普通預金口座から支払った。

X8年2月1日　新たに建物Bを賃借し，向こう1年分の家賃を普通預金口座から支払った。なお，建物Bの家賃の月額は￥80,000である。

X8年3月31日　決算につき，建物Aと建物Bについて，支払家賃の前払分を月割で計上する。

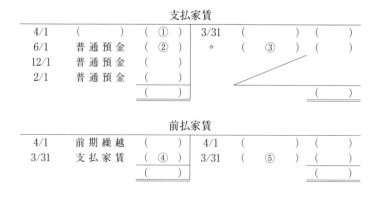

支払家賃
4/1	（　　　）	（ ① ）	3/31	（　　　）	（　　　）	
6/1	普 通 預 金	（ ② ）	〃	（ ③ ）	（　　　）	
12/1	普 通 預 金	（　　　）				
2/1	普 通 預 金	（　　　）				
		（　　　）			（　　　）	

前払家賃
4/1	前 期 繰 越	（　　　）	4/1	（　　　）	（　　　）	
3/31	支 払 家 賃	（ ④ ）	3/31	（ ⑤ ）	（　　　）	
		（　　　）			（　　　）	

〔答案用紙〕

①	②	③	④	⑤

(2) 次の8月におけるX商品に関する資料にもとづいて，下記の問に答えなさい。

【X商品に関する資料】

8月1日 前月繰越 200個 @¥200

　　8日 仕　入 200個 @¥210

　　11日 売　上 160個 @¥490

　　21日 仕　入 160個 @¥215

　　29日 売　上 340個 @¥470

問1 移動平均法によった場合の商品有高帳を作成しなさい。なお，商品有高帳を締め切る必要はない。

問2 移動平均法によった場合の売上総利益を答えなさい。

問3 先入先出法によった場合の商品の次月繰越高を答えなさい。

〔答案用紙〕

問1

商 品 有 高 帳

日付		摘　要	受　入			払　出			残　高		
			数量	単価	金額	数量	単価	金額	数量	単価	金額
8	1	前 月 繰 越									
	8	仕　　入									
	11	売　　上									
	21	仕　　入									
	29	売　　上									

問2 　¥ （　　　　　　　　）

問3 　¥ （　　　　　　　　）

第3問 (35点)

次の【資料1】と【資料2】にもとづいて，貸借対照表と損益計算書を作成しなさい。なお，消費税については，【資料2】の②と⑩のみ考慮し，税抜方式で処理する。当期は，X8年4月1日からX9年3月31日までの1年間である。

【資料1】決算整理前残高試算表

借 方	勘 定 科 目	貸 方
93,000	現　　　　　　金	
965,000	普　通　預　金	
870,000	売　　掛　　金	
480,000	仮　払　消　費　税	
330,000	仮　　払　　金	
344,000	繰　越　商　品	
3,000,000	建　　　　　　物	
600,000	備　　　　　　品	
2,400,000	土　　　　　　地	
	買　　掛　　金	530,000
	電　子　記　録　債　務	270,000
	前　　受　　金	70,000
	仮　受　消　費　税	780,000
	手　形　借　入　金	800,000
	貸　倒　引　当　金	9,000
	建物減価償却累計額	700,000
	備品減価償却累計額	300,000
	資　　本　　金	3,000,000
	繰　越　利　益　剰　余　金	956,000
	売　　　　上	7,800,000
	受　取　手　数　料	50,000
4,800,000	仕　　　　　　入	
1,100,000	給　　　　　料	
124,000	通　　信　　費	
51,000	旅　費　交　通　費	
96,000	保　　険　　料	
12,000	支　払　利　息	
15,265,000		15,265,000

295

【資料２】決算整理事項等

① 買掛金¥200,000について，取引銀行を通じて電子記録債務の発生記録の請求を行った取引が未処理であった。

② 商品¥110,000（うち消費税¥10,000）を販売し，すでに受け取っている手付金¥30,000を差し引いた残額を掛けとした取引が未処理であった。

③ 仮払金の内訳は次のとおりである。

   (1) 従業員の出張にともなう旅費交通費の概算支払い額　¥30,000

     従業員はすでに帰社し，旅費交通費の精算をした結果，残額¥2,000が現金で返金されていたが，この取引が未処理であった。

   (2) 備品購入額　¥300,000

     この備品はX9年３月１日に納品され，同日から使用している。

④ 売掛金の期末残高に対して２％の貸倒引当金を差額補充法により設定する。

⑤ 上記②を考慮後の期末商品棚卸高は¥398,000である。

⑥ 建物および備品について，次の要領で定額法により減価償却を行う。

建物：残存価額ゼロ　耐用年数30年

備品：残存価額ゼロ　耐用年数５年

なお，３月１日に納品された備品（上記③(2)参照）についても同様の条件で減価償却を行うが，減価償却費は月割計算する。

⑦ 手形借入金はX9年１月１日に，期間１年，利率年1.5％で借り入れたものであり，借入時に１年分の利息が差し引かれた金額を受け取っている。そこで，利息について月割により適切に処理する。

⑧ 受取手数料の前受分が¥20,000ある。

⑨ すでに費用処理した通信費のなかに郵便切手の未使用分が¥3,000あるので，これを貯蔵品勘定に振り替える。

⑩ 仮受消費税と仮払消費税を相殺し，その差額を未払計上する。

⑪ 法人税，住民税及び事業税¥350,000を計上する。なお，中間納付は行っていない。

貸 借 対 照 表

現　　　　金	（　　　）	買　掛　金	（　　　）
普 通 預 金	（　　　）	電子記録債務	（　　　）
売　掛　金 （　　　）		前　受　金	（　　　）
貸倒引当金 △（　　　）（　　　）		前受（　　）	（　　　）
商　　　　品	（　　　）	未 払 消 費 税	（　　　）
貯　蔵　品	（　　　）	未払法人税等	（　　　）
前 払 費 用	（　　　）	手 形 借 入 金	（　　　）
建　　　　物 （　　　）		資　本　金	（　　　）
減価償却累計額 △（　　　）（　　　）		繰越利益剰余金	（　　　）
備　　　　品 （　　　）			
減価償却累計額 △（　　　）（　　　）			
土　　　　地 2,400,000			
（　　　）			（　　　）

損 益 計 算 書

売 上 原 価	（　　　）	売　上　高	（　　　）
給　　　　料	（　　　）	受 取 手 数 料	（　　　）
通　信　費	（　　　）		
旅 費 交 通 費	（　　　）		
保　険　料	（　　　）		
貸倒引当金繰入	（　　　）		
減 価 償 却 費	（　　　）		
支 払 利 息	（　　　）		
法人税,住民税及び事業税	（　　　）		
当 期 純 （　　　）	（　　　）		
（　　　）			（　　　）

第 1 問（45点）

	借方科目	金額	貸方科目	金額
①	カ	180,000	エ ウ	20,000 160,000
②	イ	8,800	ウ	8,800
③	ア エ	280,000 500	オ	280,500
④	エ	700,000	ウ	700,000
⑤	ウ イ エ	720,000 3,000 77,000	ア	800,000
⑥	カ	566,500	ウ ア	515,000 51,500
⑦	ア	248,000	エ	248,000
⑧	ウ	500,000	オ	500,000
⑨	カ ア	820 84,000	ウ	84,820
⑩	イ	2,027,000	エ ア	2,000,000 27,000
⑪	イ ウ	390,000 60,000	ア	450,000
⑫	カ エ	80,000 80,000	イ	160,000
⑬	ア ウ	149,000 351,000	エ	500,000
⑭	ア	804,000	カ	804,000
⑮	エ	990,000	ア ウ	900,000 90,000

仕訳 1 組につき 3 点。合計45点。

第2問（20点）

(1)

①	②	③	④	⑤
130,000	390,000	損益	930,000	次期繰越

各 2 点。計10点。

298

(2)

問1

商 品 有 高 帳

日付		摘 要	受 入			払 出			残 高		
			数量	単価	金額	数量	単価	金額	数量	単価	金額
8	1	前 月 繰 越	200	200	40,000				200	200	40,000
	8	仕　　入	200	210	42,000				400	205	82,000
	11	売　　上				160	205	32,800	240	205	49,200
	21	仕　　入	160	215	34,400				400	209	83,600
	29	売　　上				340	209	71,060	60	209	12,540

問2　¥　(　134,340　)

問3　¥　(　12,900　)

第3問 (35点)

貸 借 対 照 表

現　　　　金		(95,000)	買　掛　金	(330,000)
普 通 預 金		(965,000)	電子記録債務	(470,000)
売　掛　金	(950,000)		前　受　金	(40,000)
貸倒引当金	△(19,000)	(931,000)	前受(収益)	(20,000)
商　　　　品		(398,000)	未 払 消 費 税	(310,000)
貯　蔵　品		(3,000)	未払法人税等	(350,000)
前 払 費 用		(9,000)	手 形 借 入 金	(800,000)
建　　　　物	(3,000,000)		資　本　金	3,000,000
減価償却累計額	△(800,000)	(2,200,000)	繰越利益剰余金	(2,156,000)
備　　　　品	(900,000)			
減価償却累計額	△(425,000)	(475,000)		
土　　　　地	2,400,000			
		(7,476,000)		(7,476,000)

299

損 益 計 算 書

売 上 原 価	(4,746,000)	売 上 高	(7,900,000)
給　　　　料	(1,100,000)	受 取 手 数 料	(30,000)
通 信 費	(121,000)		
旅 費 交 通 費	(79,000)		
保 険 料	(96,000)		
貸倒引当金繰入	(10,000)		
減 価 償 却 費	(225,000)		
支 払 利 息	(3,000)		
法人税, 住民税及び事業税	(350,000)		
当 期 純 (利 益)	(1,200,000)		
	(7,930,000)		(7,930,000)

　□1つにつき3点。　□1つにつき2点。合計35点。

第 1 問

① 注文時に支払った手付金は前払金勘定の借方に計上されていますので，これを貸方記帳して相殺します。

② 現金不足発生時に，次の仕訳が行われています。したがって，消耗品費の未処理分を借方記帳するとともに，現金過不足を貸方記帳します。

  （借）現 金 過 不 足 8,800 （貸）現   金 8,800

③ 当社負担の振込手数料は，支払手数料で処理します。

④ 他人振出の約束手形が決済されたので，受取手形が減少します。

⑤ 帳簿価額￥80,000（＝取得原価￥800,000 − 減価償却累計額￥720,000）の備品を￥3,000 で売却したので，固定資産売却損￥77,000 が生じます。

⑥ 商品売上に伴って受け取った消費税は，仮受消費税で処理します。

⑦ 未払消費税を納付したので，これが減少します。

⑧ 電子記録債権が決済されたので，これが減少します。

⑨ 使用済みの郵便切手は通信費で，店舗の固定資産税は租税公課で処理します。

⑩ 受取利息は，$￥2,000,000 \times 1.8\% \times \dfrac{9 \,カ月}{12 \,カ月} = ￥27,000$ になります。

⑪ 貸し倒れた売掛金の額が貸倒引当金の残高を上回っているので，貸倒引当金を全額取り崩すとともに，貸倒額と貸倒引当金残高との差額を貸倒損失とします。

⑫ 社会保険料について，従業員負担分は社会保険料預り金で，当社負担分は法定福利費で処理します。

⑬ 契約時に支払った保証金（敷金）は差入保証金勘定の借方に計上されていますので，これを貸方記帳します。修繕に要した額は，修繕費で処理します。

⑭ 問題文の指示に従い，￥800,000 のコピー機は備品で処理します。有形固定資産を取得する際に要した付随費用は，その資産の取得原価に含めます。備品の購入取引から生じた債務は，未払金で処理します。

⑮ 繰越利益剰余金を減額し，未払配当金と利益準備金を計上します。

第2問

⑴ 各期日の仕訳は次のようになります。

X7年 3 月31日（前期末）

前払家賃の計上が次のように行われています。

  （借）前 払 家 賃 130,000 （貸）支 払 家 賃 130,000

X7年4月1日(当期首)

再振替仕訳を行います。

　　（借）支　払　家　賃　　130,000　　（貸）前　払　家　賃　　130,000

X7年6月1日

　　（借）支　払　家　賃　　390,000　　（貸）普　通　預　金　　390,000

X7年12月1日

　　（借）支　払　家　賃　　390,000　　（貸）普　通　預　金　　390,000

X8年2月1日

　　（借）支　払　家　賃　　960,000　　（貸）普　通　預　金　　960,000

X8年3月31日(当期末)

　　（借）前　払　家　賃　　930,000　　（貸）支　払　家　賃　　930,000

建物Aの前払分はX8年4月と5月の2カ月分なので，¥65,000×2カ月＝
¥130,000

建物Bの前払分はX8年4月〜X9年1月までの10カ月分なので，¥80,000×10カ月
＝¥800,000。

　　したがって，前払分の合計は¥930,000になります。

支払家賃勘定の残高¥940,000を損益勘定に振り替えます。

　　（借）損　　　　　益　　940,000　　（貸）支　払　家　賃　　940,000

前払家賃勘定は，次期繰越と記入して締め切ります。

資料にある勘定の転記を示すと，次のようになります。

支払家賃

4/1	前 払 家 賃	130,000	3/31	前 払 家 賃	930,000
6/1	普 通 預 金	390,000	〃	損　　益	940,000
12/1	普 通 預 金	390,000			
2/1	普 通 預 金	960,000			
		1,870,000			1,870,000

前払家賃

4/1	前 期 繰 越	130,000	4/1	支 払 家 賃	130,000
3/31	支 払 家 賃	930,000	3/31	次 期 繰 越	930,000
		1,060,000			1,060,000

(2)

問1

　　移動平均法は，単価の異なる商品を仕入れるたびに平均単価を算定し，その平均
単価を次の払出価格とする方法です。なお，商品有高帳の単価欄には原価を記入す
ることに注意してください。

$$8日の平均単価：\frac{¥40,000+¥42,000}{200個+200個}=@¥205$$

$$21日の平均単価：\frac{¥49,200+¥34,400}{240個+160個}=@¥209$$

問2

売上高：160 個 × @ ¥490 + 340 個 × @ ¥470 = ¥238,200

売上原価：¥32,800 + ¥71,060 = ¥103,860

売上総利益：¥238,200 − ¥103,860 = ¥134,340

問3

先入先出法は古く仕入れた商品から順番に販売されたと仮定する方法ですので，月末の残高 60 個は 21 日に仕入れた商品になります。

次月繰越高：60 個 × @ ¥215 = ¥12,900

参考までに，先入先出法による商品有高帳は次のようになります。

商 品 有 高 帳

日付		摘　要	受　入			払　出			残　高		
			数量	単価	金額	数量	単価	金額	数量	単価	金額
8	1	前 月 繰 越	200	200	40,000				200	200	40,000
	8	仕　　　入	200	210	42,000				200	200	40,000
									200	210	42,000
	11	売　　　上				160	200	32,000	40	200	8,000
									200	210	42,000
	21	仕　　　入	160	215	34,400				40	200	8,000
									200	210	42,000
									160	215	34,400
	29	売　　　上				40	200	8,000			
						200	210	42,000			
						100	215	21,500	60	215	12,900

第3問

決算整理事項等の仕訳は次のとおりです。

		(借)				(貸)		
①	(借)	買　掛　金	200,000	(貸)	電 子 記 録 債 務	200,000
②	(借)	前　受　金	30,000	(貸)	売　　　　　上	100,000
		売　掛　金	80,000		仮 受 消 費 税	10,000

商品販売にともなって生じた消費税は仮受消費税で処理します。

③ （借）現　　　　　金　　　2,000　（貸）仮　払　金　　　　30,000
　　　　　旅　費　交　通　費　　28,000
　　（借）備　　　　　品　　300,000　（貸）仮　払　金　　　300,000

④ （借）貸倒引当金繰入　　　10,000　（貸）貸　倒　引　当　金　　10,000
　売掛金の期末残高：¥870,000＋¥80,000（上記②）＝¥950,000
　貸倒引当金繰入：¥950,000×2％－¥9,000＝¥10,000

⑤ （借）仕　　　　　入　　344,000　（貸）繰　越　商　品　　344,000
　　（借）繰　越　商　品　　398,000　（貸）仕　　　　　入　　398,000
　売上原価：¥344,000（期首商品棚卸高）＋¥4,800,000（当期仕入高）－¥398,000
　（期末商品棚卸高）＝¥4,746,000

⑥ （借）減　価　償　却　費　　225,000　（貸）建物減価償却累計額　　100,000
　　　　　　　　　　　　　　　　　　　　　　　　備品減価償却累計額　　125,000

　　建　物：（¥3,000,000－¥0）÷30年＝¥100,000

　　旧備品：（¥600,000－¥0）÷5年＝¥120,000

　　新備品：（¥300,000－¥0）÷5年×$\dfrac{1\,カ月}{12\,カ月}$＝¥5,000

⑦ （借）前　払　利　息　　　　9,000　（貸）支　払　利　息　　　　9,000
　借入時（1月1日）に，1年分の利息が差し引かれていますので，前払分はX9年
　4月～12月までの9カ月分です。

　　前払利息：¥800,000×1.5％×$\dfrac{9\,カ月}{12\,カ月}$＝¥9,000

　　貸借対照表では，前払利息は前払費用と表示されます。

⑧ （借）受　取　手　数　料　　20,000　（貸）前　受　手　数　料　　20,000
　　貸借対照表では，前受手数料は前受収益と表示されます。

⑨ （借）貯　蔵　品　　　　　　3,000　（貸）通　　信　　費　　　　3,000

⑩ （借）仮　受　消　費　税　　790,000　（貸）仮　払　消　費　税　　480,000
　　　　　　　　　　　　　　　　　　　　　　　　未　払　消　費　税　　310,000
　仮受消費税：¥780,000＋¥10,000（上記②）＝¥790,000

⑪ （借）法人税, 住民税及び事業税　350,000　（貸）未　払　法　人　税　等　350,000

当期純利益：収益合計¥7,930,000－費用合計¥6,730,000＝¥1,200,000

繰越利益剰余金の残高：¥956,000（決算整理前残高試算表）＋当期純利益¥1,200,000
　　　　　　　　　　　　　　＝¥2,156,000

総合模擬問題②

注：解答はすべて答案用紙に記入して下さい。

第1問（45点）

　下記の各取引について仕訳しなさい。ただし，勘定科目は，設問ごとに最も適当と思われるものを選び，記号で解答すること。

① 期首に際して，前期末に費用勘定から貯蔵品勘定に振り替えた郵便切手￥3,400と収入印紙￥17,000を適切な勘定科目に振り戻した。

　　ア　普通預金　　　　イ　通信費　　　　ウ　貯蔵品
　　エ　旅費交通費　　　オ　租税公課　　　カ　支払手数料

② 従業員が業務用のICカードを用いて，電車代￥1,300と文房具代￥500（使用済み）を支払った。なお，2日前にICカードへ￥10,000をチャージ（入金）し，チャージ額は仮払金で処理されている。

　　ア　消耗品費　　　イ　諸会費　　　ウ　仮受金
　　エ　現金　　　　　オ　仮払金　　　カ　旅費交通費

③ 得意先に対する売掛金（前期販売分）￥140,000が貸し倒れた。なお，前期末の決算において，売掛金残高￥5,000,000に対して2％の貸倒引当金を設定している。

　　ア　繰越利益剰余金　　　イ　償却債権取立益　　　ウ　貸倒損失
　　エ　貸倒引当金　　　　　オ　貸倒引当金繰入　　　カ　売掛金

④ 過日，現金の実際有高が帳簿残高より￥9,200多かったので，現金過不足勘定で適切に処理していた。本日，手数料￥15,200の受取りおよび商工会の年会費￥6,000の支払いが記帳漏れとなっていることが判明した。

　　ア　諸会費　　　　イ　現金　　　ウ　現金過不足
　　エ　受取手数料　　オ　雑損　　　カ　雑益

⑤ 決算において，売上勘定の貸方残高を損益勘定に振り替えた。なお，当期の総売上高は￥3,600,000，売上戻り高は￥90,000であり，いずれも売上勘定に転記されている。

　　ア　売上　　イ　売掛金　　ウ　買掛金　　エ　仕入　　オ　損益　　カ　雑費

⑥ 従業員の給料￥600,000の支給に際して，従業員負担の社会保険料￥100,000，所得税の源泉徴収額￥32,000および住民税の源泉徴収額￥44,000を差し引き，残額を普通預金口座から支払った。

　　ア　社会保険料預り金　　イ　普通預金　　　ウ　住民税預り金
　　エ　所得税預り金　　　　オ　法定福利費　　カ　給料

⑦ 定期預金（元本¥5,000,000）が満期になったので，利息¥400を含めた元利合計を普通預金に振り替えた。

　　ア　定期預金　　　　イ　支払利息　　　　ウ　普通預金
　　エ　受取利息　　　　オ　受取手数料　　　カ　当座預金

⑧ 商品¥55,000をクレジット払いで売り上げた。なお，手数料は販売額の2％であり，信販会社に対する債権から差し引くものとする。

　　ア　通信費　　　　イ　支払手数料　　　ウ　クレジット売掛金
　　エ　仕入　　　　　オ　売上　　　　　　カ　受取手数料

⑨ 販売用の中古車を¥760,000で仕入れ，代金は月末払いとした。当社は，中古車販売業を営んでいる。

　　ア　売掛金　　　　　イ　買掛金　　　　ウ　仕入
　　エ　車両運搬具　　　オ　未払金　　　　カ　売上

⑩ 浜松株式会社に対する買掛金¥660,000について，電子記録債務の発生記録の請求を行った。

　　ア　電子記録債権　　　イ　電子記録債務　　　ウ　売掛金
　　エ　支払手形　　　　　オ　買掛金　　　　　　カ　受取手形

⑪ 銀行から¥4,000,000を借り入れ，同額の約束手形を振り出し，利息を差し引かれた残額が当座預金口座に振り込まれた。なお，借入れの年利率は1.8％，借入期間は8カ月間であり，利息は月割計算する。

　　ア　手形借入金　　　イ　当座預金　　　ウ　手形貸付金
　　エ　支払利息　　　　オ　支払手形　　　カ　受取利息

⑫ 商品¥220,000（税込価格）を仕入れ，代金は普通預金口座から支払った。なお，消費税率は10％とし，税抜方式で処理する。

　　ア　仮受消費税　　　イ　売掛金　　　　ウ　売上
　　エ　普通預金　　　　オ　仮払消費税　　カ　仕入

⑬ 店舗の改修と定期修繕を行い，代金¥1,680,000は小切手を振り出して支払った。なお，代金のうち¥1,000,000は収益の支出，残額は資本的支出として処理した。

　　ア　資本金　　　　イ　未払金　　　　ウ　修繕費
　　エ　建物　　　　　オ　支払手数料　　カ　当座預金

⑭ 当期（X7年4月1日からX8年3月31日まで）の8月31日に，備品（取得原価¥900,000，期首減価償却累計額¥675,000，残存価額ゼロ，耐用年数5年，間接法で記帳）を¥20,000で売却し，代金は月末に当社指定の預金口座に振り込んでもらうこととした。なお，当期の減価償却費については月割計算で計上し，減価償却累計額勘定を経由せずに直接計上すること。

　　ア　減価償却費　　　　イ　備品減価償却累計額　　　ウ　備品
　　エ　固定資産売却損　　オ　固定資産売却益　　　　　カ　未収入金

⑮ 商品¥65,000を仕入れ，代金のうち¥25,000は現金で支払い，残額は掛けとした。出金伝票を次のように作成したとき，振替伝票に記入される仕訳を答えなさい。なお，商品売買の記帳は3分法であり，3伝票制を採用している。

ア 売上　イ 未払金　ウ 仕入　エ 買掛金　オ 売掛金　カ 現金

```
        出 金 伝 票
      X8年10月21日
     （買掛金）　　25,000
```

〔答案用紙〕

	借方科目	金額	貸方科目	金額
①				
②				
③				
④				
⑤				
⑥				
⑦				
⑧				
⑨				
⑩				
⑪				
⑫				
⑬				
⑭				
⑮				

第2問（20点）

(1) 以下の【資料】にもとづいて，損益勘定，仮払法人税等勘定，および未払法人税等勘定の（　）に適切な語句または金額を記入しなさい。当期はX7年4月1日からX8年3月31日までである。なお，便宜上，仕入および法人税等以外の費用は，「その他費用」と一括表記している。

　　摘要欄については，次の中から最も適切なものを選択し，記号で記入すること。

ア　損益　　　　イ　前期繰越　　　ウ　次期繰越　　　エ　繰越利益剰余金

オ　資本金　　　カ　法人税等　　　キ　普通預金

【資料】

X7年5月28日　前期末に計上された未払法人税等¥260,000を普通預金口座から納付した。

X7年11月24日　法人税等の中間申告納付を行い，¥280,000を普通預金口座から納付した。

X8年3月31日　決算につき，税引前の当期純利益に対して30％の税率を乗じた額を法人税等として計上するとともに，中間納付額を差し引いた残額を未払計上した。

〔答案用紙〕

損　　　益

3/31	仕　　入	5,200,000	3/31	売　　上	8,500,000
〃	その他費用	1,620,000			
〃	法人税等	（　　　　）			
〃	（　　）	（　　　　）			
		8,500,000			8,500,000

仮払法人税等

（　）	（　　）	（　　　　）	（　）	（　　）	（　　　　）

未払法人税等

（　）	（　　）	（　　　　）	4/1	（　　）	（　　）
（　）	（　　）	（　　　　）	（　）	（　　）	（　　）
		（　　　　）			（　　）

(2) 次の固定資産台帳（備品）にもとづいて，空欄①から④に入る適切な数値または金額を答えなさい。減価償却はいずれも残存価額をゼロとする定額法で行っており，期中取得した場合は，減価償却費は月割計算する。決算は毎年3月31日で

308

あり，当期はX7年4月1日からX8年3月31日までである。

固定資産台帳（備品）　　　　　　　X8年3月31日現在

取得年月日	名称	耐用年数	期首 （期中取得） 取得原価	期首 減価償却 累計額	期首 （期中取得） 帳簿価額	当期 減価償却費
X4年4月1日	A	5年	3,600,000	?	（　①　）	720,000
X6年12月1日	B	（　②　）年	1,200,000	（　③　）	?	300,000
X7年6月1日	C	8年	4,200,000	0	4,200,000	（　④　）

①	②	③	④

第3問（35点）

次の資料にもとづいて，精算表を作成しなさい。当期はX7年4月1日からX8年3月31日までである。なお，消費税については，【決算整理事項等】の①と⑨のみ考慮し，税抜方式で処理する。

【決算整理事項等】

① 掛けで仕入れていた商品￥66,000（うち消費税￥6,000）が品違いだったので返品し，掛代金と相殺した取引が未処理であった。

② 先月締めの売掛金￥250,000について，得意先から振込手数料￥400（当社負担）を差し引かれた残額が普通預金口座に振り込まれていた取引が未処理であった。

③ 未払金￥180,000を当座預金口座から支払った取引が未処理であった。

④ 従業員が立替払いしていた旅費交通費￥5,600が未処理である。当社は，従業員が立替払いした旅費交通費を毎月末に未払金として計上したうえで，翌月に従業員に対して支払っている。

⑤ 当座預金勘定の貸方残高全額を当座借越勘定に振り替える。当社は，取引銀行との間に￥800,000の当座借越契約を締結している。

⑥ 売掛金の期末残高に対して2%の貸倒引当金を差額補充法により設定する。

⑦ 上記①考慮後の期末商品棚卸高は￥397,000である。この金額を用いて，売上原価を「仕入」の行で計算する。

⑧ 有形固定資産について，以下の要領で減価償却を行う。
    建物 耐用年数30年 残存価額0
    備品 耐用年数6年 残存価額0

⑨ 仮払消費税および仮受消費税の残高について必要な処理を行う。

⑩ 貸付金のうち￥200,000は，当期の12月1日に期間1年，利率年3%の条件で貸し付けたものであり，利息は元本回収時に一括して受け取ることとなっているので，当期にすでに発生している利息を月割計算で計上する。

⑪ 保険料の前払分が￥14,000ある。

⑫ 法定福利費の未払分が￥30,000ある。

〔答案用紙〕

精 算 表

勘定科目	残高試算表 借方	残高試算表 貸方	修正記入 借方	修正記入 貸方	損益計算書 借方	損益計算書 貸方	貸借対照表 借方	貸借対照表 貸方
現　　　金	92,000						92,000	
普 通 預 金	1,029,000							
当 座 預 金		254,000						
売 掛 金	750,000							
仮払消費税	520,000							
繰 越 商 品	544,000							
貸 付 金	1,000,000							
建　　　物	2,400,000						2,400,000	
備　　　品	1,800,000							
土　　　地	1,300,000						1,300,000	
買 掛 金		695,000						
未 払 金		400,000						
社会保険料預り金		30,000						
仮受消費税		851,000						
貸倒引当金		6,000						
建物減価償却累計額		1,160,000						
備品減価償却累計額		900,000						
資 本 金		3,400,000						3,400,000
繰越利益剰余金		1,593,000						1,593,000
売　　　上		8,510,000						
受 取 利 息		84,000						
仕　　　入	5,200,000							
給　　　料	1,899,000							
法 定 福 利 費	330,000							
支 払 家 賃	720,000							
旅 費 交 通 費	160,000							
保 険 料	98,000							
支 払 手 数 料	41,000							
	17,883,000	17,883,000						
当 座 借 越								
貸倒引当金繰入								
減 価 償 却 費								
（　　）消費税								
（　　）利 息								
前 払 保 険 料								
未払法定福利費								
当 期 純（　　）								

第 1 問 （45 点）

	借方科目	金額	貸方科目	金額
①	イ オ	3,400 17,000	ウ	20,400
②	カ ア	1,300 500	オ	1,800
③	エ ウ	100,000 40,000	カ	140,000
④	ア ウ	6,000 9,200	エ	15,200
⑤	ア	3,510,000	オ	3,510,000
⑥	カ	600,000	ア エ ウ イ	100,000 32,000 44,000 424,000
⑦	ウ	5,000,400	ア エ	5,000,000 400
⑧	ウ イ	53,900 1,100	オ	55,000
⑨	ウ	760,000	イ	760,000
⑩	オ	660,000	イ	660,000
⑪	イ エ	3,952,000 48,000	ア	4,000,000
⑫	カ オ	200,000 20,000	エ	220,000
⑬	ウ エ	1,000,000 680,000	カ	1,680,000
⑭	イ ア カ エ	675,000 75,000 20,000 130,000	ウ	900,000
⑮	ウ	65,000	エ	65,000

仕訳 1 組につき 3 点。合計45点。

第2問 (20点)

(1)

損 益

3/31	仕　　　　入	5,200,000	3/31	売　　　　上	8,500,000
〃	その他費用	1,620,000			
〃	法 人 税 等	(504,000)			
〃	(　　エ　　)	(1,176,000)			
		8,500,000			8,500,000

仮払法人税等

(11/24)	(　キ　)	(280,000)	(3/31)	(　カ　)	(280,000)

未払法人税等

(5/28)	(　キ　)	(260,000)	4/1	(　イ　)	(260,000)
(3/31)	(　ウ　)	(224,000)	(3/31)	(　カ　)	(224,000)
		(484,000)			(484,000)

□ 1つにつき3点。計12点。

(2)

①	②	③	④
1,440,000	4	100,000	437,500

各2点。計8点。合計20点。

第3問 （35点）

精　算　表

勘定科目	残高試算表 借方	残高試算表 貸方	修正記入 借方	修正記入 貸方	損益計算書 借方	損益計算書 貸方	貸借対照表 借方	貸借対照表 貸方
現　　金	92,000						92,000	
普通預金	1,029,000		249,600				1,278,600	
当座預金		254,000	434,000	180,000				
売 掛 金	750,000			250,000			500,000	
仮払消費税	520,000			6,000				
				514,000				
繰越商品	544,000		397,000	544,000			397,000	
貸 付 金	1,000,000						1,000,000	
建　　物	2,400,000						2,400,000	
備　　品	1,800,000						1,800,000	
土　　地	1,300,000						1,300,000	
買 掛 金		695,000	66,000					629,000
未 払 金		400,000	180,000	5,600				225,600
社会保険料預り金		30,000						30,000
仮受消費税		851,000	851,000					
貸倒引当金		6,000		4,000				10,000
建物減価償却累計額		1,160,000		80,000				1,240,000
備品減価償却累計額		900,000		300,000				1,200,000
資 本 金		3,400,000						3,400,000
繰越利益剰余金		1,593,000						1,593,000
売　　上		8,510,000				8,510,000		
受取利息		84,000		2,000		86,000		
仕　　入	5,200,000		544,000	60,000	5,287,000			
				397,000				
給　　料	1,899,000				1,899,000			
法定福利費	330,000		30,000		360,000			
支払家賃	720,000				720,000			
旅費交通費	160,000		5,600		165,600			
保 険 料	98,000			14,000	84,000			
支払手数料	41,000		400		41,400			
	17,883,000	17,883,000						
当座借越				434,000				434,000
貸倒引当金繰入			4,000		4,000			
減価償却費			380,000		380,000			
（未払）消費税				337,000				337,000
（未収）利息			2,000				2,000	
前払保険料			14,000				14,000	
未払法定福利費				30,000				30,000
当期純(損失)						345,000	345,000	
			3,157,600	3,157,600	8,941,000	8,941,000	9,128,600	9,128,600

314

（注）損益計算書欄の仕入勘定￥5,287,000は，いずれかの行に書いてあればよい。

☐1つにつき3点。 ┈┈1つにつき2点。合計35点。

解 説

第1問

① 貯蔵品のうち郵便切手は通信費，収入印紙は租税公課に振り戻します。

② ICカードへのチャージ時には，次の仕訳が行われています。

（借）仮　払　金　10,000　（貸）現　　　　金　10,000

ICカードを用いて諸費用を支払ったときには，仮払金から適切な費用科目に振り替えます。

③ 前期末に設定された貸倒引当金は￥100,000（＝￥5,000,000×2％）です。貸倒額が貸倒引当金残高を超過するので，全額貸倒引当金を取り崩し，不足分は貸倒損失とします。

④ 現金超過の発生時には，以下の仕訳が行われています。

（借）現　　　　金　9,200　（貸）現 金 過 不 足　9,200

記帳漏れの取引を計上すると，現金過不足の残高はゼロになりますので，雑損または雑益は生じません。

⑤ 売上勘定の貸方残高は￥3,510,000（＝￥3,600,000－￥90,000）であり，これを損益勘定に振り替えます。

⑥ 従業員負担の社会保険料は社会保険料預り金で，所得税の源泉徴収額は所得税預り金で，住民税の源泉徴収額は住民税預り金で処理します。

⑦ 定期預金から生じた利息は受取利息で処理します。

⑧ クレジット払いによる売上にともなって生じた債権はクレジット売掛金で，信販会社に対する手数料は支払手数料で処理します。「信販会社に対する債権から差し引く」とは，「クレジット売掛金の総額（￥55,000）から支払手数料相当額（￥1,100）を差し引く」という意味です。

⑨ 中古車販売業を営んでいる当社にとって，販売用の中古車の購入は主たる業務（本業）に該当します。したがって，この取引は商品仕入取引になるので，仕入から生じた債務は買掛金で処理します。

⑩ 買掛金から電子記録債務に振り替えます。

⑪ 約束手形を振り出して借り入れたので，貸方は手形借入金になります。支払利息は$￥4,000,000 \times 1.8\% \times \dfrac{8 \text{カ月}}{12 \text{カ月}} = ￥48,000$です。

⑫ 商品仕入にともなって支払った消費税は，仮払消費税で処理します。仮払消費

税は￥220,000×$\frac{0.1}{1.1}$＝￥20,000です。

⑬　収益的支出は修繕費で処理し，資本的支出は資産の取得原価に算入します。

⑭　当期の減価償却費は（￥900,000－￥0）÷5年×$\frac{5カ月}{12カ月}$＝￥75,000です。帳

簿価額は￥150,000（＝取得原価￥900,000－期首減価償却累計額￥675,000－当期
減価償却費￥75,000）なので，売却価額￥20,000との差額￥130,000が固定資産売
却損になります。

⑮　取引を分解する方法だと，次のように起票されます。

（借）仕　入　25,000　　（貸）現　金　25,000　→　出金伝票
（借）仕　入　40,000　　（貸）買掛金　40,000　→　振替伝票

取引を擬制する方法だと，次のように起票されます。

（借）仕　入　65,000　　（貸）買掛金　65,000　→　振替伝票
（借）買掛金　25,000　　（貸）現　金　25,000　→　出金伝票

問題文の出金伝票に「買掛金　25,000」と記載されているので，取引を擬制す
る方法で記帳されていることがわかります。

したがって，振替伝票には，（借）仕入　65,000　（貸）買掛金　65,000と起票さ
れます。

第2問

(1)

各期日の仕訳は次のようになります。

5/28　（借）未払法人税等　　260,000　（貸）普　通　預　金　　260,000
11/24　（借）仮払法人税等　　280,000　（貸）普　通　預　金　　280,000
3/31　（借）法　人　税　等　504,000　（貸）仮払法人税等　　280,000
　　　　　　　　　　　　　　　　　　　　　未払法人税等　　224,000
3/31　（借）損　　　　　益　1,176,000　（貸）繰越利益剰余金　1,176,000
法人税等：（売上￥8,500,000－仕入￥5,200,000－その他費用￥1,620,000）×30％＝
　　　　￥504,000
当期純利益：売上￥8,500,000－仕入￥5,200,000－その他費用￥1,620,000－法人税等
　　　　￥504,000＝￥1,176,000

当期純利益は繰越利益剰余金の増加要因なので，損益勘定の借方から繰越利益剰
余金勘定の貸方に振り替えます。

(2)

① 前期末（X7年3月）までの使用期間は3年なので，期首減価償却累計額は（¥3,600,000 − ¥0）÷5年×3年＝¥2,160,000になります。したがって，期首帳簿価額は¥3,600,000 − ¥2,160,000＝¥1,440,000になります。

② （取得原価¥1,200,000 − 残存価額¥0）÷耐用年数＝当期減価償却費¥300,000より，4年になります。

③ 備品Bの当期首（X7年4月）までの使用期間は，X6年12月からX7年3月までの4カ月なので，減価償却累計額は（¥1,200,000 − ¥0）÷4年× $\dfrac{4カ月}{12カ月}$ ＝¥100,000になります。

④ 備品Cの使用期間はX7年6月からX8年3月までの10カ月なので，減価償却費は（¥4,200,000 − ¥0）÷8年× $\dfrac{10カ月}{12カ月}$ ＝¥437,500になります。

第3問

決算整理事項等の仕訳は次のとおりです。

① （借）買　掛　金　　　66,000　（貸）仕　　　　　入　　　60,000
　　　　　　　　　　　　　　　　　　　　　　　仮 払 消 費 税　　　　6,000

② （借）普 通 預 金　　　249,600　（貸）売　掛　金　　　250,000
　　　　支 払 手 数 料　　　　400
当社負担の手数料は，支払手数料で処理します。

③ （借）未　払　金　　　180,000　（貸）当 座 預 金　　　180,000

④ （借）旅 費 交 通 費　　　5,600　（貸）未　払　金　　　5,600
問題文の指示に従い，従業員が立て替えた分を旅費交通費と未払金に計上します。

⑤ （借）当 座 預 金　　　434,000　（貸）当 座 借 越　　　434,000
当座預金勘定の貸方残高：¥254,000 ＋ ¥180,000（上記③）＝ ¥434,000

⑥ （借）貸倒引当金繰入　　　4,000　（貸）貸 倒 引 当 金　　　4,000
売掛金の期末残高：¥750,000 − ¥250,000（上記②）＝ ¥500,000
貸倒引当金繰入：¥500,000 × 2％ − ¥6,000 ＝ ¥4,000

⑦ （借）仕　　　　　入　　　544,000　（貸）繰 越 商 品　　　544,000
　　（借）繰 越 商 品　　　397,000　（貸）仕　　　　　入　　　397,000

⑧ （借）減 価 償 却 費　　　380,000　（貸）建物減価償却累計額　　　80,000
　　　　　　　　　　　　　　　　　　　　　　　備品減価償却累計額　　　300,000
建物：（¥2,400,000 − ¥0）÷30年 ＝ ¥80,000
備品：（¥1,800,000 − ¥0）÷6年 ＝ ¥300,000

⑨ （借）仮 受 消 費 税　　　851,000　（貸）仮 払 消 費 税　　　514,000
　　　　　　　　　　　　　　　　　　　　　　　未 払 消 費 税　　　337,000
仮払消費税：¥520,000 − ¥6,000（上記①）＝ ¥514,000

⑩　（借）未　収　利　息　　　　2,000　（貸）受　取　利　息　　　　2,000

　　未収利息：￥200,000×3％× $\dfrac{4 \text{カ月（12月〜3月）}}{12 \text{カ月}}$ ＝￥2,000

⑪　（借）前 払 保 険 料　　　14,000　（貸）保　　険　　料　　　14,000
⑫　（借）法 定 福 利 費　　　30,000　（貸）未払法定福利費　　　30,000

　本問では，収益合計￥8,596,000より費用合計￥8,941,000の方が大きいので，当期純損失￥345,000が計上されます。精算表では，当期純損失は，損益計算書欄の貸方と貸借対照表欄の借方に記載します。これにより，損益計算書欄の貸借合計，貸借対照表欄の貸借合計が一致します。

総合模擬問題③

注：解答はすべて答案用紙に記入して下さい。

第1問（45点）

下記の各取引について仕訳しなさい。ただし，勘定科目は，設問ごとに最も適当と思われるものを選び，記号で解答すること。

① クレジット売掛金￥100,000が普通預金口座に振り込まれた。

ア	買掛金	イ	仕入	ウ	売上
エ	普通預金	オ	クレジット売掛金	カ	現金

② 小口現金係から今週の支払明細について次の報告があり，ただちに同額の小切手を小口現金係に渡した。当社は，定額資金前渡制を採用している。

タクシー代　￥3,800　　文房具代（使用済み）￥1,500

収入印紙代（使用済み）￥5,000

ア	通信費	イ	消耗品費	ウ	租税公課
エ	旅費交通費	オ	諸会費	カ	当座預金

③ 事務所用の建物を賃借する契約を不動産会社と締結し，保証金（敷金）￥300,000，不動産会社に対する手数料￥150,000，1カ月分の家賃￥150,000を普通預金口座から支払った。

ア	建物	イ	支払家賃	ウ	普通預金
エ	資本金	オ	支払手数料	カ	差入保証金

④ かねて商品仕入に際して振り出した約束手形￥620,000が当座預金口座から決済された。

ア	受取手形	イ	支払手形	ウ	仕入
エ	当座預金	オ	支払利息	カ	受取利息

⑤ 秋田株式会社に対する買掛金￥400,000について，電子記録債務の発生記録の請求を行った。

ア	電子記録債務	イ	電子記録債権	ウ	支払手形
エ	買掛金	オ	受取手形	カ	売掛金

⑥ 博多株式会社に￥3,000,000を貸し付け，当社の普通預金口座から同社の普通預金口座に振り込んだ。なお，貸付けに際して同社振出の約束手形を受け取った。

ア	受取利息	イ	受取手形	ウ	手形貸付金
エ	手形借入金	オ	支払利息	カ	普通預金

⑦ 商品￥750,000を購入する契約を締結し，手付金として￥100,000を普通預金口座から支払った。

ア 普通預金　　　イ 前受金　　　ウ 仮受金

エ 仮払金　　　　オ 前払金　　　カ 仕入

⑧ 期首に，不用になった備品（取得原価￥600,000，減価償却累計額￥500,000）を￥20,000で売却し，売却代金は現金で受け取った。

ア 減価償却費　　　イ 備品減価償却累計額　　　ウ 備品

エ 現金　　　　　　オ 固定資産売却益　　　　　カ 固定資産売却損

⑨ 建物￥3,000,000を購入し，不動産会社への手数料￥90,000を含めた総額を，小切手を振り出して支払った。

ア 支払手数料　　　イ 当座預金　　　ウ 小口現金

エ 建物　　　　　　オ 未払金　　　　カ 買掛金

⑩ 決算に際し，すでに費用処理した未使用の郵便切手￥4,700と収入印紙￥18,000を貯蔵品勘定に振り替えた。

ア 通信費　　　　　イ 旅費交通費　　　ウ 未払費用

エ 租税公課　　　　オ 未収入金　　　　カ 貯蔵品

⑪ 現金の実際有高が帳簿残高より￥8,700不足していたので，現金過不足勘定で適切に処理しておいた。本日，原因を調査したところ，水道光熱費￥13,700の支払および手数料￥5,000の受取の記帳漏れが判明した。

ア 雑益　　　　　　イ 現金過不足　　　ウ 支払手数料

エ 受取手数料　　　オ 水道光熱費　　　カ 雑損

⑫ 商品￥80,000（本体価格）を売り上げ，代金は10％の消費税を含めて掛けとした。なお，消費税は税抜方式で処理する。

ア 仮受消費税　　　イ 未払消費税　　　ウ 売上

エ 売掛金　　　　　オ 買掛金　　　　　カ 仮払消費税

⑬ 前期に貸倒れとして処理した売掛金￥800,000のうち￥264,000を現金で回収した。

ア 売掛金　　　　　イ 受取手数料　　　ウ 貸倒引当金

エ 貸倒損失　　　　オ 現金　　　　　　カ 償却債権取立益

⑭ 増資を行い，株式800株を1株当たり￥600で発行し，払込金は普通預金とした。

ア 借入金　　　　　イ 普通預金　　　ウ 売上

エ 資本金　　　　　オ 損益　　　　　カ 繰越利益剰余金

⑮ 商品￥83,000を売り上げ，代金のうち￥23,000は現金で受け取り，残額は掛けとした取引について，入金伝票を次のように作成したとき，振替伝票に記入される仕訳を答えなさい。なお，3伝票制を採用しており，商品売買の記帳は3分法によっている。

ア 仕入　　イ 現金　　ウ 売上　　エ 売掛金　　オ 未払金　　カ 買掛金

320

```
入　金　伝　票
X8年10月4日
（売上）　　23,000
```

〔答案用紙〕

	借方科目	金額	貸方科目	金額
①				
②				
③				
④				
⑤				
⑥				
⑦				
⑧				
⑨				
⑩				
⑪				
⑫				
⑬				
⑭				
⑮				

第2問 （20点）

(1) 当期中における当社の商品売買に関する取引の勘定記録は，以下のとおりである。下記の勘定の空欄のうち，A〜Bについては適切な語句を，①〜④については適切な金額を答えなさい。なお，損益勘定には，売上勘定と仕入勘定からの振替だけを記入すること。当期はX7年4月1日からX8年3月31日までである。

```
                           売            上
11/11  売 掛 金      200,000  │  5/7   売 掛 金        800,000
 3/31  （  A  ）（       ）  │  9/14  普 通 預 金 （   ①   ）
                              │  11/8  売 掛 金        750,000
              （       ）     │              （       ）
```

```
                           仕            入
 5/4   買 掛 金      560,000  │  5/10  買 掛 金         60,000
 9/3   買 掛 金      690,000  │  3/31  （  B  ）        150,000
 3/31  繰 越 商 品 （  ②  ） │   〃   損     益 （       ）
              （       ）     │              （       ）
```

```
                         繰 越 商 品
 4/1   前 期 繰 越    280,000  │  3/31  仕     入 （       ）
 3/31  （     ）（       ）  │   〃   次 期 繰 越 （   ③   ）
              （       ）     │              （       ）
```

```
                           損            益
 3/31  （     ）（   ④   ） │  3/31  （     ）      2,000,000
```

〔答案用紙〕

A	B	①	②	③	④

(2) 次の問に答えなさい。

問1　下記の表の(ア)と(イ)に当てはまる適切な金額を答えなさい。なお，？は各自で計算すること（単位：円）。

| 期首の貸借対照表 | | | 期末の貸借対照表 | | | 当期の損益計算書 | | 当期純利益 |
資産合計	負債合計	純資産合計	資産合計	負債合計	純資産合計	収益合計	費用合計	
786,000	419,000	？	911,000	（ ア ）	？	1,260,000	1,040,000	（ イ ）

問2　X1年4月1日に設立した当社の【資料】にもとづいて，下記の表の(ウ)と
(エ)に当てはまる適切な金額を答えなさい。当期はX4年度(X4年4月1日か
らX5年3月31日)である。当期純損失の場合は，金額の頭に△を付している。
なお，？は各自で計算すること(単位:円)。

【資料】

年度	当期純損益	期中の配当額	期中の利益準備金の積立額	期末の繰越利益剰余金の残高
X1年度	318,000	0	0	318,000
X2年度	(　ウ　)	70,000	7,000	696,000
X3年度	△193,000	0	0	？
X4年度	214,000	50,000	5,000	(　エ　)

問1　ア(　　　　　　　)　イ(　　　　　　　)
問2　ウ(　　　　　　　)　エ(　　　　　　　)

第3問 （35点）

次の【資料1】と【資料2】にもとづいて，問に答えなさい。なお，消費税については，【資料2】の②と⑦のみ考慮し，税抜方式で処理する。当期は，X7年4月1日からX8年3月31日までの1年間である。

【資料1】決算整理前残高試算表

借 方	勘 定 科 目	貸 方
89,400	現　　　　　　　　金	
	現　金　過　不　足	10,000
	当　座　預　金	224,000
888,000	普　通　預　金	
750,000	売　　掛　　金	
437,000	仮　払　消　費　税	
226,000	繰　越　商　品	
2,000,000	建　　　　　物	
640,000	備　　　　　品	
1,400,000	土　　　　　地	
	買　　掛　　金	678,000
	前　　受　　金	68,000
	仮　受　消　費　税	559,000
	手　形　借　入　金	800,000
	貸　倒　引　当　金	9,000
	建　物　減　価　償　却　累　計　額	880,000
	備　品　減　価　償　却　累　計　額	320,000
	資　　本　　金	2,300,000
	繰　越　利　益　剰　余　金	724,000
	売　　　　　上	5,590,000
4,370,000	仕　　　　　入	
1,060,000	給　　　　　料	
139,000	通　　信　　費	
53,000	旅　費　交　通　費	
100,000	保　　険　　料	
9,600	支　払　利　息	
12,162,000		12,162,000

324

【資料２】 決算整理事項等

① 現金過不足の原因を調査した結果，旅費交通費¥12,000を現金で支払ったさいに¥21,000と誤記帳していたことが判明したが，残額については原因不明のため，雑損または雑益で処理する。

② 規格違いであったため，当期に掛けで仕入れていた商品¥220,000（内消費税¥20,000）を返品し，同額を掛代金から差し引くこととしたが，この取引が未記帳であった。

③ 通信費¥28,000が当座預金口座から支払われた取引が未記帳であった。

④ 商品販売にともなう手付金¥50,000を現金で受け取ったさいに，以下の仕訳を行っていたことが判明したので，適切に修正する。

　　（借）現　　　　金　50,000 （貸）売　　掛　　金　50,000

⑤ 当座預金勘定の貸方残高を当座借越勘定に振り替える。なお，取引銀行との間に借越限度額¥2,000,000の当座借越契約を結んでいる。

⑥ 売掛金の期末残高に対して２％の貸倒引当金を差額補充法により設定する。

⑦ 仮受消費税と仮払消費税を相殺し，未払分の消費税を計上する。

⑧ 上記②の返品考慮後の期末商品棚卸高は¥318,000である。

⑨ 建物および備品について，次の要領で定額法により減価償却を行う。

　　建物：残存価額ゼロ　耐用年数25年
　　備品：残存価額ゼロ　耐用年数４年

⑩ 手形借入金は当期の１月１日に，期間１年，利率年1.2％で借り入れたものであり，借入時に１年分の利息が差し引かれた金額を受け取っている。そこで，利息について月割により適切に処理する。

⑪ 保険料の前払分が¥16,000ある。

問１　決算整理後残高試算表を作成しなさい。

問２　当期純利益または当期純損失の金額を答えなさい。なお，当期純損失の場合は，金額の頭に△を付すこと。

〔答案用紙〕

問1

決算整理後残高試算表

X8年3月31日

借 方	勘 定 科 目	貸 方
	現 金	
	普 通 預 金	
	売 掛 金	
	繰 越 商 品	
	前 払 保 険 料	
	（ ） 利 息	
	建 物	
	備 品	
	土 地	
	買 掛 金	
	前 受 金	
	（ ） 消 費 税	
	当 座 借 越	
	手 形 借 入 金	
	貸 倒 引 当 金	
	建物減価償却累計額	
	備品減価償却累計額	
	資 本 金	
	繰 越 利 益 剰 余 金	
	売 上	
	仕 入	
	給 料	
	通 信 費	
	旅 費 交 通 費	
	保 険 料	
	貸 倒 引 当 金 繰 入	
	減 価 償 却 費	
	支 払 利 息	
	雑 （ ）	

問2 ¥（ ）

第1問 （45点）

	借方科目	金額	貸方科目	金額
①	エ	100,000	オ	100,000
②	エ イ ウ	3,800 1,500 5,000	カ	10,300
③	カ オ イ	300,000 150,000 150,000	ウ	600,000
④	イ	620,000	エ	620,000
⑤	エ	400,000	ア	400,000
⑥	ウ	3,000,000	カ	3,000,000
⑦	オ	100,000	ア	100,000
⑧	イ エ カ	500,000 20,000 80,000	ウ	600,000
⑨	エ	3,090,000	イ	3,090,000
⑩	カ	22,700	ア エ	4,700 18,000
⑪	オ	13,700	エ イ	5,000 8,700
⑫	エ	88,000	ウ ア	80,000 8,000
⑬	オ	264,000	カ	264,000
⑭	イ	480,000	エ	480,000
⑮	エ	60,000	ウ	60,000

仕訳1組につき3点。合計45点。

第2問（20点）

(1)

A	B	①	②	③	④
損益	繰越商品	650,000	280,000	150,000	1,320,000

各2点。計12点。

(2)

問1　　ア（　324,000　）　　イ（　220,000　）
問2　　ウ（　455,000　）　　エ（　662,000　）

各2点。計8点。合計20点

第3問 （35点）

問1

決算整理後残高試算表

X8年3月31日

借　　　　　方	勘　定　科　目	貸　　　　　方
89,400	現　　　　　　　　金	
888,000	普　　通　　預　　金	
800,000	売　　　　掛　　　　金	
318,000	繰　　越　　商　　品	
16,000	前　払　保　険　料	
7,200	（　前　払　）　利　息	
2,000,000	建　　　　　　　　物	
640,000	備　　　　　　　　品	
1,400,000	土　　　　　　　　地	
	買　　　掛　　　金	458,000
	前　　　受　　　金	118,000
	（　未　払　）　消　費　税	142,000
	当　　座　　借　　越	252,000
	手　形　借　入　金	800,000
	貸　倒　引　当　金	16,000
	建物減価償却累計額	960,000
	備品減価償却累計額	480,000
	資　　　本　　　金	2,300,000
	繰　越　利　益　剰　余　金	724,000
	売　　　　　　　　上	5,590,000
4,078,000	仕　　　　　　　　入	
1,060,000	給　　　　　　　　料	
167,000	通　　　信　　　費	
44,000	旅　費　交　通　費	
84,000	保　　　険　　　料	
7,000	貸　倒　引　当　金　繰　入	
240,000	減　　価　　償　　却　　費	
2,400	支　　払　　利　　息	
	雑　　（　益　）	1,000
11,841,000		11,841,000

329

問 2   ¥（ △ 91,400 ）

解 説

第1問

① クレジット売掛金が回収されたので，その減額処理をします。

② タクシー代は旅費交通費，文房具代は消耗品費，収入印紙代は租税公課で処理します。

③ 保証金（敷金）は差入保証金，不動産会社に支払った手数料は支払手数料，支払った家賃は支払家賃で処理します。

④ 支払手形が決済されたので，その減額処理をします。

⑤ 買掛金について電子記録債務の発生記録の請求を行ったので，買掛金が減少し，電子記録債務が増加します。

⑥ 担保として約束手形を受け取って資金を貸し付けたときは，手形貸付金で処理します。

⑦ 商品を購入する際に支払った手付金は，前払金で処理します。手付金を支払った時点では，商品は引き渡されていないので，仕入は計上しません。

⑧ 帳簿価額¥100,000（＝取得原価¥600,000－減価償却累計額¥500,000）の備品を¥20,000で売却したので，固定資産売却損¥80,000が生じます。

⑨ 資産の取得にともなって発生した付随費用は，その資産の取得原価に含めますので，建物の取得原価は¥3,090,000になります。

⑩ 未使用の郵便切手と収入印紙をそれぞれの費用勘定から貯蔵品勘定に振り替えます。

⑪ 現金不足発生時に，次の仕訳が行われています。

    （借）現 金 過 不 足   8,700 （貸）現   金   8,700

記帳漏れの取引を記帳することにより，現金過不足の残高はゼロになります。

⑫ 商品売上にともなって受け取った消費税は，仮受消費税で処理します。

⑬ 過年度に貸倒れとして処理した売掛金を回収したときは，償却債権取立益で処理します。

⑭ 増資を行うと，資本金が増加します。

⑮ 取引を分解する方法の場合，次のように起票されます。

    （借）現   金   23,000 （貸）売   上   23,000 → 入金伝票
    （借）売   掛   金   60,000 （貸）売   上   60,000 → 振替伝票

取引を擬制する方法の場合，次のように起票されます。

    （借）売   掛   金   83,000 （貸）売   上   83,000 → 振替伝票

（借）現　　　金　23,000　（貸）売　掛　金　23,000　→　入金伝票

問題文の入金伝票に「売上　23,000」と記載されているので，取引を分解する方法で起票されていることがわかります。したがって，振替伝票には，（借）売掛金60,000　（貸）売上　60,000と起票されます。

第2問

(1)　次の手順で求めます。

A：売上勘定の残高を損益勘定に振り替えた勘定記入なので，損益になります。また，Aの金額は，損益勘定の貸方残高¥2,000,000になります。

（借）売　　　　　上　2,000,000　（貸）損　　　　　益　2,000,000

B：期末商品棚卸高を仕入勘定に振り替えた勘定記入なので，繰越商品になります。

（借）繰　越　商　品　150,000　（貸）仕　　　　　入　150,000

① 売上勘定の借方残高は¥2,200,000（＝¥200,000＋¥2,000,000）なので，これから¥800,000と¥750,000を引くと，¥650,000になります。

② 期首商品棚卸高を仕入勘定に振り替えた勘定記入なので，繰越商品勘定の前期繰越¥280,000になります。

（借）仕　　　　　入　280,000　（貸）繰　越　商　品　280,000

③ 期末商品棚卸高の¥150,000になります。

④ 仕入勘定の残高を損益勘定に振り替えた勘定記入なので，仕入勘定の残高¥1,320,000（＝借方合計¥1,530,000－¥60,000－¥150,000）になります。

資料にある勘定の転記を示すと，次のようになります。

売　　上

11/11	売　掛　金	200,000	5/7	売　掛　金		800,000
3/31	（ 損　益 ）（	2,000,000)	9/14	普　通　預　金	（	650,000)
			11/8	売　掛　金		750,000
		（ 2,200,000)			（	2,200,000)

仕　　入

5/4	買　掛　金	560,000	5/10	買　掛　金		60,000
9/3	買　掛　金	690,000	3/31	（繰 越 商 品）		150,000
3/31	繰 越 商 品 （	280,000)	〃	損　　　益	（	1,320,000)
		（ 1,530,000)			（	1,530,000)

繰 越 商 品

4/1	前 期 繰 越	280,000	3/31	仕 入	(	280,000)
3/31	（ 仕 入 ）	(150,000)	〃	次 期 繰 越	(	150,000)
		(430,000)			(	430,000)

損 益

3/31	（ 仕 入 ）	(1,320,000)	3/31	（ 売 上 ）	2,000,000

(2)

問1

次の3つの等式を利用します。

① 資産合計 − 負債合計 ＝ 純資産合計

② 収益合計 − 費用合計 ＝ 当期純利益（マイナスの場合は当期純損失）

③ 期末の純資産合計 − 期首の純資産合計 ＝ 当期純利益（マイナスの場合は当期純損失）

空欄（イ）は，②式を用いると，¥1,260,000 − ¥1,040,000 ＝ ¥220,000になります。

①式を用いると，期首の純資産合計？は¥367,000になります。

③式を用いると，期末の純資産合計？ − 期首の純資産合計¥367,000 ＝ 当期純利益¥220,000より，期末の純資産合計は¥587,000になります。

空欄（ア）は，①式を用いると，資産合計¥911,000 − （ア）＝ 純資産合計¥587,000なので，¥324,000になります。

問2

次の等式を利用します。

当期首（前期末）の繰越利益剰余金の残高 ＋ 当期純利益（または△当期純損失）− 配当額 − 利益準備金の積立額 ＝ 期末の繰越利益剰余金の残高

¥318,000 ＋ （ウ）− ¥70,000 − ¥7,000 ＝ ¥696,000より，（ウ）は¥455,000になります。

X3年度の期末の繰越利益剰余金の残高は，¥696,000 − ¥193,000 ＝ ¥503,000です。

¥503,000 ＋ ¥214,000 − ¥50,000 − ¥5,000 ＝（エ）より，（エ）は¥662,000になります。

第3問

決算整理事項等の仕訳は次のとおりです。

① （借）現 金 過 不 足 　10,000 　（貸）旅 費 交 通 費 　9,000

　　　　　　　　　　　　　　　　　　　　　雑 　　益 　1,000

　　　旅費交通費を実際より¥9,000多く記帳していたので，これを取り消す

ために，旅費交通費を貸方記帳します。原因が判明しなかった現金の超過分￥1,000は雑益になります。

② （借）買　掛　金　220,000　（貸）仕　　　　入　200,000
　　　　　　　　　　　　　　　　　　　仮 払 消 費 税　20,000
③ （借）通　信　費　28,000　（貸）当 座 預 金　28,000
④ （借）売　掛　金　50,000　（貸）前　受　金　50,000

| 行った仕訳 | （借）現 | 　　金 | 50,000 | （貸）売 | 掛 | 金 | 50,000 |
| 正しい仕訳 | （借）現 | 　　金 | 50,000 | （貸）前 | 受 | 金 | 50,000 |

したがって，売掛金を借方記帳し，前受金を貸方記帳する修正仕訳が必要になります。

⑤ （借）当 座 預 金　252,000　（貸）当 座 借 越　252,000
　　当座預金勘定の貸方残高：￥224,000＋￥28,000（上記③）＝￥252,000
⑥ （借）貸 倒 引 当 金 繰 入　7,000　（貸）貸 倒 引 当 金　7,000
　　売掛金の期末残高：￥750,000＋￥50,000（上記④）＝￥800,000
　　貸倒引当金繰入：￥800,000×2％－￥9,000＝￥7,000
⑦ （借）仮 受 消 費 税　559,000　（貸）仮 払 消 費 税　417,000
　　　　　　　　　　　　　　　　　　　未 払 消 費 税　142,000
　　仮払消費税の期末残高：￥437,000－￥20,000（上記②）＝￥417,000
　　仮受消費税と仮払消費税を相殺し，その差額を未払消費税とします。
⑧ （借）仕　　　　入　226,000　（貸）繰 越 商 品　226,000
　　（借）繰 越 商 品　318,000　（貸）仕　　　　入　318,000
　　仕入勘定残高：￥4,370,000－￥200,000（上記②）＋￥226,000－￥318,000
　　　　　　　　　＝￥4,078,000
⑨ （借）減 価 償 却 費　240,000　（貸）建物減価償却累計額　80,000
　　　　　　　　　　　　　　　　　　　備品減価償却累計額　160,000
　　建物分：（￥2,000,000－￥0）÷25年＝￥80,000
　　備品分：（￥640,000－￥0）÷4年＝￥160,000
⑩ （借）前 払 利 息　7,200　（貸）支 払 利 息　7,200
　　借入時（1月1日）に，1年分の利息が差し引かれていますので，前払分は4月～12月までの9カ月分です。

$$前払利息：￥800,000×1.2\%×\frac{9カ月}{12カ月}＝￥7,200$$

⑪ （借）前 払 保 険 料　16,000　（貸）保　険　料　16,000

問2

収益合計：売上￥5,590,000＋雑益￥1,000＝￥5,591,000

費用合計：仕入（売上原価）￥4,078,000＋給料￥1,060,000＋通信費￥167,000＋
　　　　　旅費交通費￥44,000＋保険料￥84,000＋貸倒引当金繰入￥7,000＋減
　　　　　価償却費￥240,000＋支払利息￥2,400＝￥5,682,400

当期純損益：収益合計￥5,591,000－費用合計￥5,682,400＝△￥91,400

ネット試験における解答上の留意事項（執筆者より）

　日商簿記検定試験（2級・3級）は，年3回の会場試験（統一試験）や学校などによる団体受験における紙ベースでの実施の他に，指定会場においてPCを利用したネット試験（CBT試験）でも実施されています。CBT試験では統一試験等とともに，制限時間や合格点などにおいて同一条件で実施されますが，PC利用に伴い，解答に際し以下の諸点に留意してください。

(1)　仕訳問題では，借方科目・貸方科目の入力欄に科目を入力する際，カーソルを合わせるとプルダウン方式により候補になる勘定科目がいくつか示されます。その中からマウスで選択し，クリックすることで入力されます。なお，仕訳の行数は正解の行数に対して余裕をもって表示されますので，必ずしもすべての行に入力が必要になるとは限りません。

(2)　仕訳問題における各設問の解答にあたっては，各勘定科目の使用は，借方・貸方の中でそれぞれ1回ずつとします（各設問につき，同じ勘定科目を借方・貸方の中で2回以上使用すると不正解になります）。

　例：商品¥300を売り上げ，代金のうち¥100は現金で受け取り，残額を掛けとした。

　［不正解となる解答例］

| （借） | 現 金 | 100 | （貸） | 売 上 | 100 |
| | 売 掛 金 | 200 | | 売 上 | 200 |

(3)　金額を入力する際には，数字のみを半角で入力します（文字や円マーク等を入力すると不正解となります）。なお，カンマを入力する必要はなく，金額入力後「Enter」キーを押すことで自動的にカンマが入ります。

(4)　文章の空欄にあてはまる適切な語句を記入する問題などにおいても，プルダウン方式により候補になる用語を選択し，クリックすることで入力されます。

(5)　貸借対照表・損益計算書作成問題等では，科目の入力欄に科目を入力する際，キーボードを利用して全角日本語で文字入力します。

(6)　紙ベースの試験のように問題用紙に直接メモ書き等を記入できないため，必要に応じて付与される計算用紙にメモ書き等を行います。

・日商簿記検定試験の概要
・商工会議所簿記検定試験出題区分表
・商工会議所簿記検定試験
　　──商業簿記標準・許容勘定科目表

※2023年12月現在。最新の情報は日本商工会議所のホームページでご確
　認下さい。

日商簿記検定試験の概要

● **各級のレベルと合格基準**

1級：公認会計士，税理士などの国家資格への登竜門。合格すると税理士試験の受験資格が得られる。極めて高度な商業簿記・会計学・工業簿記・原価計算を修得し，会計基準や会社法，財務諸表等規則などの企業会計に関する法規を踏まえて，経営管理や経営分析ができる。

2級：経営管理に役立つ知識として，最も企業に求められる資格の1つ。企業の財務担当者に必須。高度な商業簿記・工業簿記（初歩的な原価計算を含む）を修得し，財務諸表の数字から経営内容を把握できる。

3級：ビジネスパーソンに必須の基礎知識。経理・財務担当以外でも，職種にかかわらず評価する企業が多い。基本的な商業簿記を修得し，経理関連書類の適切な処理や青色申告書類の作成など，初歩的な実務がある程度できる。

初級：簿記の基本用語や複式簿記の仕組みを理解し，業務に利活用することができる。

原価計算初級：原価計算の基本用語や原価と利益の関係を分析・理解し，業務に利活用することができる。

		科　　目	問 題 数	試験時間
1	級	商業簿記・会計学		90分
		工業簿記・原価計算		90分
2	級	商業簿記 工業簿記（初歩的な原価計算を含む）	5題以内	90分
3	級	商業簿記	3題以内	60分
初	級			40分
原価計算初級				40分

● **合格基準**

　　各級とも100点満点中，70点以上の得点で合格となります。70点以上得点した人は全員合格となりますが，1級だけは1科目25点満点となっており，1科目でも得点が40％に満たない科目がある場合，不合格となります。

● **受験のしかた**

　　統一試験（1〜3級）：試験は例年，6月上旬，11月中旬，2月下旬の日曜日に一斉に行われますが，各商工会議所ごとに受験申込期間が異なります。

　　ネット試験（2級・3級）：インターネットを介して試験の実施から採点，合否判定までを，ネット試験会場で毎日実施。申込みは専用ページ（https://cbt-s.com/examinee/examination/jcci.html）からできます。

ネット試験（初級・原価計算初級）：インターネットを介して試験の実施から採点，合否判定まで行う「ネット試験」で施行。試験日等の詳細は，最寄りの商工会議所ネット試験施行機関にお問い合わせください。

　　団体試験（2級・3級）：企業や教育機関からの申請にもとづき，当該企業の社員・当該教育機関の学生等を対象に施行。具体的な施行人数は，地元の商工会議所にお問い合わせください。

● 受験料

　1級8,800円　2級5,500円　3級3,300円　初級2,200円　原価計算初級2,200円

　※2級・3級のネット試験については，事務手数料550円が別途かかります。

● 受験に際しての諸注意事項

　　統一試験およびネット試験では，いくつかの注意事項が設けられています。そのため，詳細については受験前に商工会議所の検定ホームページ（https://www.kentei.ne.jp）にてご確認ください。

● 合格発表（1～3級）

　　統一試験（1～3級）：合格発表の期日や方法，合格証書の受け渡し方法等は，各地商工会議所（初級は試験施行機関）によって異なります。申し込みの際にご確認ください。

　　ネット試験（2級・3級）：試験終了後に試験システムにより自動採点されて合否が判定されます。合格者はQRコードからデジタル合格証を，ご自身のスマートフォン等にダウンロードすることができます。

《合格者の特典》

　　1級合格者は，税理士試験の受験資格が得られます。2級以上の合格者は，大学や短大等の推薦入学に有利です。

● 日商試験の問い合わせ

　　1～3級の統一試験は各地商工会議所が各々主催という形をとっており，申込期日や実施の有無もそれぞれ若干異なりますので，受験される地区の商工会議所に各自問い合わせてください。さらなる詳細に関しては，検定ホームページでご確認ください。

1959年9月1日制定
2021年12月10日最終改定
（2022年4月1日施行）

（注）1．会計基準および法令は，毎年度4月1日現在施行されているものに準拠する。

2．会社法・会社計算規則や各種会計基準の改正・改定等により，一部の用語などが変更される可能性がある。

3．特に明示がないかぎり，同一の項目または範囲については，級の上昇に応じて程度も高くなるものとする。点線は上級に属する関連項目または範囲を特に示したものである。

4．※印は本来的にはそれが表示されている級よりも上級に属する項目または範囲とするが，当該下級においても簡易な内容のものを出題する趣旨の項目または範囲であることを示す。

【商業簿記・会計学】

3 級	2 級	1 級
第一　簿記の基本原理		
1．基礎概念		
ア．資産，負債，および資本 ………………………	純資産と資本の関係	
イ．収益，費用		
ウ．損益計算書と貸借対照表との関係		
2．取引		
ア．取引の意義と種類		
イ．取引の8要素と結合関係		
3．勘定		
ア．勘定の意義と分類		
イ．勘定記入法則		
ウ．仕訳の意義		
エ．貸借平均の原理		
4．帳簿		
ア．主要簿（仕訳帳と総勘定元帳）		
イ．補助簿 ………………………	（記帳内容の集計・把握）	

3　　　級	2　　　級	1　　　級
5．証ひょうと伝票 　ア．証ひょう 　イ．伝票（入金，出金， 　　振替の各伝票） 　ウ．伝票の集計・管理		
第二　諸取引の処理 　1．現金預金 　ア．現金 　イ．現金出納帳 　ウ．現金過不足 　エ．当座預金，その他の 　　預貯金（複数口座を開 　　設している場合の管理 　　を含む） 　オ．当座預金出納帳 　キ．小口現金 　ク．小口現金出納帳	 カ．銀行勘定調整表 2．有価証券 　ア．売買，債券の端数利 　　息の処理 　イ．売買目的有価証券 　　（時価法）・・・・・・・・・・・・・・・・ 　ウ．分記法による処理	 ・・・・・（約定日基準，修正受渡 　　　基準） 　エ．貸付，借入，差入， 　　預り，保管 　オ．売買目的有価証券の 　　総記法による処理
3．売掛金と買掛金 　ア．売掛金，買掛金 　イ．売掛金元帳と買掛金 　　元帳 　4．その他の債権と債務等 　ア．貸付金，借入金 　イ．未収入金，未払金 　ウ．前払金，前受金 　オ．立替金，預り金 　カ．仮払金，仮受金 　キ．受取商品券・・・・・・・・・・・・・ 　ク．差入保証金※ 　5．手形 　ア．振出，受入，取立， 　　支払・・・・・・・・・・・・・・・・・・・・・	 エ．契約資産，契約負債※ ・・・・・・・・・・・・・・・・・・・・・・・・・ ・・・・営業外支払(受取)手形※ 　イ．手形の更改（書換え）	 ・・・・・発行商品券等

341

3 　級	2 　級	1 　級
	ウ．手形の不渡	不渡手形の貸借対照表表示法
エ．電子記録債権・電子記録債務		
オ．受取手形記入帳と支払手形記入帳		
カ．手形貸付金，手形借入金		
6．債権の譲渡		
ア．クレジット売掛金		
	イ．手形・電子記録債権の（裏書）譲渡，割引	
	ウ．その他の債権譲渡※	
		エ．買戻・遡及義務の計上・取崩
7．引当金		
ア．貸倒引当金（実績法）	（個別評価※と一括評価，営業債権および営業外債権に対する貸倒引当金繰入額の損益計算書における区分）	（債権の区分，財務内容評価法，キャッシュ・フロー見積法）
	イ．商品（製品）保証引当金	
	ウ．退職給付引当金※	退職給付債務の計算
	エ．修繕引当金	
	オ．賞与引当金	
		カ．その他の引当金
	8．債務の保証	
9．商品の売買		
ア．3分（割）法による売買取引の処理	（月次による処理）	
	イ．販売のつど売上原価勘定に振り替える方法による売買取引の処理	
		ウ．総記法
エ．品違い等による仕入および売上の返品	仕入割戻	
		オ．仕入割引・売上割引
カ．仕入帳と売上帳		
キ．商品有高帳（先入先出法，移動平均法）	（総平均法）	
	ク．棚卸減耗	
	ケ．評価替	
		コ．売価還元原価法など
	10．様々な財又はサービスの顧客への移転	

3 級	2 級	1 級
	ア．一時点で充足される履行義務，一定の期間にわたり充足される履行義務 イ．検収基準・出荷基準・着荷基準※ ウ．役務収益・役務原価※	
		エ．割賦販売（取戻品の処理を含む） オ．工事契約
	カ．複数の履行義務を含む顧客との契約※ キ．変動対価※	
		ク．重要な金融要素 ケ．契約変更 コ．本人と代理人の区分 サ．その他の様々な財又はサービスの顧客への移転 11．デリバティブ取引，その他の金融商品取引（ヘッジ会計など）
12．有形固定資産 　ア．有形固定資産の取得	‥‥‥(a)　有形固定資産の割賦購入（利息部分を区分する場合には定額法に限る）‥‥‥‥‥	‥‥‥（利息部分を利息法で区分する方法）
	(b)　圧縮記帳※ ‥‥‥‥‥ （2級では国庫補助金・工事負担金を直接控除方式により記帳する場合に限る）	‥‥‥（積立金方式）
		(c)　資産除去費用の資産計上
イ．有形固定資産の売却	ウ．有形固定資産の除却，廃棄 エ．建設仮勘定	
オ．減価償却（間接法）‥‥‥ 　　（定額法）‥‥‥‥‥‥‥‥‥	（直接法） （定率法，生産高比例法）‥‥‥	（級数法など） カ．総合償却 キ．取替法
ク．固定資産台帳		

3　　級	2　　級	1　　級
	13．無形固定資産 　ア．のれん 　イ．ソフトウェア，ソフトウェア仮勘定※ 　　（2級では自社利用の場合に限る）……………	受注制作のソフトウェア，市場販売目的のソフトウェア（見込販売収益および見込販売数量の見積りの変更を含む）
	ウ．その他の無形固定資産 　エ．償却 　オ．固定資産台帳	
		14．固定資産の減損
	15．投資その他の資産 　ア．満期保有目的債券（償却原価法（定額法））………	（利息法）
	イ．子会社株式，関連会社株式※ 　ウ．その他有価証券※………	（保有目的の変更） 　エ．投資不動産
	オ．長期前払費用	
		16．繰延資産
	17．リース取引※（注1） 　ア．ファイナンス・リース取引の借手側の処理（利子込み法，利子抜き法（定額法））……	（利息法，級数法） 　イ．ファイナンス・リース取引の貸手側の処理 　ウ．セール・アンド・リースバック取引など
	エ．オペレーティング・リース取引の借手側の処理………	貸手側の処理
	18．外貨建取引※ 　ア．外貨建の営業取引（為替予約の振当処理を含むものの，2級では為替予約差額は期間配分をしない）………	（振当処理以外の為替予約の処理（独立処理），荷為替取引） 　イ．外貨建の財務活動（資金の調達・運用）

3　　　級	2　　　級	1　　　級
		に係る取引 19. 資産除去債務
20. 収益と費用 　受取手数料，受取家賃，受取地代，給料，法定福利費，広告宣伝費，旅費交通費，通信費，消耗品費，水道光熱費，支払家賃，支払地代，雑費，貸倒損失，受取利息，償却債権取立益，支払利息など …………………………	研究開発費，創立費・開業費など	
21. 税金 　ア．固定資産税など 　イ．法人税・住民税・事業税※ ……………………… 　ウ．消費税（税抜方式）	（課税所得の算定方法） 22. 税効果会計※ 　（2級では引当金，減価償却およびその他有価証券に係る一時差異に限るとともに，繰延税金資産の回収可能性の検討を除外） 23. 未決算	
		24. 会計上の変更および誤謬の訂正
第三　決算 　1．試算表の作成 　2．精算表（8桁） 　3．決算整理 　（当座借越の振替，商品棚卸，貸倒見積り，減価償却，貯蔵品棚卸，収益・費用の前受け・前払いと未収・未払い，月次決算による場合の処理※など）………………………	（棚卸減耗，商品の評価替，引当金の処理，無形固定資産の償却，売買目的有価証券・満期保有目的債券およびその他有価証券の評価替（全部純資産直入法），繰延税金資	（資産除去債務の調整，繰延資産の償却，その他有価証券の評価替（部分純資産直入法），時価が著しく下落した有価証券の処理，外貨建売上債権・仕入債務以外の外貨

3 　　　級	2 　　　級	1 　　　級
	産・負債の計上，外貨建売上債権・仕入債務などの換算，および製造業を営む会社の決算処理など）	建金銭債権債務および外貨建有価証券の換算，社債の償却原価法（利息法または定額法）による評価替など）
4．決算整理後残高試算表 5．収益と費用の損益勘定への振替 6．純損益の繰越利益剰余金勘定への振替		
	7．その他有価証券評価差額金※ （全部純資産直入法）………	……（部分純資産直入法）
8．帳簿の締切 　ア．仕訳帳と総勘定元帳 　　（英米式決算法） 　イ．補助簿 9．損益計算書と貸借対照表の作成 　（勘定式）………………	……（報告式）※ 10．財務諸表の区分表示 11．株主資本等変動計算書 　※ 　（2級では株主資本およびその他有価証券評価差額金に係る増減事由に限定）………………	
		……（左記以外の純資産の項目に係る増減事由） 12．財務諸表の注記・注記表 13．附属明細表(附属明細書) 14．キャッシュ・フロー計算書 15．中間財務諸表（四半期・半期），臨時決算
第四　株式会社会計 1．資本金 　ア．設立 　イ．増資		
		ウ．減資 エ．現物出資 オ．株式転換 カ．株式償還 キ．株式分割
	2．資本剰余金 　ア．資本準備金	

3　　　級	2　　　級	1　　　級
3．利益剰余金 　ア．利益準備金 　イ．その他利益剰余金 　　　繰越利益剰余金‥‥‥ 4．剰余金の配当など 　ア．剰余金の配当※‥‥‥	イ．その他資本剰余金※ ‥‥‥‥任意積立金‥‥‥‥ 準備金積立額の算定‥‥‥‥ 　イ．剰余金の処分※ 　ウ．株主資本の計数の変 　　　動※ 6．会社の合併※	税法上の積立金の処理 分配可能額の算定 5．自己株式・自己新株予 　約権 7．株式交換・株式移転 8．事業分離等，清算 9．社債（新株予約権付社 　債を含む） 　ア．発行 　イ．利払 　ウ．期末評価（利息法， 　　　定額法） 　エ．償還（満期償還，買 　　　入償還，分割償還，繰 　　　上償還，コール・オプ 　　　ションが付されている 　　　場合の償還，借換） 10．新株予約権，ストック・ 　オプション
	第五　本支店会計 　1．本支店会計の意義・目 　　的 　2．本支店間取引の処理 　4．本支店会計における決 　　算手続（財務諸表の合併 　　など）‥‥‥‥‥‥‥‥	 3．在外支店財務諸表項目 　の換算 （内部利益が付加されて いる場合）
	第六　連結会計 　1．資本連結‥‥‥‥‥‥ 　2．非支配株主持分	（子会社の支配獲得時の 資産・負債の時価評価， 支配獲得までの段階取 得，子会社株式の追加取 得・一部売却など）

3 　級	2 　級	1 　級
	3．のれん 4．連結会社間取引の処理 5．未実現損益の消去（2級では棚卸資産および土地に係るものに限る） 　ア．ダウンストリームの場合 　イ．アップストリームの場合	
		6．持分法 7．連結会計上の税効果会計 8．在外子会社等の財務諸表項目の換算 9．個別財務諸表の修正（退職給付会計など） 10．包括利益，その他の包括利益
	11．連結精算表，連結財務諸表の作成 ·················	·········連結キャッシュ・フロー計算書，中間連結財務諸表の作成（四半期・半期） 12．セグメント情報など
		第七　会計基準および企業会計に関する法令等 1．企業会計原則および企業会計基準などの会計諸基準ならびに中小企業の会計に関する指針・中小企業の会計に関する基本要領 2．会社法，会社法施行規則，会社計算規則および財務諸表等規則などの企業会計に関する法令 3．「財務会計の概念フレームワーク」

（注1）　リース取引については，会計基準の改正の動向を踏まえ，将来的に出題内容や出題級の見直しを行う可能性がある。

商工会議所簿記検定試験
商業簿記標準・許容勘定科目表

2016年2月1日制定
2021年12月10日改定
（2022年4月1日施行）

　この表は、2級および3級の商業簿記の主要な勘定科目（製造業での勘定科目を除く）およびその許容勘定科目を示したものです（すべての勘定科目の一覧表ではありません）。

<注意事項>
・ここに示した勘定科目は仕訳目的の科目であって、財務諸表表示目的の科目は除外されています。
・問題の個別的内容に応じた勘定科目の指定がある場合については、その都度問題文の指示が優先されることとなりますので、常にこの表の勘定科目が認められるものではありません。
・A欄の勘定科目が標準的な勘定科目であって、採点上許容される勘定科目をB欄に示しています。
・2級には、3級の標準・許容勘定科目がすべて含まれます。

※順不同

資産				
3　　　級			**2　　　級**	
A　欄	B　欄		A　欄	B　欄
現金			現金	現金預金
小口現金			契約資産	
当座預金			短期貸付金	
当座預金○○銀行			未収還付法人税等	
普通預金	銀行預金		未収還付消費税(等)	未収消費税、未収入金、未収金
普通預金○○銀行			商品	
定期預金	銀行預金		仕掛品	
定期預金○○銀行			繰延税金資産	
受取手形			リース資産	
売掛金	○○商店		工具器具	
クレジット売掛金			建設仮勘定	建設仮、建設前渡金、建設仮払金
電子記録債権			のれん	
貸倒引当金			特許権	
繰越商品			ソフトウェア	
貸付金			ソフトウェア仮勘定	
手形貸付金	貸付金		売買目的有価証券	有価証券
従業員貸付金	貸付金		満期保有目的債券	投資有価証券
役員貸付金	貸付金		子会社株式	関係会社株式
立替金			関連会社株式	関係会社株式
従業員立替金	立替金		その他有価証券	投資有価証券

前払金	前渡金	長期前払費用	
未収入金	未収金	長期貸付金	
仮払金		不渡手形	
受取商品券		前払年金費用	
差入保証金		退職給付に係る資産	
貯蔵品		別段預金	銀行預金
仮払消費税	仮払金	機械装置	機械
仮払法人税等	仮払金	構築物	
前払保険料など前払費用の各勘定	前払費用	借地権	
未収家賃など未収収益の各勘定	未収収益	商標権	
建物		営業外受取手形	
建物減価償却累計額	減価償却累計額	営業外電子記録債権	
備品			
備品減価償却累計額	減価償却累計額		
車両運搬具	車両、運搬具		
車両運搬具減価償却累計額	車両減価償却累計額、減価償却累計額		
土地			

負債			
3　　　級		2　　　級	
A　欄	B　欄	A　欄	B　欄
支払手形		返金負債	
買掛金	○○商店	営業外支払手形	
電子記録債務		営業外電子記録債務	
前受金		短期借入金	
借入金	銀行借入金	未払固定資産税	未払金
役員借入金	借入金	前受金（顧客との契約から生じたものに限る）	契約負債
手形借入金	借入金	契約負債	前受金
当座借越	借入金	未払(役員)賞与	未払(役員)賞与金
未払金		(特別)修繕引当金	
仮受金		商品(製品)保証引当金	
未払利息など未払費用の各勘定	未払費用	(役員)賞与引当金	
前受地代など前受収益の各勘定	前受収益	繰延税金負債	
預り金		役員預り金	預り金
従業員預り金	預り金	リース債務	
所得税預り金	預り金	預り保証金	受入保証金
住民税預り金	預り金	退職給付引当金	
社会保険料預り金	預り金	長期借入金	
仮受消費税	仮受金	長期未払金	
未払消費税	未払金	退職給付に係る負債	

未払法人税等					
未払配当金	未払株主配当金				

純資産（資本）				
3　　　級		2　　　級		
A　欄	B　欄	A　欄	B　欄	
資本金		株式申込証拠金	申込証拠金、新株式申込証拠金	
利益準備金		資本準備金	株式払込剰余金	
繰越利益剰余金		その他資本剰余金		
		配当平均積立金		
		修繕積立金		
		新築積立金		
		別途積立金		
		その他有価証券評価差額金		
		非支配株主持分		
		資本剰余金		
		利益剰余金		

収益				
3　　　級		2　　　級		
A　欄	B　欄	A　欄	B　欄	
売上		役務収益	営業収益	
受取家賃		営業収益		
受取地代		有価証券売却益	有価証券売買益、有価証券運用益	
受取手数料		有価証券評価益	有価証券運用益	
受取利息		受取配当金		
雑益	雑収入、雑収益	受取手数料	営業収益	
貸倒引当金戻入	貸倒引当金戻入益	有価証券利息	受取（社債）利息	
償却債権取立益		投資有価証券売却益	その他有価証券売却益	
固定資産売却益	備品売却益、土地売却益、建物売却益	保険差益		
		負ののれん発生益		
		修繕引当金戻入		
		商品（製品）保証引当金戻入		
		固定資産受贈益		
		国庫補助金受贈益		
		工事負担金受贈益		
		売上割戻		

351

費用			
3　　　　級		2　　　　級	
Ａ　欄	Ｂ　欄	Ａ　欄	Ｂ　欄
仕入		役務原価	営業費用
売上原価		営業費用	
発送費	支払運賃、発送運賃	棚卸減耗損	棚卸減耗費
給料	給料手当、賃金給料	商品評価損	棚卸評価損
法定福利費	社会保険料	給料	給料手当、賃金給料、販売員給料
広告宣伝費	広告費、広告料、宣伝費	(役員)賞与	
支払手数料	販売手数料	退職給付費用	退職給付引当金繰入(額)、退職給付引当損、退職給付金、退職金
支払利息		(特別)修繕引当金繰入	
旅費交通費	旅費、交通費	(役員)賞与引当金繰入	
貸倒引当金繰入	貸倒引当金繰入額	商品(製品)保証引当金繰入	
貸倒損失		研究開発費	
減価償却費	建物減価償却費、備品減価償却費	のれん償却	
通信費		ソフトウェア償却	
消耗品費	事務用消耗品費	特許権償却	
水道光熱費	光熱水費	支払リース料	
支払家賃	地代家賃、(支払)賃借料、(支払)不動産賃借料	創立費	
支払地代	地代家賃、(支払)賃借料、(支払)不動産賃借料	株式交付費	
保険料	支払保険料、火災保険料	開業費	
租税公課	公租公課、固定資産税、印紙税	開発費	
修繕費	(支払)修繕料、修理費	手形売却損	
雑費		電子記録債権売却損	
雑損	雑損失	債権売却損	
固定資産売却損	備品売却損、建物売却損、土地売却損	有価証券売却損	有価証券売買損、有価証券運用損
保管費	保管料、倉庫料	有価証券評価損	有価証券運用損
諸会費		投資有価証券売却損	その他有価証券売却損
法人税、住民税及び事業税	法人税等	火災損失	災害損失
		固定資産除却損	固定資産廃棄損、備品除却損、建物除却損、ソフトウェア除却損、除却損
		固定資産圧縮損	備品圧縮損、建物圧縮損、機械装置圧縮損
		追徴法人税等	
		還付法人税等	
		仕入割戻	
		福利厚生費	
		保守費	維持費、支払メンテナンス料

その他				
3　　級			2　　級	
Ａ　欄	Ｂ　欄		Ａ　欄	Ｂ　欄
現金過不足			未決算	火災未決算、保険未決算
損益			為替差損益	為替差損、為替差益
			有価証券評価損益	有価証券運用損益
			保証債務見返	
			保証債務	
			法人税等調整額	
			支店	
			本店	
			非支配株主に帰属する当期純利益	
			非支配株主に帰属する当期純損失	

※会社法・会社計算規則や各種会計基準の改正・改訂等により、一部の用語などが変更される可能性がある。

索　引

355

357

358

359

〈編著者紹介〉

渡 部 裕 亘（わたべ　やすのぶ）

昭和35年　中央大学商学部卒業，昭和40年　中央大学大学院商学研究科博士課程単位取得退学。昭和37年　中央大学助手，その後専任講師，助教授を経て，昭和52年教授，平成20年　名誉教授。著書に『テキスト初級簿記〔第2版〕』（共編著），『テキスト上級簿記〔第5版〕』（共編著），『簿記と仕訳』（以上，中央経済社），『簿記演習―勘定科目論―』（ビジネス教育出版社），『簿記演習講義〔第5版〕』（共著）（東京経済情報出版）などがある。

片 山　　覚（かたやま　さとる）

昭和40年　早稲田大学第一商学部卒業，昭和47年　早稲田大学大学院商学研究科博士課程単位取得退学，昭和47年　早稲田大学商学部専任講師，助教授を経て昭和61年　早稲田大学商学部教授，平成25年　名誉教授。著書に『現代会計研究』（共著）（白桃書房），『非営利組織体の会計』（共著）（中央経済社），『入門会計学（改訂版）』（共著）（実教出版）などがある。

北 村 敬 子（きたむら　けいこ）

昭和43年　中央大学商学部卒業，昭和48年　中央大学大学院商学研究科博士課程単位取得退学。昭和45年　中央大学助手，その後専任講師，助教授を経て，昭和56年教授，平成28年　名誉教授。主な業績に『財務報告のためのキャッシュフロー割引計算』（共編著），『テキスト初級簿記〔第2版〕』（共編著），『テキスト上級簿記〔第5版〕』（共編著），『資本会計の課題』（共編著），『財務報告における公正価値測定』（編著），『会計研究者として活躍する女性たち』（編著）（以上，中央経済社）などがある。

検定簿記講義／3級商業簿記〔2024年度版〕

1956年 5 月20日　初版発行	
1965年 3 月15日　昭和40年版発行	編著者　渡 部 裕 亘
1974年 3 月25日　新検定(昭和49年)版発行	片 山　　覚
1984年 3 月15日　検定(昭和59年)版発行	北 村 敬 子
1998年 4 月 1 日　新検定(平成10年)版発行	
2013年 4 月 1 日　検定(平成25年度)版発行	発行者　山 本　　継
2014年 2 月20日　検定(平成26年度)版発行	
2015年 2 月15日　検定(平成27年度)版発行	発行所　㈱中央経済社
2016年 2 月15日　検定(平成28年度)版発行	
2017年 2 月15日　検定(平成29年度)版発行	発売元　㈱中央経済グループ
2018年 2 月20日　検定(平成30年度)版発行	パブリッシング
2019年 3 月 1 日　検定(2019年度)版発行	
2020年 2 月20日　検定(2020年度)版発行	〒101-0051　東京都千代田区神田神保町1-35
2021年 3 月10日　検定(2021年度)版発行	電話 03 (3293) 3371 (編集代表)
2022年 3 月10日　検定(2022年度)版発行	03 (3293) 3381 (営業代表)
2023年 3 月10日　検定(2023年度)版発行	https://www.chuokeizai.co.jp
2024年 3 月10日　検定(2024年度)版発行	

© 2024
Printed in Japan

印　刷／文唱堂印刷㈱
製　本／誠 製 本 ㈱

■本書に関する情報は当社ホームページをご覧ください。

＊頁の「欠落」や「順序違い」などがありましたらお取り替えいたしますので発売元までご送付ください。（送料小社負担）

ISBN978-4-502-49051-4 C2334

日商簿記検定試験　完全対応

最新の出題傾向に沿って厳選された 練習問題を多数収録

大幅リニューアルでパワーアップ！

検定 簿記ワークブック

◆1級〜3級／全7巻

■問題編〔解答欄付〕■解答編〔取りはずし式〕

◇日商簿記検定試験合格への最も定番の全7巻シリーズ。最近の出題傾向を踏まえた問題構成と，実際の試験形式による「総合問題」で実力を養う。

◇「問題編」には直接書き込める解答欄を設け，「解答編」は学習に便利な取りはずし式で解説が付いている。

◇姉妹書「検定簿記講義」の学習内容と連動しており，検定試験突破に向けて最適の問題集。

- -

1級　商業簿記・会計学 上巻／下巻
　　　　　　　　渡部裕亘・片山　覚・北村敬子［編著］

　　　工業簿記・原価計算 上巻／下巻
　　　　　　　　岡本　清・廣本敏郎［編著］

2級　商業簿記　　渡部裕亘・片山　覚・北村敬子［編著］

　　　工業簿記　　岡本　清・廣本敏郎［編著］

3級　商業簿記　　渡部裕亘・片山　覚・北村敬子［編著］

中央経済社